Diogenes Taschenbuch 20043

de
te
be

William Faulkner

Sieg im Gebirge

Erzählungen

Aus dem Amerikanischen von Elisabeth Schnack

Diogenes

Nachweise am Schluß des Bandes

Lizenzausgabe mit freundlicher Genehmigung
Umschlagzeichnung von Tomi Ungerer

Veröffentlicht als Diogenes Taschenbuch, 1972

40/91/8/3
ISBN 3 257 20043 9

Inhalt

Wash

Sutpen stand vor dem Strohsack, auf dem die Mutter und das Kind lagen. Die erste Morgensonne fiel in langen, bleistiftdünnen Strichen durch die klaffenden Ritzen der Bretterwand, zersplitterte auf seinen gespreizten Beinen und auf der Reitpeitsche in seiner Hand und ruhte auf der stillen Gestalt der Mutter, die dalag und aus stillen, unergründlichen, düsteren Augen zu ihm aufsah – an ihrer Seite das Kind, das in einen grauen, wenn auch sauberen Lappen gewickelt war. Hinter ihnen hockte eine alte Negerin neben der primitiven Feuerstelle, auf der ein dürftiges Feuer glomm.

»Weißt du, Milly«, sagte Sutpen, »'s ist schade, daß du keine Stute bist. Dann könnte ich dir eine ordentliche Box im Stall geben.«

Die junge Frau auf dem Strohsack rührte sich noch immer nicht. Sie sah nur weiterhin zu ihm auf, ohne Ausdruck in dem jungen, finsteren, unergründlichen Gesicht, das nach der Qual der Wehen noch bleich war. Sutpen rührte sich, und die zersplitternden Sonnenstäbchen fielen auf das Gesicht eines sechzigjährigen Mannes. Gelassen erklärte er der kauernden Negerin: »Griselda hat heute früh gefohlt.«

»Hengst oder Stute?« fragte die Negerin.

»Ein Hengstfohlen. Ein verdammt schmuckes Fohlchen ... Was ist das da?« Er deutete mit der Hand, welche die Peitsche hielt, auf den Strohsack.

»Das 's dann wohl 'ne Stute.«

»Ja!« sagte Sutpen. »'n verdammt schmuckes Fohlchen. Wird sicher mal das Ebenbild vom alten Rob Roy, auf dem ich 1861 in den Norden geritten bin. Kannst dich noch erinnern?«

»Ja, Master!«

»Ha!« Er warf einen Blick zurück auf den Strohsack. Man

hätte nicht sagen können, ob die junge Frau ihn noch anstarrte oder nicht. Abermals deutete die Peitschenhand auf den Strohsack. »Tu für sie, was nötig ist, und soweit wir's haben.« Er ging hinaus, schritt durch die windschiefe Türöffnung und trat hinunter ins wuchernde Unkraut (die Sense, die sich Wash vor drei Monaten von ihm geliehen hatte, um es zu mähen, lehnte noch immer verrostet am Verandapfosten), wo sein Pferd wartete und wo Wash stand und die Zügel hielt.

Als Colonel Sutpen wegritt, um gegen die Yankees zu kämpfen, ging Wash nicht mit. »Ich muß achtgeben auf dem Kernel sein Haus und auf seine Niggers«, erzählte er allen, die ihn fragten, und einigen, die nicht gefragt hatten – Wash, ein hagerer, vom Sumpffieber geplagter Mann mit blassen, fragenden Augen, der wie etwa fünfunddreißig aussah, obwohl es bekannt war, daß er nicht nur eine Tochter, sondern auch eine achtjährige Enkelin hatte. Es war gelogen, und das wußten die meisten (die paar zu Hause gebliebenen Männer zwischen achtzehn und fünfzig), denen er es erzählt hatte, doch einige waren darunter, die glaubten, daß er es tatsächlich selbst glaubte, obwohl sogar sie glaubten, daß er sich wohlweislich hütete, es an Mrs. Sutpen oder den Sutpen-Sklaven auszuprobieren. Sich wohlweislich hütete oder einfach zu träge und zu unbeholfen war, um es auszuprobieren, sagten sie, denn sie wußten, seine einzige Beziehung zur Sutpen-Plantage bestand darin, daß Colonel Sutpen ihm vor vielen Jahren erlaubt hatte, auf einer morastigen Stelle im Talgrund der Sutpen-Besitzung in einer windschiefen Hütte zu wohnen, die sich Sutpen in seiner Junggesellenzeit als Anglerbude gebaut hatte und die seither, weil sie nicht benutzt worden war, so zerfiel, daß sie jetzt wie ein altes oder krankes riesiges Ungetüm aussah, das sterbend dorthin gekrochen war, um zu trinken.

Sutpens Sklaven hörten von seiner Behauptung. Sie lachten. Es war nicht das erste Mal, daß sie ihn ausgelacht und ihn hinter seinem Rücken ›weißes Lumpenpack‹ genannt hatten. Nun begannen sie, ihn selber zu fragen, wenn sie ihm in kleinen Gruppen auf dem kaum noch kenntlichen Pfad begegneten, der vom Morast und von der ehemaligen Anglerbude heraufführte. »Warum bist'n nich im Krieg, weißer Mann?«

Er blieb stehen und sah sich um im Kreis der schwarzen Gesichter und weißen Augen und Zähne, hinter denen der Spott lauerte. »Weil ich eine Tochter und eine Familie zu ernähren habe«, sagte er. »Geht mir aus dem Weg, Niggers!«

»Niggers?« wiederholten sie. »Niggers?« Und sie lachten. »So einer will uns Niggers nennen?«

»Ja«, sagte er, »ich habe keine Niggers, die auf meine Familie achtgeben, wenn ich weg bin.«

»Hast auch sonst nix als die Bude da unten, wo der Cunnel keinen einen von uns nie nich drin wohnen läßt.«

Daraufhin beschimpfte er sie; manchmal fuhr er auf sie los und griff sich einen Stecken vom Boden, während sie vor ihm auseinanderstoben und ihn doch noch mit ihrem schwarzen, spöttischen, hinterhältigen, unausweichlichen Gelächter zu umringen schienen und ihn keuchend und hilflos und wutentbrannt stehenließen. Einmal passierte es sogar auf dem Hof des Gutshauses. Es war in der Zeit, als die schlimme Kunde von den Bergen in Tennessee und aus Vicksburg zu ihnen gedrungen und als General Sherman durch die Plantage gezogen war und die meisten Neger sich ihm angeschlossen hatten. Auch fast alles andre hatten die Unionstruppen mitgenommen, und Mrs. Sutpen hatte Wash Bescheid geschickt, er könne die Muskatellertrauben haben, die an der Laube hinter dem Haus reiften. Diesmal war es ein Hausmädchen, eine von den wenigen Negern, die noch geblieben waren, und diesmal mußte sie bis zur Küchentreppe zurückweichen, die Stufen hinauf, wo sie sich umdrehte.

»Bleib stehn, weißer Mann! Bleib stehn, wo du bist! Du bist hier niemals nich raufgegangen, als der Cunnel noch hier war, und jetzt sollst du's auch nich!«

Es stimmte. Es war da so eine Art Stolz im Spiel gewesen: er hatte nie versucht, das Gutshaus zu betreten, obwohl er glaubte, daß Sutpen ihn empfangen, ihn vorgelassen hätte, würde er es versucht haben. ›Aber ich will keinem schwarzen Nigger 'ne Chance geben, daß er mir sagt, ich dürfte nich rein‹, dachte er bei sich. ›Und ich will auch dem Kernel keine Chance geben, daß er meinetwegen 'n Nigger ausschimpfen muß.‹ Und das, obwohl er und Sutpen mehr als einen Sonntagnachmittag zusammen verbracht hatten, wenn ausnahmsweise einmal kein Besuch im Haus war. Vielleicht ahnte er, daß es daher kam, weil Sutpen nichts anderes vorhatte und ein Mann war, der es nicht ertragen konnte, mit sich selbst allein zu sein. Doch blieb die Tatsache bestehen, daß die beiden ganze Nachmittage in der Weinlaube zubrachten – Sutpen in der Hängematte und Wash hockend, an einen Pfosten gelehnt, zwischen ihnen ein Eimer mit Brunnenwasser – und daß sie abwechselnd aus der gleichen Korbflasche tranken. Zwischendurch sah er an den Wochentagen den gutgebauten Mann – sie waren fast auf den Tag vom gleichen Alter, wenn auch keiner von beiden (vielleicht, weil Wash schon eine Enkelin hatte, während Sutpens Sohn noch in die Schule ging) jemals daran dachte, daß es so war –, sah ihn auf dem gutgebauten schwarzen Hengst in der Plantage umhergaloppieren. In solchen Augenblicken war sein Herz zufrieden und stolz. Es schien ihm, daß eine Welt, in der die Neger, von denen die Bibel doch sagte, sie wären von Gott geschaffen und dazu verdammt, Lasttiere und Sklaven aller weißhäutigen Männer zu sein, besser versorgt und untergebracht waren und sich besser kleideten als er und die Seinen – daß eine solche Welt, in der er immer nur rings um sich her den höhnischen Nachhall schwarzen Gelächters vernahm, nichts als Traum und Täuschung sei, die wirkliche Welt aber sei diese hier, in der seine eigene, einsame Apotheose auf dem schwarzen Vollbluthengst einherzugaloppieren schien; und er dachte daran, daß es in der Schrift auch hieß, alle Menschen wären nach dem Bilde Gottes geschaffen, und daher wären wenigstens in Gottes Augen alle Menschen gleich; so daß er, wie von sich selbst sprechend, sagen konnte: »Ein schöner, stolzer Mann! Wenn Gott persönlich herniederstiege und über den Erdboden ritte, dann würde Er gern so aussehen wollen.«

Sutpen kehrte 1865 auf dem schwarzen Hengst zurück. Er schien um zehn Jahre gealtert. Sein Sohn war im gleichen Winter, als seine Frau starb, in der Schlacht gefallen. Er kehrte mit einer Tapferkeitsurkunde, die ihm General Lee ausgestellt hatte, auf seine zerstörte Plantage zurück, wo seine Tochter seit einem Jahr ihr Leben zum Teil dank der kargen Freigebigkeit eines Mannes fristete, dem er vor fünfzehn Jahren erlaubt hatte, in der baufälligen Anglerhütte zu hausen, und dessen Existenz ihm inzwischen völlig entfallen war. Wash stand da und begrüßte ihn: unverändert, immer noch hager, von unbestimmbarem Alter, mit den blassen, fragenden Augen, der scheuen Miene, die ein wenig servil und ein wenig familiär war. »Well, Kernel«, sagte Wash, »sie haben's uns gegeben, aber sie haben uns nicht kleingekriegt, was?«

So etwa klang es auch in ihren Gesprächen während der nächsten fünf Jahre. Jetzt tranken sie beide schlechten Whisky aus dem gleichen Steingutkrug, aber nicht in der Weinlaube, sondern im Hintergrund des kleinen Ladens, den sich Sutpen an der Landstraße eingerichtet hatte. Es war nur eine Bretterbude, wo er (mit Wash als seinem Gehilfen und Handlanger) Petroleum und ein paar Lebensmittel und fade bunte Bonbons und billige Halsketten und Bänder an Neger oder an arme Weiße (wie Wash einer war) verkaufte, die zu Fuß oder auf ausgemergelten Maultieren angeritten kamen und wegen zehn oder fünfundzwanzig Cents umständlich mit einem Mann herumfeilschten, der einst zehn Meilen weit über eigenen fruchtbaren Boden galoppieren konnte (der schwarze Hengst lebte noch; der Stall, in dem seine mißgünstige Nachkommenschaft gepflegt wurde, war in besserem Zustand als das Haus, in dem der Gutsherr wohnte) und der seine Truppe mutig in die Schlacht geführt hatte – bis Sutpen sie alle ergrimmt aus dem Laden scheuchte und die Türen von innen verschloß und verriegelte. Dann verzog er sich mit Wash in den Hintergrund des Ladens, zum Whiskykrug. Doch die Unterhaltung verlief jetzt nicht so ruhig wie damals, als Sutpen in der Hängematte lag und seine überheblichen Monologe vortrug, während Wash prustend vor seinem Pfosten hockte. Jetzt saßen sie beide, Sutpen allerdings auf dem einzigen vorhandenen Stuhl, während Wash mit irgendeiner Kiste oder einem Fäßchen vorliebnahm, die gerade zur Hand waren, und auch das nur ein kleines Weilchen, weil Sutpen bald in ein Stadium ohnmächtiger und wütender Auflehnung geriet und sich schwankend und torkelnd erhob und wieder mal erklärte, daß er seine Pistole und den schwarzen Hengst holen und ganz allein nach Washington reiten wolle, um Lincoln (der jetzt tot war) und Sherman (der sich ins Privatleben zurückgezogen hatte) umzulegen. »Umlegen!« schrie er. »Sie abknallen, die Hunde, die sie sind!«

»Klar, Kernel! Klar, Kernel!« sagte Wash dann und fing Sutpen im Fallen auf. Nachher hielt er den ersten vorbeifahrenden Wagen an, oder er ging, wenn keiner vorbeikam, die eine Meile zum nächsten Nachbarn und lieh sich einen und kehrte zurück und brachte Sutpen heim. Er betrat nun auch das Gutshaus. Er tat es schon seit langer Zeit, schaffte Sutpen in irgendeinem geliehenen Wagen nach Hause und redete ihm freundlich zu, sich in Bewegung zu setzen, als wäre er ein Pferd, ein Hengst. Die Tochter kam ihnen entgegen und hielt, ohne ein Wort zu sagen, die Türe auf. Wash schleppte seine Last durch das ehemals weiße Portal, das eine in einzelnen Stücken aus Europa importierte weiße Lünette zierte (jetzt war ein Brett über eine fehlende Scheibe genagelt) und über einen Veloursteppich, dessen Flor völlig abgetreten war, und die Staatstreppe hinauf (die jetzt, mit den kahlen Holzstufen zwischen zwei Streifen verschossener Farbe, nur ein bleiches Gespenst ihrer selbst war) und ins Schlafzimmer hinein. Mittlerweile war die Dämmerstunde gekommen, und er ließ seine Last quer übers Bett sacken und kleidete sie aus und saß dann ruhig in einem Sessel daneben. Nach einiger Zeit kam die Tochter an die Tür. »Alles in Ordnung, Miss Judith«, sagte er zu ihr. »Machen Sie sich keine Sorge um ihn!«

Dann wurde es dunkel, und nach einer Weile legte er sich neben dem Bett auf den Fußboden, jedoch nicht, um zu schlafen, denn nach einiger Zeit – manchmal vor Mitternacht – begann der Mann auf dem Bett sich zu rühren und zu stöhnen und dann zu sprechen. »Wash?«

»Hier bin ich, Kernel. Schlafen Sie nur weiter! Sie haben uns nicht kleingekriegt, was? Ich und Sie, wir schaffen's!«

Sogar schon damals hatte er das Band gesehen, das seine Enkelin als Gürtel trug. Sie war jetzt fünfzehn und bereits voll entwickelt, wie es der Frühreife ihrer Art entsprach. Er wußte, woher das Band kam (drei Jahre lang hatte er diese Sorte Tag für Tag gesehen), auch wenn sie gelogen hätte, woher sie es hatte, was sie übrigens nicht tat, sondern mit einer gleichzeitig frechen und verdrossenen und furchtsamen Miene beantwortete.

»Schon recht«, sagte er. »Wenn der Kernel dir's schenken wollte, dann hast du hoffentlich nicht vergessen, dich zu bedanken.«

Sein Herz war ruhig, sogar noch, als er das Kleid sah und ihr verschlossenes, trotziges, erschrockenes Gesicht beobachtete, während sie ihm erklärte, daß Miss Judith, die Tochter Sutpens, ihr geholfen habe, es anzufertigen. Doch war er sehr ernst, als er Sutpen zur Rede stellte, nachdem sie an jenem Nachmittag den Laden geschlossen hatten und er dann dem andern nach hinten folgte.

»Hol den Krug!« befahl Sutpen.

»Momentchen«, sagte Wash. »Bloß 'n Momentchen noch!«

Sutpen stritt es nicht ab, ihr das Kleid geschenkt zu haben. »Was ist dabei?« fragte er.

Doch Wash hielt seinem hochmütigen Blick stand; er sprach gefaßt. »Ich kenn Sie jetzt beinah zwanzig Jahre. Ich hab mich noch nie geweigert, was zu tun, was Sie von mir verlangt haben. Und ich bin ein Mann an die Sechzig. Und sie ist nix als 'n Mädchen von fünfzehn.«

»Willst du etwa andeuten, ich würde einem Mädchen was tun? Wo ich doch ebenso alt bin wie du?«

»Wenn Sie ein andrer wären, würd ich sagen, Sie wären ebenso alt wie ich; und, alt oder nicht, ich würd ihr nicht erlauben, das Kleid oder sonstwas zu behalten, das Sie ihr geben. Aber Sie sind eben anders.«

»Wieso anders?« Doch Wash sah ihn nur mit seinen blassen, fragenden, ernsten Augen an. »Deshalb hast du also Angst vor mir?«

Jetzt schwand jede Frage aus Washs Blick. Er war friedlich und heiter. »Ich habe keine Angst. Weil Sie tapfer sind. 's ist aber nicht so, als wär'n Sie in Ihrem Leben bloß 'ne Minute oder einen Tag lang tapfer gewesen und hätten darum das Papier von General Lee bekommen und können's beweisen. Sondern Sie sind tapfer, genau wie Sie lebendig sind und atmen. Das ist der Unterschied. Da brauch ich keinen Schein von niemand nich, um das zu wissen. Und egal, was Sie in die Hand nehmen oder anpacken, ob's 'n Regiment Soldaten ist oder 'n dummes Mädchen oder bloß 'n Jagdhund, Sie machen's richtig, das weiß ich!«

Jetzt war es Sutpen, der seinem Blick auswich und sich plötzlich schroff abwandte. »Hol den Krug!« befahl er scharf.

»Ja, Kernel«, sagte Wash.

Daher war sein Herz zwei Jahre drauf an jenem Sonntag vor Morgengrauen noch immer ruhig, wenn auch besorgt: er hatte drei Meilen weit laufen müssen, um die Neger-Hebamme zu holen, und er hatte sie durch die windschiefe Tür eintreten sehen, hinter der seine Enkelin lag und jammerte. Er wußte, was man sich erzählt hatte – die Neger in ihren Hütten ringsum auf dem Land, und die Weißen, die den ganzen Tag im Laden herumlungerten –, wenn sie den dreien gelassen zugeschaut hatten (Sutpen, ihm selber und seiner Enkelin mit ihrer unverschämten Miene allmählich verkümmernder Auflehnung, da ihr Zustand von Tag zu Tag offenkundiger wurde), wie drei Schauspielern, die auf einer Bühne auftraten und wieder gingen. ›Ich weiß, was sie sich erzählen‹, dachte er. ›Ich kann's förmlich hören: *Wash Jones hat den alten Sutpen endlich in der Klemme. 's hat ihn zwanzig Jahre gekostet, aber endlich hat er's geschafft.*‹

Bald würde der Morgen grauen, wenn es auch noch nicht soweit war. Aus der Hütte, wo die Lampe trübe hinter dem windschiefen Türrahmen glomm, drangen die Schreie seiner Enkelin so regelmäßig wie nach der Uhr, während das Denken träge und wuchtig weiterlief und herumtastete und irgendwie in das Geräusch galoppierender Hufe verstrickt war, bis sich plötzlich mitten aus dem Galopp die stattliche, stolze Figur des Mannes auf dem stattlichen, stolzen Hengst löste und hervorgaloppierte, und dann löste sich auch das, woran das Denken herumgetastet hatte, und wurde ganz klar, nicht als Rechtfertigung oder auch nur Erklärung, sondern als die Apotheose: einsam, begreifbar, erhaben über alles Besudeln durch menschliche Berührung: ›Er ist größer als alle die Yankees, die ihm seinen Sohn und seine Frau umgebracht und seine Plantage zerstört haben, größer als das verdammte Land hier, für das er gekämpft hat und das ihn verleugnet hat, so daß er einen kleinen Dorfladen führen muß, größer als die Verleugnung, die es ihm an die Lippen hielt wie den bittern Kelch in der Schrift.

Und wie hätte ich zwanzig Jahre lang so ganz in seiner Nähe leben können, ohne von ihm beeinflußt und verwandelt worden zu sein? Vielleicht bin ich nicht so groß wie er, und vielleicht habe ich beim Galopp nicht mitmachen können. Aber immerhin bin ich mitgeschleift worden. Er und ich können's schaffen, wenn er mir nur zeigt, was er von mir zu tun verlangt.‹

Dann brach der Morgen an. Plötzlich konnte er das Haus ahnen und die alte Negerin in der Tür, die nach ihm Ausschau hielt. Da merkte er, daß die Stimme seiner Enkelin verstummt war. »Es ist 'n Mädchen«, sagte die Negerin. »Kannst hingehn und 's ihm erzählen, wenn du willst.« Sie trat wieder ins Haus.

»Ein Mädchen«, wiederholte er, »ein Mädchen«; voller Staunen, hörte die galoppierenden Hufe, sah die stolze galoppierende Figur wieder auftauchen. Er schien sie vorbeireiten zu sehen, wie sie durch Äonen galoppierte, durch die angehäuften Jahre und Zeiten, hinan zum Höhepunkt, wo sie unter dem geschwungenen Säbel und der von Kugeln zerfetzten Fahne vor einem grollenden, schwefligen Himmel dahinstürmte, und dachte zum erstenmal in seinem Leben, daß Sutpen vielleicht gleich ihm ein alter Mann sei. ›Ein Mädchen‹, dachte er voller Staunen; dann, freudig überrascht wie ein Kind, dachte er: ›Ja, richtig! Hol mich dieser und jener! Hab's doch noch erlebt und bin Urgroßvater geworden!‹

Er betrat die Hütte. Er bewegte sich linkisch, auf Zehenspitzen, wie wenn er nicht länger hier wohnte, wie wenn das Baby, das gerade den ersten Atemzug getan und ins Licht plärrte, ihn vertrieben hätte, obwohl es doch auch sein eigen Fleisch und Blut war. Aber selbst dicht vor dem Strohsack konnte er nicht viel mehr als das erschöpfte Gesicht seiner Enkelin wie einen verschwommenen Fleck schimmern sehen. Dann sagte die Negerin, die vor der Feuerstelle hockte: »Geh lieber und sag's ihm, wenn du willst. 's hell genug!«

Doch es war nicht notwendig. Er war gerade um die Ecke der Veranda gebogen, wo die Sense lehnte, die er sich vor drei Monaten geliehen hatte, um das Unkraut zu mähen, durch das er watete, als Sutpen schon selber auf dem alten Hengst angeritten kam. Er fragte sich nicht, wie Sutpen die Nachricht erhalten hatte. Er hielt es für selbstverständlich, daß es einfach das war, was ihn an einem Sonntagmorgen und zu so früher Stunde hergeführt hatte, und er stand da, während der andere abstieg, und nahm die Zügel aus Sutpens Hand entgegen, und sein hageres Gesicht zeigte einen beinah blöden Ausdruck schmerzlichen Triumphs, als er sagte: »'s ist ein Mädchen, Kernel! Hol mich dieser und jener, wenn Sie nicht ebenso alt sind wie ich ...«, bis Sutpen an ihm vorbeiging und in die Hütte trat. Wash stand draußen mit den Zügeln in der Hand und hörte Sutpens Schritte, die auf den Strohsack zuhielten. Er hörte, was Sutpen sagte, und etwas in ihm schien plötzlich stillezustehn, ehe es wieder weiterlief.

Die Sonne war jetzt aufgegangen, die rasche Sonne der Mississippi-Breitengrade, und ihm schien, als stünde er unter einem fremden Himmel, in einer fremden Umgebung, ihm nur soweit vertraut, wie einem manche Dinge im Traum vertraut sind, etwa wie der Traum von einem Sturz für jemanden, der kein Kletterer ist. ›Ich kann nicht gehört haben, was ich zu hören glaubte‹, dachte er ruhig. ›Ich weiß, es kann nicht sein.‹ Doch die Stimme, die bekannte Stimme, die jene Worte gesagt hatte, redete noch, sprach jetzt mit der alten Negerin über ein Fohlen, das gegen Morgen auf die Welt gekommen war. ›Deswegen ist er also so früh auf‹, dachte er. ›Das war's. Nicht wegen mir und der Meinen. Nicht mal wegen der Seinen hat's ihn aus dem Bett getrieben.‹

Sutpen kam heraus. Er trat ins Unkraut hinunter und bewegte sich mit einer groben Vorsätzlichkeit, die wie Hast gewirkt hätte, wäre er jünger gewesen. Er hatte Wash noch nicht voll in die Augen gesehen. Er sagte: »Dicey will hierbleiben und für sie sorgen. Du solltest lieber ...« Dann schien er zu bemerken, daß Wash ihn anstarrte, und unterbrach sich. »Was ist?« fragte er.

»Sie haben gesagt ...« Den eigenen Ohren klang seine Stimme tonlos und quäkend wie die eines Tauben. »Sie haben gesagt, wenn sie 'ne Stute wäre, könnten Sie ihr 'ne ordentliche Box im Stall geben.«

»Ja, und?« fragte Sutpen. Seine Augen weiteten und verengten sich wieder, fast wie sich die Fäuste eines Mannes öffnen und schließen, während Wash, etwas vorgebeugt, auf ihn zuzuschreiten begann. Vor lauter Verwunderung stand Sutpen einen Augenblick wie angewurzelt und betrachtete den Mann, der sich seines Wissens – außer auf seinen Befehl hin – zwanzig Jahre lang genausowenig von selbst in Bewegung gesetzt hatte wie das Pferd, auf dem er ritt. Wieder verengten und weiteten sich seine Augen; ohne sich zu bewegen, schien er plötzlich größer zu werden. »Zurück!« rief er brüsk und mit scharfer Stimme. »Rühr mich nicht an!«

»Doch, ich rühr Sie an, Kernel«, sagte Wash mit der gleichen tonlosen, ruhigen, beinah weichen Stimme und trat weiter vor.

Sutpen hob die Hand, in der er die Reitpeitsche hielt; die alte Negerin spähte mit dem schwarzen Wasserspeier-Gesicht eines verrunzelten Zwergs durch die windschiefe Tür. »Zurück, Wash!« befahl Sutpen. Dann schlug er zu. Die alte Negerin sprang behende wie eine Ziege ins Unkraut hinunter und floh. Sutpen hieb Wash wieder mit der Peitsche quer übers Gesicht und so, daß er in die Knie sank. Als Wash sich aufgerichtet hatte und von neuem auf Sutpen losging, hielt er die Sense in der Hand, die er sich vor drei Monaten von Sutpen geliehen hatte und die Sutpen nie mehr brauchen würde.

Als er wieder in die Hütte trat, rührte sich seine Enkelin

auf dem Strohsack und rief gereizt seinen Namen. »Was war das eben?« fragte sie.

»Was denn, Kindchen?«

»Der Lärm da draußen?«

»Nichts weiter«, sagte er sanft. Er kniete nieder und legte ihr unbeholfen die Hand auf die Stirn. »Brauchst du irgendwas?«

»Ich möcht 'n Schluck Wasser!« quengelte sie. »Ich lieg hier schon so lange und möcht was trinken, aber keiner kümmert sich drum und hört auf mich.«

»Ja, ja«, sagte er begütigend. Er erhob sich steifbeinig, holte die Schöpfkelle voll Wasser und stützte ihren Kopf, damit sie trinken konnte, bettete sie wieder hin und sah, wie sie sich mit völlig versteinertem Gesicht zu dem Kind umdrehte. Doch einen Augenblick darauf sah er, daß sie lautlos weinte. »Aber! Aber!« sagte er. »Mußt doch nicht weinen! Die alte Dicey sagt, 's ist ein wirklich hübsches Mädchen. 's ist ja jetzt gut! 's ist alles vorbei. Brauchst nicht mehr zu weinen.«

Doch sie weinte immer weiter leise vor sich hin, fast wie gekränkt, und er erhob sich und stand eine Zeitlang betreten vor dem Strohsack und dachte, was er auch gedacht hatte, als seine Frau so dalag, und später seine Tochter: ›Frauen! 's ist mir'n Rätsel! Erst wollen sie's, und wenn sie's haben, weinen sie darüber. 's ist mir'n Rätsel. Mir und jedem Mann.‹ Dann wandte er sich ab, zog sich einen Stuhl ans Fenster und setzte sich.

Den ganzen langen, strahlenden, sonnigen Vormittag saß er am Fenster und wartete. Hin und wieder stand er auf und ging auf Zehenspitzen zum Strohsack. Aber seine Enkelin schlief jetzt, schlief mit verdrießlichem und ruhigem und müdem Gesicht und hatte das Kind in der Beuge ihres Arms. Dann kehrte er zu seinem Stuhl zurück und setzte sich wieder, wartete und wunderte sich, weshalb sie so lange brauchten, bis ihm einfiel, daß es ja Sonntag war. Mitten am Nachmittag saß er noch so da, als ein halbwüchsiger weißer Junge um die Hausecke bog und die Leiche sah, einen erstickten Schrei ausstieß und aufsah und einen Augenblick wie hypnotisiert auf Wash am Fenster starrte, ehe er sich umdrehte und ausriß.

Die Enkelin war jetzt wach, war vielleicht vom Schrei des Jungen geweckt worden, ohne ihn mit vollem Bewußtsein gehört zu haben. »Milly«, fragte er, »bist du nicht hungrig?« Sie antwortete nicht und wandte ihr Gesicht ab. Er schichtete das Feuer auf und wärmte das Essen, das er am Tag vorher mitgebracht hatte: es war Schweinerücken und kaltes Maisbrot. Er goß Wasser in den muffigen Kaffeetopf und brachte ihn zum Kochen. Aber sie wollte nicht essen, als er ihr den Teller brachte, daher aß er selbst, ruhig und für sich allein, und ließ das Geschirr, wie es war, und kehrte ans Fenster zurück.

Jetzt schien er sie wahrzunehmen, schien sie zu spüren, die Männer, die sich mit Pferden und Gewehren und Hunden versammeln mochten: die Neugierigen und die Rachsüchtigen – Männer von Sutpens Stand, die an Sutpens Tisch gesessen hatten, damals, als Wash sich dem Haus noch nicht weiter als bis zur Weinlaube genähert hatte – Männer, die auch den Geringeren gezeigt hatten, wie man in einer Schlacht kämpfen mußte, die vielleicht auch von Generälen unterschriebene Papiere hatten, welche ihnen bescheinigten, daß sie zu den Tapfersten der Tapfern gehörten, die in den alten Zeiten ebenfalls überheblich und stolz auf schönen Pferden durch schöne Plantagen galoppiert waren – auch sie Symbole der Bewunderung und Hoffnung, auch sie Werkzeuge der Verzweiflung und des Grams.

Die waren es also, die von ihm annahmen, daß er vor ihnen davonlaufen würde. Ihm schien, daß es für ihn ebensowenig etwas davonzulaufen gab, wie etwas, zu dem er hinlaufen konnte. Wenn er lief, würde er nur von einer Clique prahlender und bösartiger Schatten zu einer andern, ihnen genau gleichenden entfliehen, da sie alle in dem Teil der Welt, den er kannte, eines Geistes waren, und er war alt, zu alt, um weit zu fliehen, selbst wenn er fliehen sollte. Er konnte ihnen nie entgehen, einerlei, wie rasch oder wie weit er lief: ein Mann, der sich den Sechzig näherte, konnte nicht so weit laufen. Nicht weit genug, um über die Grenzen jener Welt zu gelangen, in der solche Männer lebten und Ordnung und Gesetz des Lebens festgelegt hatten. Es schien ihm, daß er jetzt zum erstenmal seit fünf Jahren begriff, wieso die Yankees oder irgendwelche andern Heere es fertiggebracht hatten, sie zu besiegen: die Ritterlichen, die Stolzen, die Tapferen, die anerkannt und ausgesucht Besten von ihnen allen, um Mut und Ehre und Stolz hochzuhalten. Vielleicht wäre er ihnen eher auf die Schliche gekommen, wenn er mit ihnen in den Krieg gezogen wäre. Aber wenn er ihnen eher auf die Schliche gekommen wäre, was hätte er von da an mit seinem Leben gemacht? Wie hätte er es ertragen können, sich fünf Jahre lang zu erinnern, was vorher gewesen war?

Die Sonne begann jetzt zu sinken. Das Kind hatte geweint; als er zum Strohsack ging, sah er, daß sie es stillte, noch immer mit dem gleichen grübelnden, verdrießlichen, undurchdringlichen Gesicht. »Bist noch nicht hungrig?« fragte er.

»Ich möchte nichts.«

»Du mußt aber essen!«

Darauf antwortete sie überhaupt nicht, blickte nur auf das Kind. Er kehrte zu seinem Stuhl zurück und bemerkte, daß die Sonne untergegangen war. ›'s kann nicht mehr lange dauern‹, dachte er. Er spürte sie jetzt schon ganz nahe, die Neugierigen und die Rachsüchtigen. Es war ihm, als könnte er bereits hören, was sie über ihn sagten, ein Hin und Her von Ansichten noch neben der jähen Wut: *Der alte Wash Jones ist schließlich doch reingefallen. Hat geglaubt, er hätte Sutpen erwischt, aber Sutpen hat ihn reingelegt. Hat geglaubt, er hätte den Kernel so weit, daß er das Mädchen heiraten oder dafür blechen müßte. Und Kernel hat sich geweigert.* »Aber da hab ich ja nie drauf gezählt, Kernel!« rief er laut und hielt beim Klang seiner Stimme inne, warf einen hastigen Blick über die Schulter und sah, daß seine Enkelin ihn beobachtete.

»Mit wem sprichst'n du jetzt?« fragte sie.

»Ist nichts weiter. Ich hab bloß nachgedacht und mit mir selbst gesprochen, eh ich's merkte.«

Ihr Gesicht war wieder undeutlich geworden, war im Zwielicht wieder ein matter, verschwommener Fleck. »Ich glaub's. Ich glaub, du mußt lauter rufen als eben, sonst hört er dich nicht da oben in seinem Haus! Und ich glaub, du mußt mehr tun als bloß rufen, damit du'n hier runterbringst.«

»Ja, ja«, erwiderte er. »Mach dir keine Gedanken!« Doch das Denken lief bereits ungestört weiter: ›Sie wissen, daß ich nie drauf gezählt habe! Sie wissen, daß ich nie was von irgend 'nem lebenden Menschen erwartet oder verlangt hab, außer was ich von Ihnen erwartet hab. Und verlangt hab ich's nie. Hab nicht gedacht, daß es nötig wäre. Hab mir gesagt: *Ist nicht nötig. Was braucht ein Bursche wie der Wash Jones Zweifel oder Mißtrauen bei einem Mann zu haben, von dem der General Lee persönlich auf einem handschriftlichen Schein sagt, er wär tapfer?* Tapfer!‹ dachte er. ›'s wär besser gewesen, wenn damals fünfundsechzig kein einziger von denen wieder nach Hause geritten wär‹; und dachte: *Besser, wenn solche Leute wie er und wie ich niemals Atem geholt hätten auf dieser Erde! Besser, daß alle, die von uns übrigbleiben, vom Angesicht der Erde vertilgt werden, anstatt daß ein zweiter Wash Jones mit ansehn muß, wie ihm sein ganzes Leben in Fetzen gerissen wird und wie 'ne dürre Maishülse verschrumpelt, die man aufs Feuer wirft.*

Er brach ab, wurde still. Er hörte die Pferde, jäh und deutlich; gleich darauf sah er die Laterne und in ihrem unruhigen Lichtschimmer die sich bewegenden Männer und das Glitzern von Gewehrläufen. Doch er rührte sich noch nicht. Es war jetzt ganz dunkel, und er lauschte auf die Stimmen und die Geräusche im Unterholz, als sie die Hütte umzingelten. Die Laterne kam näher; ihr Licht fiel auf den stillen Leichnam im Unkraut und verharrte dort; dahinter die hohen Schatten der Pferde. Ein Mann stieg ab und bückte sich im Laternenschimmer über die Leiche. Er hielt eine Pistole in der Hand; er richtete sich auf und blickte zur Hütte. »Jones!« rief er.

»Ich bin hier«, antwortete Wash gelassen vom Fenster her. »Sind Sie's, Major?«

»Kommen Sie raus!«

»Ja«, sagte er ruhig. »Ich will mich bloß noch um meine Enkelin kümmern.«

»Wir kümmern uns schon um sie. Los, kommen Sie raus!«

»Ja, Major. Nur ein Momentchen!«

»Machen Sie Licht! Zünden Sie Ihre Lampe an!«

»Ja. Nur ein Momentchen noch!« Sie hörten, wie sich seine Schritte im Innern der Hütte verloren, konnten aber nicht sehen, wie er rasch zur Spalte im Kamin trat, in der er das Metzgermesser aufbewahrte: den einzigen Gegenstand in seinem unordentlichen Leben und Haushalt, auf den er stolz war, denn es war scharf wie ein Rasiermesser. Er näherte sich dem Strohsack, der Stimme seiner Enkelin.

»Wer's da? Zünd die Lampe an, Großvater!«

»Ich brauch kein Licht, Kindchen. Es dauert bloß 'n Momentchen«, sagte er kniend, sich zu ihrer Stimme vortastend, jetzt flüsternd: »Wo bist'n?«

»Hier doch!« erwiderte sie gereizt. »Wo denn sonst? Was ist ...« Seine Hand glitt über ihr Gesicht. »Was ist? Großvater! Groß ...«

»Jones!« rief der Sheriff. »Kommen Sie da raus!«

»Bloß noch 'n Momentchen, Major«, sagte er. Er erhob sich jetzt und handelte rasch. Er wußte, wo im Dunkeln die

Petroleumkanne stand, genauso, wie er wußte, daß sie voll war, denn es war noch keine zwei Tage her, seit er sie im Laden gefüllt und dort aufbewahrt hatte, bis sich eine Fahrgelegenheit ergab, denn eine Zwanzig-Liter-Kanne war schwer. Auf der Feuerstelle glühten noch Kohlen, überdies war die ganze windschiefe Hütte der reinste Zunder: die Kohlen, die Feuerstelle und die Bretterwände explodierten in einer einzigen grellblauen Flamme. Die wartenden Männer sahen ihn, der sich von diesem Hintergrund abhob, wie er in einem Wahnsinnsmoment mit der erhobenen Sense auf sie zusprang, bevor die Pferde sich aufbäumten und herumwirbelten. Sie zügelten die Pferde und wandten sie von neuem gegen die Flammen, vor denen sich als phantastische Silhouette die hagere Gestalt abhob, die mit erhobener Sense auf sie zustürzte.

»Jones!« brüllte der Sheriff. »Halt! Halt, oder ich schieße! Jones! *Jones!*« Doch vor dem Feuerschein und dem Getöse der Flammen drang die hagere Gestalt weiter vor, näherte sich mit erhobener Sense den wild funkelnden Augen der Pferde und dem Glitzern der herumschnellenden Gewehrläufe – ohne einen Schrei, einen Laut.

Ehre

I

Ich ging gleich quer durchs Vorzimmer, ohne stehenzubleiben. Miss West sagt: »Er hat jetzt 'ne Besprechung«, aber ich bin nicht stehengeblieben. Hab auch nicht angeklopft. Sie haben sich unterhalten, und er hörte auf zu reden und hat mich über'n Schreibtisch weg angesehn.

»Wieviel Tage Kündigungsfrist verlangen Sie von mir?« hab ich gefragt.

»Kündigungsfrist?« sagt er.

»Ich geh nämlich«, hab ich gesagt. »Genügt Ihnen ein Tag?«

Er glupschte mich an – mit Froschaugen. »Ist unser Vorführwagen nicht gut genug für Sie?« fragte er. Seine Hand lag auf dem Schreibtisch und hielt 'ne Zigarre. Er hatte 'n Rubinring, der war so groß wie'n Katzenauge. »Sie sind seit drei Wochen bei uns«, sagt er. »Nicht lange genug, um zu wissen, was das Wort auf der Tür bedeutet!«

Er wußt's nicht besser, aber drei Wochen ist bei mir schon ziemlich viel: es fehlten bloß zwei Tage an meinem Höchstrekord. Und wenn er drei Wochen für'n Rekord hält, dann hätte er, ohne sich vom Fleck zu rühren, dem neuen Champion die Hand schütteln können.

Das Dumme war eben, daß ich nie gelernt hatte, irgendwas zu tun. Könnt euch ja vorstellen, wie's in jenen Jahren war: sogar auf jedem Universitäts-Campus hat's gewimmelt von britischen und französischen Uniformen, und allesamt schwebten wir in Todesängsten, es würde vorbeisein, bevor wir selber mitmachen und mit unserm Pilotenabzeichen renommieren könnten. Und dann mitzumachen und was zu finden, das einem wie'n Handschuh paßte, versteht ihr?

Nach dem Waffenstillstand blieb ich also noch ein paar Jährchen als Testpilot dabei. Fing dann an, mich nebenher als Flügel-Akrobat auszubilden, um etwas gegen die Langeweile zu tun. Ein Kamerad namens Waldrip und ich, wir verdrückten uns meistens mit 'ner Neun auf dreitausend Fuß Höhe, und da hab ich auf dem Flügel geübt. In Friedenszeiten ist nämlich das Leben in der Army ziemlich stumpfsinnig: nichts zu tun als den ganzen Tag herumlungern und warten, und die ganze Nacht Poker spielen. Und Isolierung ist schlecht fürs Pokern. Man verliert auf Kredit, und beim Kredit setzt man immer zu hoch.

Da war ein Kamerad namens White, der verlor mal in einer einzigen Nacht tausend. Verlor dauernd, und ich wollte aufhören; aber ich gewann, und er wollte weiterspielen, immer hoch gesetzt und dauernd verloren. Er gab mir'n Scheck, und ich sagte ihm, 's hätt keine Eile, er sollt's vergessen, weil er in Kalifornien drüben 'n Frauchen hatte. Aber in der nächsten Nacht wollte er wieder spielen. Hab versucht, es ihm auszureden, aber da wurde er wütend. Hat mich feige genannt. Und dann hat er noch mal fünfzehnhundert verloren.

Da hab ich gesagt, wir woll'n abheben, doppelt oder quitt, nur einmal. Er hob ab und hatte 'ne Dame. Deshalb hab ich gesagt: »Well, damit bin ich erledigt. Da will ich gar nicht erst abheben.« Und ich fegte seine Karten zu mir rüber und blätterte sie durch, und da sah'n wir'n Haufen Bilder und drei von den Assen. Aber er gab nicht nach, und ich sagte: »Was hat's denn für'n Sinn? Prozentual wär's ja doch gegen mich, sogar bei 'nem Full-hand!« Aber er gab nicht nach. Ich hob ab – Trumpf-As! Hätte was drum gegeben, wenn ich verloren hätte. Ich hab ihm wieder angeboten, ich wollte die Schecks zerreißen, aber er saß bloß da und schimpfte auf mich. Hab ihn am Tisch sitzen lassen, in Hemdsärmeln und mit offenem Kragen, wie er das As angestarrt hat.

Am nächsten Tag hatten wir dann den Auftrag mit der Rennkiste. Ich hatte alles getan, was ich konnte. Ich konnt ihm die Schecks nicht noch 'n drittesmal anbieten. Von 'nem Mann, der außer sich ist, laß ich mich einmal beschimpfen. Aber nicht 'n zweitesmal. Wir hatten also den Auftrag mit der Rennkiste. Ich wollt sie nicht anrühren. Er hat sie auf fünftausend gebracht und hat bei offner Drosselklappe zum Sturzflug angesetzt und ihr bei zweitausend die Flügel abgerissen.

Ich war also wieder draußen, nach den vier Jahren, war wieder 'n Zivilist. Und während ich mich noch so treiben ließ – 's war in der Zeit, als ich das erstemal versucht hab, Autos zu verkaufen –, da hab ich Jack kennengelernt, und er hat mir von 'nem Typ erzählt, der suchte 'n Flügel-Akrobaten, für seine Wanderzirkus-Vorführungen. Und dadurch hab ich sie kennengelernt.

II

Jack – der mir den Brief an Rogers mitgab – sagte mir, was für'n guter Pilot Rogers sei, und über sie, daß sie nicht glücklich mit ihm sei, wie es hieß.

»Geschwätz«, hab ich erwidert.

»Es heißt eben so«, sagte Jack. Als ich daher Rogers aufsuchte und ihm den Brief von Jack gab – er war einer von den mageren, stillen Typen –, dacht ich bei mir, das wär grad einer von der Sorte, sich eine von den leichtsinnigen, temperamentvollen, hübschen Frauen zu heiraten, die sie sich während des Krieges mit dem Pilotenabzeichen einfingen und die ihnen bei der ersten Gelegenheit davonliefen. Deshalb dacht ich, mir könnte nichts passieren, denn auf einen wie mich hätt sie nicht drei Jahre lang zu warten brauchen.

Hab also erwartet, ich würde eine von den großen, dunklen

Klapperschlangen vorfinden, die sich mit Straußenfedern und Woolworth-Parfum umgeben und zigaretterauchend auf der Couch liegen, während Rogers zum Delikatessenladen an der Ecke springen muß, um gekochten Schinken und Kartoffelsalat auf Papptellern zu holen. Aber da hatte ich falsch getippt. Sie erschien in 'ner Schürze über so einem hellen, zerknitterten Kleidchen, und hatte Mehl oder so was bis zu den Armen rauf, ohne sich deswegen zu entschuldigen oder albern zu tun oder sonstwas. Sie sagte, Howard (das war Rogers) hätte ihr schon von mir erzählt, und ich fragte: »Was hat er Ihnen erzählt?« Aber sie erwiderte bloß:

»Wahrscheinlich finden Sie's sehr langweilig, wenn Sie Ihren Abend damit verbringen müssen, in der Küche zu helfen? Ich könnte mir denken, daß Sie lieber tanzen gehn und 'n paar Flaschen Gin trinken.«

»Warum denken Sie das?« fragte ich sie. »Seh ich nicht so aus, als könnte ich noch was andres?«

»Oh, wirklich?« rief sie.

Da hatten wir schon das Geschirr abgewaschen und saßen bei ausgeschalteten Lampen im Schein des Kaminfeuers – sie auf einem Kissen auf dem Fußboden, den Rücken gegen Rogers' Knie gelehnt – und rauchten und plauderten, und sie sagte: »Bestimmt haben Sie sich gelangweilt! Howard hatte vorgeschlagen, daß wir auswärts essen und irgendwo tanzen gehn. Aber ich hab gesagt, Sie müßten uns einfach so nehmen, wie wir sind, von Anfang an. Tut's Ihnen leid?«

Sie konnte wie eine Sechzehnjährige wirken, vor allem in der Schürze. Mittlerweile kaufte sie mir auch eine, zum persönlichen Gebrauch, und zu dritt gingen wir immer in die Küche und kochten. »Wir erwarten keineswegs von Ihnen, daß es Ihnen Spaß macht – ebensowenig wie uns«, sagte sie. »Es kommt daher, weil wir arm sind. Wir sind bloß Flieger.«

»Oh, aber Howard kann fliegen wie für zwei«, sagte ich. »Das wäre also auch in Ordnung.«

»Als er mir erzählte, daß Sie auch bloß ein Flieger sind, hab ich gesagt: ›Mein Gott, so einer, der auf den Flügel rausklettert? Wenn du schon einen Hausfreund aussuchen mußtest, warum dann nicht einen‹, hab ich gesagt, ›den wir eine Woche im voraus einladen können und bei dem wir drauf zählen dürfen, daß er erstens bestimmt kommt und zweitens uns ausführt und sein Geld mit uns verjubelt?‹ Aber nein, er mußte einen aussuchen, der ebenso arm ist wie wir.« Und einmal sagte sie zu Rogers: »Wir müssen Buck 'ne Freundin verschaffen! Er wird es bald satt haben, nur immer mit uns beiden!« Ihr wißt ja, wie man so was sagt: es hört sich an, als wär's auch so gemeint, doch wenn man sie ansieht, sind die Augen völlig ausdruckslos, und man fragt sich, ob sie auch nur an einen gedacht haben, ganz zu schweigen davon, ob sie wirklich von einem gesprochen haben.

Oder vielleicht hatte ich sie zum Essen und zu einer Vorstellung eingeladen. »Ich hab's aber nicht so gemeint, wie sich's angehört hat«, sagte sie. »Es war kein Wink mit dem Zaunpfahl, uns mal auszuführen!«

»Haben Sie denn das im Ernst gemeint – daß Sie mir 'ne Freundin verschaffen müßten?« Da schaute sie mich mit ihren großen, ahnungslosen, unschuldigen Augen an. Es war an einem Abend, als ich sie beide zu mir zum Drink eingeladen hatte – Rogers trank übrigens nie –, und als ich dann spät zurückkam, fand ich Spuren von Puder auf meiner Spiegelkommode oder vielleicht ein Taschentuch von ihr oder dergleichen, und wenn ich zu Bett ging, roch mein Zimmer nach ihr, als wäre sie noch da. »Wollen Sie, daß wir Ihnen eine verschaffen?« Doch mehr wurde nie darüber gesagt, und nach einiger Zeit, wenn irgendwo eine hohe Stufe war oder sonst einer von den kleinen Anlässen, wo Männer einer Frau helfen und sie dabei berühren müssen, dann wandte sie sich an mich, als wär ich ihr Mann, und nicht Rogers; und eines Nachts, als wir in der Stadt waren und ein Gewitter uns überrascht hatte, gingen wir in meine Wohnung, und sie und Rogers schliefen in meinem Bett, und ich schlief auf dem Sessel im Wohnzimmer.

Eines Abends zog ich mich gerade um und wollte zu ihnen gehen, als das Telefon läutete. Es war Rogers. »Es tut mir ...«, sagte er, und dann wurde ihm das Wort abgeschnitten. Es war, als hätte ihm jemand die Hand auf den Mund gelegt, und ich konnte hören, wie sie sprachen und flüsterten, vielmehr, sie allein. »Well, was ...«, sagte Rogers. Dann hörte ich, wie sie laut in die Muschel atmete und meinen Namen nannte.

»Vergiß nicht, heute abend zu uns zu kommen«, sagte sie.

»Ich hatte es nicht vergessen«, gab ich zur Antwort. »Oder hab ich mich im Datum geirrt? Wenn es nicht der richtige Tag ist ...«

»Du mußt zu uns rauskommen«, sagte sie. »Auf Wiedersehn!«

Als ich hinkam, öffnete er mir die Haustür. Sein Gesicht sah aus wie immer, aber ich trat nicht ein.

»Komm doch rein!« sagte er.

»Vielleicht hab ich mich doch im Datum geirrt«, sagte ich. »Könntest du ihr bitte ...«

Er hielt die Tür noch weiter auf. »Los, komm rein«, sagte er.

Sie lag auf der Couch und weinte. Ich weiß nicht, weshalb. Etwas wegen Geld. »Ich kann's einfach nicht aushalten!« rief sie. »Ich hab's versucht und immer wieder versucht, aber ich kann's nicht aushalten.«

»Du weißt, wie hoch meine Versicherungsprämie ist«, sagte er. »Was sollte aus dir werden, wenn mir was zustieße?«

»Was ist denn aus mir geworden? Jede Putzfrau hat mehr als ich.« Sie hatte nicht aufgeschaut, sondern lag da, das Gesicht in den Kissen vergraben, und hatte die Schürze unter sich zerknüllt. »Warum kündigst du nicht und suchst dir einen andern Posten, damit du 'ne tragbare Prämie zu zahlen hast, wie andre Männer auch?«

»Ich muß jetzt gehn«, sagte ich. Ich war überflüssig. Ich ging aus dem Zimmer, und er begleitete mich an die Haustür hinunter, und dort blieben wir beide stehen und sahen die Treppe hinauf und auf die Tür, hinter der sie auf der Couch lag und das Gesicht in den Kissen vergraben hatte.

»Ich hab mir was auf die Seite gelegt«, sagte ich. »Wahrscheinlich hab ich nicht alles ausgeben können, weil ich so oft bei euch gegessen habe. Wenn es also was Dringendes ist ...« Wir standen da, er mit der Hand auf der Türklinke. »Ich will mich natürlich nicht in eine Sache einmischen, die mich nichts angeht ...«

»Würde ich an deiner Stelle auch nicht tun«, erwiderte er. Er öffnete mir die Tür. »Bis morgen, auf der Piste!«

»Gut«, sagte ich. »Dann also morgen auf der Piste!«

Ich sah sie eine Woche lang nicht und hörte auch nichts von ihr. Ihn sah ich jeden Tag, und schließlich fragte ich ihn: »Wie geht's Mildred?«

»Sie ist verreist«, sagte er. »Sie ist zu Besuch bei ihrer Mutter.«

Während der beiden folgenden Wochen war ich jeden Tag mit ihm zusammen. Wenn ich draußen auf dem Flügel war, sah ich mich heimlich nach dem Gesicht hinter der Fliegerbrille um. Doch ihren Namen erwähnten wir nie mehr, bis er mir eines Tages erzählte, daß sie wieder zu Hause sei und mich für den Abend zum Essen eingeladen hätte.

Es war am Nachmittag gewesen. Den ganzen Tag hatte er damit zu tun gehabt, Passagiere zu kleinen Rundflügen mitzunehmen, während ich nichts zu tun hatte, als die Zeit totzuschlagen, auf den Abend zu warten und an sie zu denken, ein bißchen verwundert vielleicht, aber meistens nur zu denken, daß sie wieder zu Hause wäre und die gleiche Rauch- und Rußluft atmete wie ich; und plötzlich beschloß ich, zu ihr hinauszufahren. Es stand so eindeutig für mich fest, als hätte eine Stimme gesagt: »Geh zu ihr! Jetzt, sofort!« Ich ging also. Hab mir nicht mal die Zeit genommen, mich umzuziehen. Sie war allein; saß vor dem Kaminfeuer und las. Es war, wie wenn Benzin aus einem undichten Rohr dringt und man plötzlich von Flammen umgeben ist.

III

Es war komisch. Wenn ich auf dem Flügel war, warf ich einen Blick auf Rogers' Gesicht hinter der Windschutzscheibe und fragte mich, wieviel er wüßte. Er muß es fast sofort gewußt haben, denn taktvoll war sie überhaupt nicht – zum Beispiel mit dem, was sie sagte und tat: sie bestand darauf, dicht neben mir zu sitzen und mich zu berühren (nicht, wie wenn man eine Frau mit seinem Schirm oder Regenmantel schützt), nämlich so, daß jeder Mann es auf den ersten Blick verstehen kann, während sie glaubte, er sähe vielleicht nichts: also nicht, wenn sie wußte, er konnte nichts sehen, sondern wenn sie glaubte, *vielleicht* sähe er nichts. Und wenn ich meinen Sicherheitsgurt gelöst hatte und auf den Flügel hinauskroch, warf ich einen Blick auf sein Gesicht und fragte mich, was er wohl dachte oder wieviel er wußte oder argwöhnte.

Ich ging nachmittags zu ihr raus, während er zu tun hatte. Ich wartete, bis ich mich überzeugt hatte, daß er für den Rest des Tages fliegen mußte, und dann erfand ich eine Ausrede und zog ab. Eines Nachmittags war ich drauf und dran, zu ihr zu gehen, und wartete nur noch, daß er aufsteigen sollte, als er das Ventil drosselte und sich hinauslehnte und mir winkte. »Geh nicht!« rief er. »Ich möchte dich sprechen!«

Daher wußte ich, daß er Bescheid wußte, und ich wartete, bis er den letzten Rundflug gemacht hatte und im Büro seinen Fliegerdress auszog. Er sah mich an, und ich sah ihn an. »Komm heute abend zum Essen!« sagte er.

Als ich zu ihnen kam, warteten sie schon. Sie trug wieder eins von den zerknitterten Kleidchen und trat auf mich zu und legte mir die Arme um den Hals und küßte mich, während er zusah.

»Ich bleibe bei dir«, sagte sie. »Wir haben uns ausgesprochen und sind beide der Ansicht, daß wir uns nach dem, was gewesen ist, nicht mehr lieben können, und daß es der einzig vernünftige Schritt ist. Dann kann er sich eine Frau suchen, die er lieben kann, eine, die mehr wert ist als ich.«

Er sah mich an, während sie mit beiden Händen mein Gesicht streichelte und sich seufzend an meine Schulter lehnte und ich wie eine Statue dagestanden haben muß. Wißt ihr, was ich gedacht habe? Ich hab gedacht, daß wir in der Luft wären, er und ich, und ich auf dem Flügel draußen, und daß er den Knüppel rausgerissen hätte und die Kiste bloß mit dem Seitensteuer flog, und daß er wußte, daß ich wußte, daß der Knüppel weg war, und deshalb war's jetzt in Ordnung, egal, was passierte. Deshalb stand ich wie'n Stück Holz da, gegen das sich ein andres Stück Holz lehnt, und sie trat zurück und sah mir ins Gesicht.

»Liebst du mich nicht mehr?« fragte sie. »Wenn du mich liebst, dann mußt du's sagen! Ich hab ihm alles erzählt!«

Ich sehnte mich hinaus. Ich wollte weglaufen. Nicht etwa, daß ich Angst hatte. Sondern es war alles etwas überhitzt und gemein. Ich wollte ein Weilchen ohne sie sein, wollte mit Rogers draußen sein, wo es kalt und herbe und ruhig war, um dort alles zu regeln.

»Was willst du tun?« fragte ich ihn. »Willst du dich von ihr scheiden lassen?«

Sie musterte mein Gesicht sehr aufmerksam. Dann ließ sie mich los und lief zum Kamin, legte die Arme auf den Kaminsims und schluchzte, das Gesicht im Ellbogen vergraben.

»Du hast mich angelogen!« rief sie. »Du hast es nicht so gemeint! O mein Gott, was hab ich gemacht!«

Ihr wißt ja, wie es ist. Als käme jedem Ding seine bestimmte Zeit zu. Als wäre kein Mensch schon an und für sich etwas: wie eine Frau, die ihr liebt, nur einen bestimmten Teil der Zeit für euch eine Frau ist, und die übrige Zeit ist sie bloß ein Mensch, der die Dinge nicht aus dem gleichen Gesichtswinkel betrachtet, wie es ein Mann zu tun gelernt hat. Sie hat nicht die gleichen Ansichten über das, was anständig ist und was nicht. Ich ging also zu ihr, schlang meine Arme um sie und dachte bei mir: ›Verdammt noch eins, wenn du dich bloß mal 'n Weilchen vergessen könntest! Wir bemühen uns ja beide, so sehr wir können, dir zu helfen, und so, daß es dir nicht weh tut!‹

Denn ich liebte sie nämlich. Nichts kann zwei Menschen enger zusammenschmieden als das, was in den Augen der Welt ein gemeinsames Vergehen ist. Und er hatte seine Chance gehabt. Wenn ich's gewesen wäre, der sie zuerst gekannt und geheiratet hätte, und wenn er an meiner Stelle gewesen wäre, dann hätte ich meine Chance gehabt. So aber war er's gewesen, der sie gehabt hatte, und als sie mich daher aufforderte: »Dann sprich so, wie du mit mir sprichst, wenn wir allein sind! Ich sag dir ja, daß ich ihm alles erzählt habe!«, da fragte ich: »Alles? Hast du ihm alles erzählt?« Er beobachtete uns. »Hat sie dir alles erzählt?« fragte ich.

»Darauf kommt es nicht an«, erwiderte er. »Willst du sie haben? Liebst du sie? Wirst du gut zu ihr sein?«

Sein Gesicht sah grau aus – so, wie wenn man einen Mann nach langer Zeit wiedersieht und sich fragt: »Großer Gott, ist das der Rogers?« Als ich endlich fortging, war die Frage wegen der Scheidung erledigt.

IV

Als ich daher am nächsten Morgen auf die Piste kam, erinnerte mich Harris, der Mann, dem der Zirkus gehörte, an die Spezialnummer; ich hatt's wohl vergessen. Er behauptete jedenfalls, er hätte es mir gesagt. Ich habe ihm dann aber erklärt, daß ich nicht mit Rogers fliegen wolle.

»Warum nicht?« fragte Harris.

»Fragen Sie ihn doch!« sagte ich.

»Wenn er einwilligt, Sie raufzubringen, wollen Sie dann mit ihm aufsteigen?«

Da sagte ich also ja. Und dann kam Rogers aus dem Büro; er sagte, er würde mich raufbringen. Und deshalb glaubte ich, er hätte die ganze Zeit Bescheid gewußt und mir 'ne Falle gestellt, mich angeschmiert. Wir warteten, bis Harris weg war. »Deshalb warst du also gestern abend so rücksichtsvoll«, sagte ich zu ihm. Ich beschimpfte ihn. »Und jetzt hast du mich in der Falle, was?«

»Du kannst den Knüppel nehmen«, antwortete er. »Dann mach ich deinen Trick.«

»Hast du solche Akrobatik schon je im Leben gemacht?«

»Nein, aber ich kann's, wenn du die Kiste richtig fliegst.«

Ich verwünschte ihn. »Du kannst jetzt lachen«, sagte ich. »Du hast mich in der Falle! Los, grinse doch offen und ehrlich! Los!«

Er drehte sich um, ging zur Maschine und war schon halb im vorderen Sitz. Ich trat auf ihn zu, packte ihn bei der Schulter und riß ihn zurück. Wir blickten uns in die Augen.

»Ich will dich jetzt nicht schlagen«, sagte er, »falls du's darauf abgesehen hast. Warte, bis wir wieder unten sind!«

»Nein«, sagte ich. »Ich will nämlich zurückschlagen.«

Wir sahen einander an; Harris beobachtete uns vom Büro aus.

»All right«, sagte Rogers. »Gib mir jetzt deine Schuhe, ja? Ich habe keine mit Gummisohlen!«

»Geh nur auf deinen Sitz«, sagte ich. »Was kommt's noch drauf an, zum Teufel? Ich würd's wahrscheinlich ebenso machen, wenn ich an deiner Stelle wäre.«

Der Flug sollte über einem Vergnügungsplatz stattfinden, über einer Art Kirmes. Es mußten etwa Fünfundzwanzigtausend unten gewesen sein – wie lauter bunte Ameisen! Ich hab an dem Tag Unvorsichtigkeiten riskiert wie noch nie,

Unvorsichtigkeiten, die man vom Boden aus gar nicht sehen kann. Doch jedesmal lag das Flugzeug korrekt unter meinen Füßen und balancierte mich gegen die Fliehkraft aus – wie wenn Rogers und ich beide den gleichen Verstand benutzt hätten. Ich glaubte nämlich, daß er mit mir spielte. Ich wandte mich zu ihm um und schrie: »Los! Jetzt hast du mich ja! Traust dich wohl nicht?«

Ich war vermutlich ein bißchen übergeschnappt. Jedenfalls seh ich uns noch da oben, wie wir uns anschrien, und all die kleinen Käfer unten schauten zu und warteten auf die große Sensation, das Looping. Er konnte mich hören, aber ich konnte ihn nicht hören; ich konnte nur sehen, wie sich seine Lippen bewegten. »Los jetzt!« schrie ich. »Wackle 'n bißchen mit dem Flügel, ich purzle leicht runter!«

Ich war ein bißchen übergeschnappt. Ihr wißt ja, wie es ist, wenn man etwas schnell hinter sich haben will, von dem man weiß, daß es geschehen wird, egal, was. Ich vermute, daß sowohl Verliebte wie Selbstmörder das Gefühl kennen. Ich schrie ihn an: »Du möchtest wohl, daß es nicht wie Absicht wirkt, was? Und wenn du mich von 'ner waagrecht fliegenden Maschine verlieren würdest, das könnte 'n schlechten Eindruck machen, was? All right«, schrie ich, »immer los!« Und ich ging in die Mitte des Flügels und löste den Strick, der um die vorderen Ersatzstreben geschlungen war, und stemmte mich dagegen und blickte mich nach ihm um und gab ihm das Zeichen. Ich war ein bißchen übergeschnappt. Ich schrie ihn immer noch an; ich weiß nicht, was ich geschrien habe. Vielleicht dachte ich, daß ich schon runtergefallen und tot wäre und es nicht wüßte. Die Drähte begannen zu summen, und ich sah direkt nach unten auf den Boden und die kleinen bunten Punkte. Dann begannen die Drähte lauter zu heulen, und er beschleunigte die Geschwindigkeit, und die Erde fing an, unter der Nase wegzurutschen. Ich hab gewartet, bis sie verschwunden war und bis auch der Horizont weggerutscht war und ich nichts mehr sah als den

Himmel. Dann ließ ich das eine Ende des Stricks los, schleuderte es weg und warf's ihm an den Kopf und breitete die Arme aus, während das Flugzeug im Looping hochgerissen wurde.

Ich versuchte nicht etwa, mir das Leben zu nehmen. Ich dachte überhaupt nicht an mich. Ich dachte an ihn. Wollte ihn reinlegen, wie er mich reingelegt hatte. Ihm etwas vorsetzen, bei dem er versagte, wie er mir was vorgesetzt hatte, bei dem ich versagt hatte. Ich versuchte, ihn kaputtzumachen.

Wir hatten das Looping geschafft, ehe er mich aus der Kontrolle verlor. Die Erde war wieder da mit all den kleinen bunten Punkten, und dann hörte der Druck unter meinen Fußsohlen auf, und ich fiel. Ich machte einen halben Purzelbaum und begann gerade die erste Runde einer flachen Spirale, das Gesicht gen Himmel, als mir etwas in den Rücken schlug. Es benahm mir den Atem, und während einer Sekunde muß ich ganz ohne Besinnung gewesen sein. Dann machte ich die Augen auf: ich lag auf dem oberen Flügel auf dem Rücken, während mein Kopf über die Hinterkante hing.

Ich lag auf dem schrägen Flügel zu tief unten, um mich mit den Knien noch um die vordere Kante klammern zu können, und ich fühlte schon, wie der Flügel unter mir wegkroch. Ich wagte nicht, mich zu bewegen. Ich wußte, wenn ich versucht hätte, mich gegen die Luftströmung aufzusetzen, dann wäre ich rücklings abgestürzt. Am Heck und am Horizont konnte ich erkennen, daß wir jetzt leicht in Rückenlage flogen, und ich konnte sehen, wie Rogers in seinem Cockpit aufstand und seinen Gürtel löste, und ich konnte meinen Kopf ein wenig weiter herumdrehen und sehen, daß ich, wenn ich abstürzte, den Rumpf überhaupt nicht erwischen oder höchstens mit der Schulter streifen würde.

Ich lag also da, der Wind pfiff unter mir hindurch, und ich fühlte, wie meine Schultern begannen, über dem freien Raum zu hängen, und ich konnte meine Rückenwirbel zählen, wie sie über die Kante krochen, und beobachtete Rogers, der am Rumpf entlang nach vorne zum Vordersitz krabbelte. Ich beobachtete ihn endlos lange, wie er sich Zoll für Zoll gegen den Luftdruck vorarbeitete und wie seine Hosenbeine im Wind flatterten. Nach einer Weile sah ich, wie seine Beine ins vordere Cockpit glitten, und dann spürte ich, wie seine Hände mich hielten.

In meiner Staffel war mal ein Bursche, ich konnte ihn nicht leiden, und er haßte mich wie die Pest. All right. Eines Tages hat er mir aus 'ner verflixten Klemme geholfen, als es mich zehn Meilen hinter der feindlichen Frontlinie mit 'ner kaputten Ventilklappe erwischt hatte. Als wir unten waren, sagte er: »Bilde dir bloß nicht ein, ich hätte dich rausgeholt aus dem Schlamassel! Ich wollte mir'n Hunnen holen, und den hab ich auch bekommen!« Er beschimpfte mich, die Fliegerbrille auf der Stirn oben und die Hände auf die Hüften gestemmt, beschimpfte mich, als wär's sein schönstes Lächeln. Aber das macht nichts. Auf 'ner Camel ist jeder für sich; wenn du abstürzt, hast du Pech gehabt, wenn er abstürzt, hat er Pech gehabt. Nicht so, wie wenn du mitten auf dem Flügel stehst und der andre am Steuerknüppel sitzt und auf'm Kulminationspunkt bloß 'ne Sekunde zu verlangsamen oder 'n bißchen Seitensteuer zu geben braucht.

Aber ich war damals jung. Großer Gott, was ich damals jung war! Ich erinnere mich noch an den Waffenstillstandsabend 1918, als ich mit 'nem lausigen Gefangenen, den wir am Morgen mit seiner Albatros runtergeholt hatten, durch ganz Amiens zog und ihn davor bewahren wollte, daß der Frosch-M.P.[1] ihn schnappte. Er war'n netter Mensch, und die verdammten Infanteristen wollten ihn ins Kittchen stecken, das voll war von Schweinehunden und versoffenen Köchen und dergleichen Gesocks. Mir tat der Kerl leid, so weit weg von zu Hause und besiegt und all das. Ich war, weiß Gott, noch jung!

Wir waren alle jung. Ich erinnere mich an einen Inder, einen Prinzen, hatte in Oxford studiert, mit seinem Turban und seinen komischen Majorsabzeichen, der sagte, wir alle, die wir den Krieg mitgemacht hätten, seien tot. »Ihr wißt es vielleicht nicht«, sagte er, »aber ihr seid alle tot. Mit dem einen Unterschied: denen da draußen« – sein Arm zeigte dorthin, wo die Front war – »ist's einerlei, ihr aber wißt es nicht.« Und noch etwas andres sagte er, daß wir noch lange Zeit atmen würden, wie 'ne Art wandelnder Trauerzug; Katafalk und Grab und Grabschrift von Männern, die alle am vierten August 1914 gestorben waren, ohne zu wissen, daß sie tot waren, sagte er. Er war 'ne ulkige Nummer, verdreht. Aber auch 'n guter Junge.

Ich war aber noch nicht tot, als ich auf dem oberen Flügel von der Standard lag und meine Rückenwirbel zählte, die langsam wie'n Zug Ameisen über die Kante krochen, bis Rogers mich dann packte. Und als er am Abend zum Bahnhof kam, um Lebewohl zu sagen, da brachte er mir 'n Brief von ihr, den ersten, den ich je von ihr bekommen hatte. Die Handschrift sah genauso aus wie sie; ich konnte fast das Parfum riechen, das sie immer benutzte, und ihre Hände spüren, die mich berührten. Ich riß den Brief mitten durch, ohne ihn zu öffnen, und warf die beiden Stücke zu Boden. Aber er hob sie auf und gab sie mir wieder. »Sei kein Dummkopf!« sagte er.

Und das ist alles. Sie haben jetzt ein Kind, einen kleinen Jungen von sechs Jahren. Rogers schrieb mir; der Brief hat mich ungefähr sechs Monate später erreicht. Ich bin der Patenonkel. Komisch, 'n Patenonkel zu haben, den man noch nie gesehen hat und nie sehen wird, was?

V

Ich sagte also zu Reinhardt: »Genügt Ihnen ein Tag Kündigungsfrist?«

»Eine Minute genügt«, sagte er. Er drückte auf den Summer. Miss West kam ins Zimmer. Sie ist 'ne nette Kleine. Hin und wieder, wenn ich mir mal Luft machen mußte, aß ich mit ihr in der Milchstube quer über die Straße Mittagbrot, und dann konnt ich ihr was erzählen, von den Frauen nämlich. Die sind am schlimmsten. Ihr wißt ja: sie telefonieren und wollen einen Wagen vorgeführt bekommen, und dann wartet 'ne ganze Schar auf der Veranda, und wir quetschen uns in die Badewanne und machen allesamt Einkäufe. Ich muß mich durch den Verkehr winden und einen Parkplatz aufstöbern, und sie sagt: »John bestand darauf, daß ich den Wagen ausprobiere. Aber ich hab's ihm schon vorher gesagt, es ist dumm, einen Wagen zu kaufen, für den ein Parkplatz so schwer zu finden ist wie anscheinend für diesen hier.«

Und alle starren sie meinen Hinterkopf an, mit grellen, harten, argwöhnischen Blicken. Weiß der Himmel, was die glaubten, was wir zu verkaufen hatten: vielleicht 'n Wagen, der sich wie'n Liegestuhl zusammenklappen und gegen den Hydranten lehnen läßt. Aber zum Teufel, ich könnte selbst 'ner Niggerwitwe nach'm Eisenbahnunglück keinen Haarglätter verkaufen.

Miss West kam also rein; sie ist 'ne nette Kleine, nur hat ihr jemand erzählt, ich hätte jährlich drei oder vier Pöstchen gehabt, ohne irgendwo länger zu bleiben, und ich wär'n Kriegsflieger gewesen, und deshalb hat sie mir dauernd zugesetzt, weshalb ich die Fliegerei aufgesteckt hätte und weshalb ich nicht wieder anfinge, jetzt, wo jeder 'ne Kiste hätte, weil ich ja nicht sehr geeignet sei, Autos oder sonst irgendwas zu verkaufen – wie Frauen nun mal sind. Ihr wißt ja: teilnahmsvoll und drängelnd, aber man kann ihnen nicht 's Maul verbieten, wie 'nem Mann gegenüber; sie kam rein, und Reinhardt sagt: »Wir lassen Mr. Monaghan gehn! Begleiten Sie ihn zur Kasse!«

»Überanstrengen Sie sich nicht!« sagte ich. »Behalten Sie's und kaufen Sie sich 'n Ring damit!«

Doktor Martino

Hubert Jarrod lernte Louise King in Saint Louis bei einer Weihnachts-Party kennen. Er hatte seine Heimfahrt nach Oklahoma unterbrochen, um – mit seinem Nimbus von Ölquellen und Yale-Universität – der Schwester eines Studienfreundes einen Gefallen zu tun. Wenigstens sagte er sich das, und vielleicht glaubte er es. Er hatte geplant, nur zwei Tage in Saint Louis zu bleiben, hielt sich aber eine volle Woche dort auf, fuhr nur über Nacht nach Tulsa, um den ersten Feiertag bei seiner Mutter zu verbringen, und kehrte zurück, ›um noch ein bißchen mit meinem Sumpfengel herumzutändeln‹, wie er sich sagte. Während der Rückfahrt dachte er ziemlich viel an sie – ein schlankes, nervöses, dunkles Mädchen. ›Und so was kommt aus dem Staat Mississippi‹, dachte er. ›Sie hat's nämlich in sich: ein Persönchen, das in 'nem Mississippi-Sumpf geboren wurde und aufwuchs.‹ Er meinte nicht Sex-Appeal. Das allein hätte ihn nicht so einwickeln können, einen jungen Mann wie ihn, der seit jetzt drei Jahren in New Haven war und allen eleganten Klubs und so weiter angehörte und die Taschen voll Geld hatte. Und überhaupt war Louise noch ein bißchen jungenhaft. Was er meinte, war eine Eigenart, die ihm bisher noch nicht ganz zu Bewußtsein gekommen war: ein visionärer Blick, ein leidenschaftlicher Spürsinn für bevorstehende Veränderungen (und ein Überzeugtsein davon), die anfangs am Dickhäuter-Panzer seines Yale- und Ölquellen-Dünkels ein wenig abprallten. Anfangs bemerkte er nichts weiter als das Erwartungsvolle, das Forschende – und bezog es sofort auf sich selbst.

Anscheinend täuschte er sich nicht. Er sah sie zuerst beim Dinner, auf dem Platz ihm gegenüber. Sie waren einander noch nicht vorgestellt worden, doch sie waren keine zehn

Minuten vom Tisch aufgestanden, da hatte sie ihn schon angesprochen, und zehn Minuten danach waren sie aus dem Haus geschlüpft und saßen in einem Taxi, dem sie eine Adresse genannt hatte.

Trotz all seiner Routine und Erfahrung bei Heimlichkeiten hätte er nicht sagen können, wie es dazu gekommen war. Vielleicht war er zu sehr damit beschäftigt, sie zu betrachten; vielleicht fing er gerade jetzt erst an, sich bewußt zu werden, daß ihr visionärer Blick, die nervöse Erwartung auch über ihn hinausgingen – über seine Jugend und sein Äußeres, über die Ölquellen und Yale hinaus. Denn die Adresse, die sie angegeben hatte, war offenbar nicht die eines Lokals mit Lichtern und Musik, und während sie in ihrem Pelz etwas unförmig neben ihm saß, ging ihr Atem heftiger, als wenn sie versucht hätte, eine verlöschende Zigarette wieder zum Glühen zu bringen. Er blickte auf die dunklen Häuser, die armseligen Straßen. »Wohin fahren wir?« fragte er.

Sie antwortete nicht und sah ihn nicht an: sie saß ziemlich weit vorn auf der Kante ihres Sitzes. »Mama wollte nicht mitkommen«, sagte sie.

»Ihre Mutter?«

»Wir waren zusammen bei der Party. Sie haben sie noch nicht kennengelernt.«

»Oh! Davor sind Sie also ausgerissen! Ich fühlte mich geschmeichelt. Glaubte, es wäre meinetwegen.« Sie saß weit vorn, klein und nervös, und sah auf die dunklen Häuser: auf einen Stadtteil, der halb aus kleinen Läden und halb aus Mietswohnungen bestand. »Ihre Mutter erlaubt wohl nicht, daß er Sie besucht?«

Sie antwortete nicht, beugte sich aber noch weiter vor. Plötzlich klopfte sie an die trennende Glasscheibe. »Hier, Fahrer!« sagte sie. »Hier ist es!« Das Taxi hielt. Sie drehte sich zu Jarrod um, der mit kaltem Gesicht und eingehüllt in seiner Ecke saß. »Verzeihen Sie mir! Ich weiß, es ist ein gemeiner Trick. Aber ich mußte.«

»Macht doch nichts«, erwiderte Jarrod. »Nicht der Rede wert.«

»Doch, ich weiß, daß es gemein ist. Aber ich mußte es tun. Wenn Sie's nur verstehen könnten!«

»Ist schon gut«, sagte Jarrod. »Soll ich wieder herkommen und Sie abholen? Es wäre besser, wenn ich nicht allein zu der Party zurückkehrte.«

»Kommen Sie mit!«

»Mit Ihnen?«

»Ja. Es wird schon recht sein. Ich weiß, daß Sie's nicht verstehen können. Aber es wird schon recht sein. Kommen Sie auch mit hinein!«

Er sah ihr ins Gesicht. »Ich glaube, daß Sie es ernst meinen«, sagte er. »Aber ich möchte lieber nicht. Ich will Sie jedoch nicht im Stich lassen. Nennen Sie mir eine Zeit, und ich komme wieder her!«

»Mißtrauen Sie mir?«

»Warum sollte ich? Es ist nicht meine Angelegenheit. Ich bin Ihnen noch nie begegnet. Ich freue mich, Ihnen einen Gefallen zu erweisen. Zu schade, daß ich morgen weiterfahren muß. Aber vermutlich können Sie jemand anders finden, der Ihnen behilflich ist. Gehen Sie nur hinein! Ich komme und hole Sie ab.«

Er verließ sie und kehrte nach zwei Stunden zurück. Sie mußte unmittelbar hinter der Haustür auf ihn gewartet haben, denn das Taxi hielt kaum, da öffnete sich schon die Tür, und sie lief die Steintreppe hinunter und sprang in den Wagen, noch ehe er aussteigen konnte. »Vielen Dank«, sagte sie. »Vielen Dank! Wie freundlich von Ihnen! Sehr freundlich von Ihnen!«

Als das Taxi unter dem Portikus des Hauses hielt, aus dem jetzt Musik hervordrang, rührten sie sich beide nicht. Eigentlich machte keiner den Anfang, doch eine Sekunde drauf küßten sie sich. Ihre Lippen waren still und kalt. »Ich mag Sie gern«, sagte sie. »Ich mag Sie wirklich gern.«

Bevor die Woche verstrichen war, erbot sich Jarrod, ihr den gleichen Gefallen zu tun, doch sie lehnte es gelassen ab. »Warum nicht?« fragte er. »Wollen Sie ihn nicht wiedersehen?« Aber sie wollte sich nicht dazu äußern, und mittlerweile hatte er Mrs. King kennengelernt und dachte bei sich: ›Jedenfalls ist die Alte hinter mir her.‹ Er sah es sofort; er hielt auch das für die Huldigung, die seinen Ölquellen und seinem Yale-Nimbus zukam, denn die Zeit in New Haven, wo er in drei Jahren keine Auszeichnung an der Universität und keinen Preis beim Fußball errungen hatte, hatte ihm nicht den Glauben nehmen können, er sei die natürliche Beute aller Mütter von Töchtern. Er ergriff jedoch nicht die Flucht, auch nicht, als er ein paar Abende später entdeckte, daß Louise wieder unerklärlicherweise abwesend war, und wußte, daß sie jemand anders als Vorwand benutzt hatte, um in das stille Haus in der armseligen Straße zu gehen. ›Well, mir genügt's‹, dachte er bei sich. ›Ich hab's jetzt satt.‹ Aber er floh noch immer nicht, vielleicht, weil sie diesmal jemand anders benutzt hatte. ›Soviel macht sie sich immerhin aus mir‹, dachte er bei sich.

Als er nach New Haven zurückkehrte, hatte er sich von Louise versprechen lassen, daß sie im Frühling zum College-Ball käme. Er wußte jetzt, daß auch Mrs. King kommen würde. Es war ihm gleichgültig; eines Tages merkte er plötzlich, daß er sich freute. Da begriff er, es kam daher, weil er jetzt selber wußte und glaubte, daß man sich um Louise kümmern müsse und daß er sich schon bedingungslos der einen der beiden Frauen ergeben hatte, er, der noch nie das Wort Liebe in den Mund genommen hatte, weder vor sich noch zu einer anderen Frau. Er erinnerte sich an ihren eigenartigen visionären Blick und an das dunkle, armselige Haus in Saint Louis und dachte: ›Well, wir haben sie. Wir haben die Alte.‹ Und eines Tages glaubte er die Ursache, wenn nicht gar die Antwort gefunden zu haben. Es war bei einer Vorlesung über Psychologie, und er merkte, wie er sich kerzengerade aufrichtete und den Professor ansah. Der Professor sprach über Frauen, hauptsächlich junge Mädchen, und zwar über die seltsame, geheimnisvolle Phase, in der sie eine Zeitlang leben. »Einer blinden Phase vergleichbar, wie sie die Kunstflieger kennen, wenn sie eine abrupte Wendung machen. Wenn das, was sie sehen, weder gut noch böse ist, und deshalb ist auch das, was sie tun, meistens weder das eine noch das andere. Wahrscheinlich eher das Böse, denn das ist ja gerade das Böse am Bösen, daß es seiner eigenen Existenz entspringt, während das Gute ein Nichtvorhandensein ist. Eine Zeit ist es, eine Stunde, in der sie selbst Opfer dessen sind, durch das sie andere zu Opfern machen.«

Am Abend saß er ein Weilchen vor seinem Kaminfeuer und studierte nicht, tat gar nichts. »Wir müssen bald heiraten«, sagte er. »Bald.«

Mrs. King und Louise erschienen zum Frühjahrsball. Mrs. King war eine grauhaarige Frau mit einem kalten, strengen Gesicht, nicht hart, aber wachsam, auf der Hut. Es war, wie wenn Jarrod auch Louise zum erstenmal sähe. Bis dahin hatte er noch nicht gemerkt, daß er sich ihrer Eigenart, so visionär zu blicken, bewußt war. Erst jetzt bemerkte er es, als er sah, daß es noch intensiver war, wie wenn es sowohl Furcht wie Sehnsucht wäre; wie wenn sie sich mit dem Nahen des Sommers einem Höhepunkt oder einer Krise nähere. Deshalb glaubte er, sie wäre krank.

»Wir sollten vielleicht sofort heiraten«, sagte er zu Mrs. King. »Ich will ohnehin keine Abschlußprüfung machen.« Sie waren jetzt Verbündete, waren noch keine Gegner, wenn er ihr auch nicht von den beiden Streichen in Saint Louis erzählt hatte – von dem einen, bei dem er dabeigewesen war, und von dem andern, nur vermuteten. Es war, als brauche er ihr nichts darüber zu sagen. Es war, als wüßte er, daß sie es wußte, und daß sie wußte, daß er wußte, daß sie es wußte.

»Ja«, sagte sie. »Sofort.«

Doch weiter gediehen die Dinge nicht, obwohl Louise seinen Ring besaß, als sie und Mrs. King aus New Haven abfuhren. Aber sie trug ihn nicht an der Hand, und auf ihrem Gesicht lag der gespannte, verschlossene, visionäre Ausdruck, von dem er jetzt wußte, daß er auch über ihn hinausging, über ihn und das Bild und Abbild dessen, was die Ölquellen und das Prestige von Yale aus ihm gemacht hatten. »Bis zum Juli dann also«, sagte er.

»Ja«, antwortete sie. »Ich schreibe dir, wann du kommen kannst.«

Und das war alles. Er ging wieder in seine Klubs, in seine Vorlesungen; den Psychologie-Kurs verfolgte er besonders aufmerksam. ›Mir scheint, daß ich Psychologie brauchen werde‹, sagte er sich und dachte an das kleine dunkle Haus in Saint Louis, die kahle, dunkle Tür, auf die sie zugerannt und hinter der sie verschwunden war. Das war es: ein Mann, den er nie gesehen, von dem er nie gehört hatte und der am Heiligabend eingekapselt in einem kleinen, armseligen Haus in einer Seitenstraße saß. Gereizt dachte er: ›Und ich bin jung und habe Geld und bin Yale-Student. Und ich kenne noch nicht einmal seinen Namen!‹

Einmal in der Woche schrieb er an Louise; vielleicht zweimal im Monat erhielt er ihre Antworten – kurze, kühle Antworten, die sie stets an einem andern Ort aufgegeben hatte – in Badeorten und Hotels –, und so bis Mitte Juni und eine Woche vor Semesterschluß und der Diplom-Verteilung. Dann erhielt er ein Telegramm. Es kam von Mrs. King. Sie telegrafierte: *Komm sofort*, und hatte es in Cranston's Wells in Mississippi aufgegeben. Es war ein Ort, von dem er noch nie gehört hatte.

Das war am Freitag; eine halbe Stunde drauf kam sein Zimmerkamerad und überraschte ihn beim Kofferpacken. »Gehst in die Stadt?« fragte der Kamerad.

»Ja«, antwortete Jarrod.

»Ich komm mit. Ich brauch selbst ein bißchen Ausspannung, ehe ich mich der jubelnden Menge vor dem Altar des Dekans stelle.«

»Lieber nicht«, erwiderte Jarrod. »Es ist geschäftlich.«

»Klar«, sagte der Kamerad. »Ich kenne selbst eine Geschäftsfrau in New York. Und in *der* Stadt gibt's mehr als eine.«

»Nein, nicht diesmal«, entgegnete Jarrod.

»Gut«, sagte der Kamerad.

Cranston's Wells war eine Kuranstalt, die einem netten, grauhaarigen alten Fräulein gehörte. Sie hatte sie vor dreißig Jahren von ihrem Vater geerbt und gleichzeitig damit auch einige Gäste. Es war ein weitläufiges Holzhaus und eine eingefaßte Quelle, wo alte Männer mit Lederhaut und Säcken unter den Augen und alte Frauen, die von zu üppiger Lebensweise die Wassersucht bekommen hatten, sich aus den nahen Städtchen Alabamas und Mississippis einfanden, um das eisenhaltige Wasser zu trinken. Hier hatte Louise jeden Sommer verbracht, seit sie auf die Welt gekommen war; und von der Veranda des Hotels, wo die müßigen alten Damen mit ihren die Zeit ausfüllenden Modeheften und Handarbeiten und grellbunten Schultertüchern jeden Sommer die Komödie beobachtet hatten, von der er jetzt erst erfuhr, konnte er die obersten Spitzen der Myrtenhecke erkennen, hinter der sich die Bank versteckte, auf der ein Mann, den er allmählich fürchtete und dessen Gesicht er noch nicht gesehen hatte, jeden Sommer seit über fünfzehn Jahren tagtäglich drei Monate lang gesessen hatte.

Er stand also neben der netten grauhaarigen Besitzerin im frühen Sonnenschein auf der obersten Stufe, während die alten Damen zwischen Haus und Quelle hin- und hergingen und ihn mit heimlichen, verstohlenen, hellen, neugierigen Blicken betrachteten. ›Sie beobachten, wie Louises junger Mann den Wettkampf mit einem Toten und einem Pferd aufnimmt‹, dachte Jarrod.

Doch sein Gesicht verriet nichts davon. Es verriet überhaupt nichts, nicht einmal viel Intelligenz, als er, groß und gerade gewachsen, in Flanellhose und Tweedjacke (im Juni in Mississippi, wo alle andern Männer Leinen trugen, falls sie überhaupt eine Jacke anhatten), mit der Besitzerin über den Mann sprach, dessen Gesicht er noch nicht gesehen und dessen Namen er gerade erst erfahren hatte.

»Bei ihm ist's das Herz«, sagte die Besitzerin zu Jarrod. »Er muß sich in acht nehmen. Er mußte seine Praxis und alles übrige aufgeben. Er hat keine Angehörigen, und er hat gerade so viel Geld, daß er jeden Sommer hierherkommen und den Sommer damit verbringen kann, hier auf seiner Bank zu sitzen; wir nennen sie Doktor Martinos Bank. Jeden Sommer denke ich, es ist das letztemal, und daß wir ihn nie wiedersehen werden. Doch jedesmal im Mai erhalte ich Nachricht von ihm, eine Vorbestellung auf das Zimmer. Und wissen Sie, was ich glaube? Daß Louise King ihn am Leben erhält! Und daß Alvina King dumm ist!«

»Wieso dumm?« fragte Jarrod.

Die Besitzerin sah ihn an. Es war am Morgen nach seiner Ankunft, und während er auf sie niederblickte, dachte er zuerst: ›Sie fragt sich, wieviel ich gehört habe und wieviel man mir erzählt hat.‹ Dann dachte er: ›Nein. Nur deshalb, weil sie stets beschäftigt ist. Nicht wie die da, die andern mit ihren Zeitschriften. Sie ist stets zu beschäftigt mit der Verpflegung der andern, als daß sie gehört haben könnte, wer ich bin, und als daß sie dauernd an das gedacht haben könnte, woran die andern denken.‹

Sie sah ihn an. »Wie lange kennen Sie Louise schon?«

»Nicht lange. Ich habe sie auf einem College-Ball kennengelernt.«

»Ach so. Ich glaube, der Herr hat Mitleid mit Doktor Martino und läßt ihn irgendwie Louises Herz mitbenutzen. So stell ich's mir vor! Und Sie können mich auslachen, wenn Sie wollen.«

»Ich lache nicht«, entgegnete Jarrod. »Erzählen Sie mir, was Sie von ihm wissen!«

Sie erzählte es ihm, betrachtete dabei mit ihrem lebhaften Vogelblick sein Gesicht und erzählte ihm, wie der Mann einst im Juni in einem zerknitterten Leinenanzug und mit einem Panamahut erschienen war, und erzählte auch von seinen Augen. (»Sie sahen wie Schuhknöpfe aus. Und wenn er sich bewegte, geschah's so langsam, als müßte er sich dauernd sagen: ›Geh jetzt, geh jetzt weiter, los!‹, selbst nachdem er sich schon in Bewegung gesetzt hatte.«) Und auch, wie er sich ins Buch eingetragen hätte: mit einer Schrift, die so klein war, daß man sie kaum entziffern konnte: Jules Martino, Saint Louis, Missouri. Und wie er nach dem ersten Jahr alljährlich im Juni wiederkehrte, um den ganzen Tag auf der Bank im Myrtengebüsch zu sitzen, wohin ihm der alte Neger-Hausbursche seine Post brachte: die zwei medizinischen Fachblätter, die Saint-Louis-Zeitung und die beiden Briefe von Louise King – den einen im Juni, in dem stand, sie käme in der nächsten Woche, und den andern Ende August, in dem stand, sie wäre gut nach Hause gekommen. Aber die Besitzerin erzählte ihm nicht, daß sie drei- oder viermal täglich den Gartenweg ein kleines Stück entlangging und, ohne daß er es merkte, nachsah, ob ihm etwas fehle, und als Jarrod sie ansah, während sie redete, dachte er bei sich: ›Möchte mal wissen, welche Flüsse *du* schwimmend für ihn durchqueren mußtest.‹

»Er war drei Jahre lang hergekommen«, erzählte die Besitzerin, »ohne eine Menschenseele zu kennen und anscheinend auch ohne jemand kennenlernen zu wollen, ehe ich herausfand, wie es mit seinem Herzen stand. Aber er kam immer weiter (ich vergaß zu erzählen, daß Alvina King bereits den Sommer hier verbracht hatte, gleich nachdem Louise geboren wurde), und dann fiel mir auf, daß er stets dort saß, wo er Louise beim Spielen zuschauen konnte, und deshalb dachte ich, vielleicht hat er sein eigenes Kind verloren.

Das war aber, bevor er mir erzählte, er wäre nie verheiratet gewesen und habe keine Angehörigen. Und ich dachte, deshalb fühlte er sich wohl zu Louise hingezogen. Ich sah immer, wie sie sich unterhielten und wie er sie Jahr für Jahr beobachtete, und deshalb sagte ich mir nach einer Weile: ›Er will heiraten. Er wartet, bis Louise erwachsen ist.‹ Das hab ich damals gedacht.« Jetzt sah die Besitzerin Jarrod nicht mehr an. Sie lachte ein wenig. »Mein Gott, was für eine Menge Dummheiten ich mir damals zusammengedacht habe!«

»Ich finde nicht, daß es so dumm war«, sagte Jarrod.

»Vielleicht nicht. Louise gibt mal eine Ehefrau ab, auf die jeder Mann stolz sein kann. Und wo er doch ganz allein ist und keinen Menschen hat, der ihn pflegt, wenn er alt ist!« Die Besitzerin war selbst über fünfzig. »Ich bin wohl über die Zeit hinaus, um's wichtig zu nehmen, ob die Frauen heiraten oder nicht. Weil ich mein Kurhaus hier ganz allein verwalten muß, bin ich wohl allmählich zu der Ansicht gekommen, daß es nicht sehr wichtig ist, was die Menschen tun, vorausgesetzt, daß sie ein bequemes Bett und gut zu essen haben.« Sie verstummte. Eine Zeitlang schien sie nachzugrübeln und dabei auf den Park mit seinen Sonnenflecken und auf die alten Damen zu starren, die sich in kleinen Gruppen unter dem Sonnensegel über der Quelle aufhielten.

»Hat er sie denn gezwungen, irgend etwas zu tun?« fragte Jarrod.

»Das haben Sie von Alvina King«, entgegnete die Besitzerin. »Er hat sie nie gezwungen, irgend etwas zu tun. Wie konnte er auch? Hat ja nie seine Bank verlassen. Verläßt sie niemals. Er saß einfach immer da und sah ihr beim Spielen zu, bis sie zu alt wurde, um im Sand zu spielen. Da plauderten sie miteinander und saßen auf der Bank. Wie hätt er sie zwingen können, etwas zu tun, selbst wenn er's gewollt hätte?«

»Ich glaube, Sie haben recht«, entgegnete Jarrod. »Erzählen Sie mir, wie das mit dem Durchqueren des Flusses war!«

»Ach so«, sagte sie. »Sie hatte immer Angst vor dem Wasser. Doch in einem Sommer lernte sie schwimmen, hat es sich selbst im Schwimmbecken beigebracht. Er war nicht mal dabei. Auch nicht am Fluß. Er hat's nicht eher erfahren als wir. Er hatte ihr nur gesagt, sie solle keine Angst haben, niemals. Und ist da wohl was Schlimmes dran, möcht ich wissen?«

»Nein«, antwortete Jarrod, »gar nichts.«

»Nein«, sagte die Besitzerin, als hätte sie nichts gehört, als hätte sie ihn nicht gehört. »Sie kam also rein und erzählte mir's, und ich hab gesagt: ›Und mit den Schlangen und all dem Zeug, hast du da keine Angst gehabt?‹ Und sie sagte:

›Doch, ich hab Angst gehabt. Deshalb hab ich's ja getan!‹

›Warum hast du's getan?‹ fragte ich, und sie sagte:

›Wenn man Angst hat, was zu tun, dann weiß man, daß man lebt. Wenn man aber Angst hat, das auch zu *tun*, wovor man Angst hat, dann ist man tot.‹

›Ich weiß, wo du das her hast‹, hab ich gesagt. ›Ich könnte wetten, daß *er* nicht durch den Fluß geschwommen ist.‹ Und sie sagte:

›Er braucht's auch nicht. Jedesmal, wenn er morgens aufwacht, tut er, was ich tun mußte, um durch den Fluß zu schwimmen. Das hier hab ich bekommen, weil ich durch den Fluß geschwommen bin – da sehn Sie mal!‹ Und sie holte etwas an einer Schnur aus ihrem Halsausschnitt und zeigte es mir. Es war ein Häschen aus Messing oder dergleichen, etwa einen Zoll groß, wie man sie in den Zehn-Cents-Läden kaufen kann. Er hatte es ihr geschenkt.

›Was bedeutet es?‹ hab ich gefragt.

›Das ist meine Angst‹, sagt sie. ›Ein Angsthäschen! Verstehn Sie's nicht? Aber eben aus Messing, Symbol der Angst, aus Messing, dem nichts passieren kann. Solange ich das habe, brauch ich nicht mal Angst vor meiner Angst zu haben.‹

›Und wenn du Angst hast, was dann?‹ fragte ich.

›Dann geb ich's ihm wieder‹, sagte sie. Und was ist dabei wohl Schlimmes, möcht ich wissen? Aber die Alvina King ist eben immer 'ne Dumme gewesen. Denn nach ungefähr einer Stunde kam Louise wieder zu mir. Sie hatte geweint. Sie hatte ihr Häschen in der Hand. ›Wollen Sie's mir aufheben?‹ bat sie. ›Geben Sie's niemandem außer mir! Versprechen Sie's?‹

Und ich versprach es und verwahrte das Häschen für sie. Sie hatte mich kurz vor ihrer Abreise darum gebeten. Und damals sagte Alvina, im nächsten Sommer kämen sie nicht wieder her. ›Der Unsinn muß aufhören!‹ sagte sie. ›Er wird sie noch umbringen; er ist gefährlich!‹

Und tatsächlich, im nächsten Sommer kamen sie nicht. Ich erfuhr, daß Louise krank wäre, und dachte mir schon warum. Ich wußte ja, daß Alvina sie krank und bettlägerig gemacht hatte. Doch Doktor Jules kam im Juni. ›Louise ist sehr krank gewesen‹, sagte ich zu ihm.

›Ja‹, sagte er, ›ich weiß es.‹ Deshalb dachte ich mir, er hätte es gehört, und sie hätte ihm geschrieben. Doch dann dachte ich, daß sie wahrscheinlich zu krank war, um ihm zu schreiben, und daß ihre dumme Mutter sowieso ...« Die Besitzerin blickte Jarrod an. »Es war nämlich gar nicht nötig, daß sie ihm schrieb.«

»Nicht nötig?«

»Er wußte, daß sie krank war. Er wußte es. Sie brauchte es ihm nicht zu schreiben. Jetzt werden Sie wohl lachen?«

»Ich lache nicht. Wieso wußte er es?«

»Er wußte es. Denn ich wußte, daß er es wußte, und als er nicht nach Saint Louis zurückkehrte, da wußte ich, daß sie kommen würde. Und tatsächlich, im August kamen sie. Louise war ein gutes Stück größer geworden, auch magerer, und an jenem Nachmittag sah ich sie zum erstenmal nebeneinander stehen. Sie war fast so groß wie er. Da sah ich zum erstenmal, daß Louise erwachsen war. Und jetzt sorgt sich Alvina wegen des Pferdes, das Louise reiten will.«

»Es hat schon einen Mann getötet«, sagte Jarrod.

»Automobile haben schon mehr als einen getötet. Sie fahren ja selbst Auto. Sind im Auto hergekommen. Ihr ist nichts Schlimmes zugestoßen, als sie durch den Fluß schwamm, nicht wahr?«

»Aber das hier ist etwas andres! Woher wollen Sie wissen, ob das Pferd sie nicht verletzt?«

»Ich weiß es eben!«

»Wieso wissen Sie's?«

»Gehn Sie nur dorthin, wo Sie die Bank sehen können! Stören Sie ihn nicht – gehn Sie nur hin und sehen Sie ihn an. Dann wissen Sie Bescheid.«

»Well, ich verlange ein wenig mehr Sicherheit«, erwiderte Jarrod.

Dann war er zu Mrs. King zurückgekehrt. Mit Louise hatte er nur eine Unterredung gehabt, und die war kurz und heftig und erbittert gewesen. Es war am Abend vorher; heute war sie verschwunden. ›Doch er sitzt noch immer auf der Bank‹, dachte Jarrod. ›Sie ist nicht mal bei ihm. Anscheinend müssen sie nicht mal zusammen sein: er weiß es auf eine Entfernung von Mississippi bis Saint Louis, wenn sie krank ist. Well, da weiß ich, wer jetzt in der blinden Phase steckt.‹

Mrs. King war in ihrem Zimmer. »Mir scheint, daß mein schlimmster Rivale das Pferd ist«, sagte Jarrod.

»Begreifst du nicht, daß er sie aus dem gleichen Grund zwingt, das Pferd zu reiten, wie er sie zwang, durch den von Schlangen wimmelnden Fluß zu schwimmen? Um zu beweisen, daß er es kann – um mich zu demütigen?«

»Was kann ich tun?« sagte Jarrod. »Ich habe gestern abend versucht, es mit ihr zu besprechen. Aber du hast ja gesehen, was ich erreicht habe.«

»Wenn ich ein Mann wäre, würde ich nicht fragen, was ich tun soll. Wenn ich sähe, daß das Mädchen, mit dem ich verlobt bin, in ihr Unglück rennt, und das wegen eines

Mannes, irgendeines Mannes, und obendrein eines Mannes, den ich noch nie gesehen habe und von dem ich nicht mal weiß, wer er ist, einerlei, ob alt, einerlei, ob herzleidend ...«

»Ich werde noch mal mit ihr sprechen.«

»Sprechen?« rief Mrs. King. »Sprechen? Glaubst du, ich hätte dir ein Telegramm geschickt, schnell hierherzukommen, nur, damit du mit ihr sprichst?«

»Warte nur«, sagte Jarrod. »Es wird schon in Ordnung kommen. Ich sorge dafür!«

Er mußte jedoch selbst ziemlich lange warten. Es war beinahe Mittag, als Louise in die leere Halle kam, wo er saß. Er stand auf. »Und jetzt?«

Sie blickten sich an. »Was?«

»Hast du immer noch vor, heute nachmittag auf dem Pferd zu reiten?« fragte Jarrod.

»Ich dachte, wir hätten das gestern abend bereits geklärt. Aber du mußt dich immer noch einmischen. Ich habe dich nicht herkommen lassen.«

»Ich bin aber hier. Ich hätte allerdings nie geglaubt, daß ich geholt würde, um mit einem Pferd in Wettbewerb zu treten.« Sie blickte ihn an, und ihre Augen waren hart. »Mit etwas Schlimmerem als einem Pferd. Mit einem verdammten Leichnam von einem Mann. Mit einem Mann, der seit zwanzig Jahren tot ist; er sagt's ja selber, wurde mir erzählt. Und er muß es wissen, da er ein Arzt und ein Herzspezialist ist. Wahrscheinlich erhältst du ihn am Leben, weil du ihm Angst machst – wie mit Strychnin, du Florence Nightingale!« Sie blickte ihn an, und ihr Gesicht war ganz still, ganz kalt. »Ich bin nicht eifersüchtig«, fuhr er fort. »Nicht auf so ein Wrack. Aber wenn ich sehe, daß er dich zwingt, ein Pferd zu reiten, das schon einen Mann getötet hat ...« Er sah auf ihr kaltes Gesicht nieder. »Willst du mich nicht heiraten, Louise?«

Sie blickte ihn nicht länger an. »'s ist deshalb, weil wir

noch so jung sind. Wir haben so viel Zeit, ein ganzes Leben liegt vor uns. Und nächstes Jahr, vielleicht genau auf den gleichen Tag wie heute, ist wieder alles schön und warm und grün – er dagegen ... Du verstehst es nicht. Ich hab's zuerst auch nicht verstanden, als er mir das erstemal erzählt hat, wie es ist, wenn man Tag für Tag mit 'ner Streichholzschachtel voll Dynamitkapseln in der Brusttasche leben muß. Eines Tages dann, als ich alt genug war, um es zu verstehen, hat er mir erklärt, wie es in der Welt einzig darauf ankommt, zu leben und lebendig zu sein und zu wissen, daß man am Leben ist. Und Angst haben heißt einfach, wissen, daß man lebt; aber wenn man das tut, wovor man Angst hat, dann erst lebt man wirklich. Er sagt, selbst sich zu fürchten wäre besser, als tot zu sein. Er hat mir das alles erklärt, als er selber noch Angst hatte, bevor er es aufgab, Angst zu haben, und bevor er wußte, daß er lebte, ohne lebendig zu sein. Und jetzt hat er sogar das aufgegeben und hat nichts mehr als die Angst. Was kann ich also tun?«

»Ach so. Und ich kann warten, weil ich keine Streichholzschachtel mit Dynamitkapseln in der Brusttasche habe. Oder 'ne Schachtel mit Zauberpulver.«

»Ich erwarte nicht, daß du's verstehst. Ich habe dich nicht kommen lassen. Ich wollte nicht, daß du hineinverwickelt wirst.«

»Daran hast du nicht gedacht, als du den Ring von mir annahmst. Außerdem hast du mich bereits in die Sache verwickelt – am ersten Abend, als ich dich kennenlernte. Damals war's dir egal. Und was sagt er überhaupt zu dem Ring?« Sie gab keine Antwort. Sie sah ihn nicht an, aber sie wandte auch nicht das Gesicht ab. Nach einiger Zeit sagte er: »Jetzt versteh ich! Er weiß überhaupt nichts von dem Ring. Du hast ihn ihm nie gezeigt.« Sie gab noch immer keine Antwort, sah ihn nicht an und sah auch nicht weg. »Also gut«, sagte er. »Ich gebe dir noch eine letzte Gelegenheit!«

Sie sah ihn an. »Eine Gelegenheit – wofür?« Dann sagte

sie: »Ach so, der Ring! Du willst ihn wiederhaben.« Er beobachtete sie, steif und ausdruckslos, während sie aus ihrem Halsausschnitt eine feine Schnur zog, an welcher der Ring und noch ein zweiter Gegenstand hingen, den er während ihrer schnellen Geste, mit der sie die Schnur zerriß, als das kleine Metallhäschen erkannte, von dem ihm die Besitzerin erzählt hatte. Dann war es verschwunden, und ihre Hand schnellte noch einmal auf, und etwas Hartes prallte schmerzhaft gegen seine Wange. Louise lief schon zur Treppe. Nach einiger Zeit bückte er sich und hob den Ring vom Fußboden auf. Er sah sich in der Halle um. ›Sie sind alle unten bei der Quelle‹, dachte er und betrachtete den Ring auf seiner Handfläche. ›Deshalb kommen die Leute her: um Brunnen zu trinken.‹

Sie waren da, saßen mit ihren grellbunten Schals und Modeheften unter dem Sonnensegel über der Quelle. Als er sich näherte, kam ihm Mrs. King rasch aus der Gruppe entgegen und hielt in der Hand einen fleckigen Trinkbecher. »Ja?« fragte sie. »Ja?« Jarrod streckte ihr die Handfläche hin, auf der Louises Ring lag. Mrs. King blickte auf den Ring nieder, und ihr Gesicht war kalt und beherrscht und empört. »Manchmal frage ich mich, ob sie wirklich meine Tochter ist. Was willst du jetzt tun?«

Auch Jarrod blickte auf den Ring nieder, und sein Gesicht war ebenfalls kalt und still. »Zuerst glaubte ich nur, ein Pferd wäre mein Rivale«, sagte er. »Aber mir scheint, daß sich hier noch mehr abspielt, als ich wußte, noch mehr, als mir mitgeteilt wurde.«

»Unsinn«, entgegnete Mrs. King. »Du hast dir wohl angehört, was die Gans Lily Cranston erzählt – oder die andern alten Närrinnen hier?«

»Da hätte ich nicht mehr erfahren, als was jedermann außer mir schon die ganze Zeit zu wissen scheint. Aber schließlich war ich nur ihr Verlobter.« Er blickte auf den Ring nieder. »Was meinst du, was ich jetzt noch tun kann?«

»Wenn du ein Mann bist, der in einem solchen Falle eine Frau um Rat fragen muß, dann hör auf meinen Rat und nimm deinen Ring und kehr damit nach Nebraska oder Kansas oder sonstwohin zurück.«

»Oklahoma«, sagte Jarrod mürrisch. Er schloß die Finger über dem Ring. »Er wird wohl jetzt auf der Bank sitzen«, sagte er.

»Warum sollte er auch nicht?« entgegnete Mrs. King. »Er braucht sich ja hier vor niemandem zu fürchten.«

Aber Jarrod war schon auf dem Weg. »Geh du nur zu Louise!« sagte er. »Ich bring's in Ordnung!«

Mrs. King sah ihm nach, wie er den Fußweg entlangging. Dann drehte sie sich um und warf den fleckigen Becher ins nächste Oleandergebüsch, ging mit schnellen Schritten zum Hotel und stieg die Treppe hinauf. Louise war in ihrem Zimmer und kleidete sich um. »Du hast also Hubert den Ring zurückgegeben«, sagte Mrs. King. »Da wird der alte Mann zufrieden sein! Jetzt hast du kein Geheimnis mehr vor ihm, falls der Ring überhaupt je ein Geheimnis war. Da du nichts vor ihm zu verheimlichen scheinst und auch anscheinend nicht wünschst . . .«

»Sei still!« sagte Louise. »So kannst du nicht mit mir sprechen!«

»Oh, darauf wäre er auch stolz, wenn er seine Schülerin so sprechen gehört hätte!«

»Er würde mich nicht im Stich lassen. Aber du läßt mich im Stich. Er würde mich nicht im Stich lassen!« Sie stand da, mager und verkrampft, die herunterhängenden Hände zu Fäusten geballt. Plötzlich begann sie zu weinen und hob das Gesicht auf; die Tränen rannen ihr über die Wangen. »Ich zerbrech mir dauernd den Kopf und weiß nicht, was ich tun soll, und nun läßt du mich auch noch im Stich, du, meine Mutter!«

Mrs. King setzte sich aufs Bett. Louise stand in ihrer Unterkleidung da; die Sachen, die sie ausgezogen hatte, lagen im

Zimmer verstreut, auf dem Bett und auf den Stühlen. Auf dem Nachttisch lag das kleine Metallhäschen; Mrs. King warf einen Blick darauf. »Möchtest du Hubert heiraten?« fragte sie.

»Hab ich's ihm nicht versprochen, euch beiden, dir und ihm? Hab ich nicht seinen Ring getragen? Aber ihr laßt mich nicht in Ruhe! Er läßt mir keine Zeit, gibt mir keine Chance mehr! Und jetzt läßt du mich auch noch im Stich! Jeder läßt mich im Stich, ausgenommen Doktor Jules!«

Mrs. King betrachtete sie kalt und starr. »Ich glaube, diese Gans Lily Cranston hat recht. Ich glaube, der Mann hat eine verbrecherische Macht über dich. Gottseidank hat er sie bisher nur dazu benutzt, dich zu zwingen, daß du dich umzubringen versuchst und dich lächerlich machst. Bis jetzt, heißt das.«

»Sei still!« sagte Louise. »Sei still!« Sie fuhr fort, »Sei still!« zu rufen, selbst als Mrs. King zu ihr ging und sie anfaßte. »Du hast mich eben im Stich gelassen. Und jetzt hat Hubert mich auch noch im Stich gelassen. Er hat dir von dem Pferd erzählt, nachdem er mir versprochen hatte, zu schweigen.«

»Das wußte ich bereits. Deshalb habe ich ihn kommen lassen. Ich konnte nichts mehr mit dir anfangen. Außerdem hat jeder die Pflicht, dich daran zu hindern, auf das Pferd zu steigen.«

»Du kannst mich nicht daran hindern. Du kannst mich heute in mein Zimmer einsperren, aber nicht immer. Denn du bist älter als ich. Du wirst vor mir sterben, und wenn es hundert Jahre dauert! Und ich werde wiederkommen und auf das Pferd steigen, selbst wenn ich tausend Jahre warten muß!«

»Vielleicht bin ich dann nicht hier«, erwiderte Mrs. King. »Aber er auch nicht. Ich kann ihn überleben. Und jedenfalls kann ich dich einen Tag lang hier im Zimmer einsperren.«

Eine Viertelstunde später klopfte der alte Hausbursche an

die zugesperrte Tür. »Mr. Jarrod ist unten und möchte Sie sprechen«, sagte er.

Sie verschloß die Tür hinter sich. Jarrod war in der Halle. Sie war leer. »Ja?« fragte Mrs. King. »Was ist?«

»Er hat gesagt, ob Louise ihm selbst sagen würde, daß sie mich heiraten will. Ob sie ihm ein Zeichen schicken würde.«

»Ein Zeichen?« Sie sprachen beide ruhig, ein wenig gespannt, doch sehr ruhig, sehr ernst.

»Ja. Ich habe ihm den Ring gezeigt; er saß da auf der Bank, in einem Anzug, der so aussah, als hätte er den ganzen Sommer drin geschlafen, und seine Augen musterten mich, als glaubte er nicht, daß Louise den Ring jemals gesehen hat. Dann sagte er: ›Aha, Sie haben den Ring! Ihr Beweisstück scheint in den Händen der Gegenpartei zu sein! Wenn Sie und Louise verlobt sind, müßte sie doch den Ring haben! Oder bin ich bloß altmodisch?‹ Und ich stand da wie ein Esel, während er den Ring betrachtete, als stamme er vielleicht von Woolworth. Er machte nicht mal den Versuch, ihn anzufassen.«

»Du hast ihm den Ring gezeigt? Den Ring? Du Dummkopf! Wie ...«

»Ja, ich weiß schon. Es kam einfach von der Art, wie er dasaß – und von der Art, wie er sie zwingt, etwas für ihn zu tun, vermute ich. Es schien so, als machte er sich über mich lustig, als wüßte er die ganze Zeit, daß ich nichts tun könnte, nichts, das zu tun ich mir ausdenken könnte und das er nicht schon bedacht hätte, und als wüßte er, daß er sich immer zwischen uns drängen könnte, ehe ... noch rechtzeitig ...«

»Und dann? Was für ein Zeichen hat er verlangt?«

»Das hat er nicht gesagt. Er hat bloß gesagt, ein Zeichen. Von ihrer Hand in seine Hand. Etwas, das ihn überzeugen würde, denn mit der Tatsache, daß ich den Ring hätte, sei mein Beweis zunichte geworden. Und dann habe ich meine

Hand gerade noch rechtzeitig zurückgehalten, ehe sie zuschlug – wie er so dasaß. Er rührte sich nicht; er saß einfach mit geschlossenen Augen da, und der Schweiß perlte ihm übers Gesicht. Und dann machte er die Augen auf und sagte: ›Schlagen Sie mich doch!‹«

»Halt!« sagte Mrs. King. Jarrod hatte sich nicht vom Fleck gerührt. Mrs. King starrte in die leere Halle und tickte mit dem Fingernagel gegen ihre Zähne. »Einen Beweis?« sagte sie. »Ein Zeichen?« Sie setzte sich in Bewegung. »Warten Sie hier!« Sie lief die Treppe hinauf, eine schwere Frau, die sich mit der unaufhaltsamen Geschwindigkeit einer Lokomotive bewegte. Sie blieb nicht lange fort. »Louise schläft«, sagte sie – ohne einen Grund, den Jarrod hätte ahnen können, selbst wenn er zugehört hätte. Sie streckte ihre geschlossene Hand aus. »Kannst du deinen Wagen in zwanzig Minuten bereit haben?«

»Ja. Aber was ...«

»Und deine Koffer fertig gepackt? Ich kümmere mich um alles andere!«

»Und Louise? Meinst du ...«

»Ihr könnt euch in Meridian trauen lassen; in einer Stunde seid ihr dort.«

»Trauen lassen? Und Louise ...?«

»Ich habe ein Zeichen von ihr, dem er Glauben schenken wird. Mach deine Sachen zurecht und sag keinem Menschen, wohin du gehst, hörst du?«

»Ja. Ja. Und Louise hat ...«

»Keiner Menschenseele! Hier!« Sie steckte ihm etwas in die Hand. »Mach deine Sachen bereit, und dann geh hin und gib ihm das hier! Er wird vielleicht verlangen, sie selbst zu sehen. Aber darum kümmere ich mich dann schon. Du mußt nur bereit sein. Vielleicht schreibt er auch ein Briefchen. Tu du nur, was ich dir gesagt habe!« Sie wandte sich zur Treppe um, rasch, mit der gleichen beherrschten Geschwindigkeit wie vorher, und verschwand. Dann öffnete Jarrod seine Hand und blickte auf den Gegenstand, den sie ihm gegeben hatte. Es war das Messing-Häschen. Ursprünglich war es vergoldet gewesen, aber das war vor vielen Jahren, und jetzt lag es in seiner Hand, stumm und abgescheuert und nachgedunkelt. Als er die Halle verließ, rannte auch er nicht. Aber er ging schnell.

Doch als er die Halle nach einer Viertelstunde wieder betrat, rannte er. Mrs. King wartete auf ihn.

»Er hat das Briefchen geschrieben«, berichtete Jarrod. »Eins für Louise und ein andres, das ich für Miss Cranston hierlassen soll. Er sagte mir, das für Louise könnte ich lesen.« Aber Mrs. King hatte es ihm bereits aus der Hand genommen und geöffnet. »Er sagte, ich könne es lesen«, wiederholte Jarrod und atmete schwer und rasch. »Er hat mir zugeschaut, als ich es las, und saß dabei auf seiner Bank; er hatte nicht mal seine Hände bewegt, seit ich zuerst da war, und dann sagte er: ›Junger Mann, Sie haben sich von einer Frau besiegen lassen, wie ich auch. Nur mit dem einen Unterschied: bei Ihnen wird es lange dauern, ehe Sie begreifen, daß Sie umgebracht wurden.‹ Und ich sagte: ›Wenn Louise diejenige ist, die mich umbringt, dann will ich gern jeden Tag meines oder ihres restlichen Lebens sterben.‹ Und er sagte: ›Ach, Louise? Sprachen Sie von Louise?‹ Und ich hab gesagt: ›Sterben!‹ Hab ›Sterben!‹ gesagt. Hab ›Sterben!‹ gesagt.«

Aber Mrs. King war nicht mehr da. Sie war schon halbwegs die Treppe hinaufgestiegen. Sie trat ins Zimmer. Louise drehte sich auf dem Bett um, und ihr Gesicht war aufgedunsen – vom Weinen oder vom Schlaf. Mrs. King gab ihr das Briefchen. »Da, lies, Liebling! Hab ich's dir nicht immer gesagt? Er hat dich bloß zum besten gehalten. Hat dich nur als Zeitvertreib benutzt!«

Der Wagen fuhr schnell, als er in die große Überlandstraße einbog. »Mach rasch!« sagte Louise. Der Wagen fuhr schneller; sie blickte ein einziges Mal aufs Hotel zurück, auf den Park mit den dichten Oleander- und Myrtenbüschen, und schmiegte sich tiefer in ihren Sitz neben Jarrod. »Schneller!« sagte sie.

»Ich bin auch dafür!« sagte Jarrod. Er blickte sie an; dann warf er noch einen Blick auf sie und sah, daß sie weinte. »Bist du so glücklich?« fragte er.

»Ich hab was verloren«, sagte sie und weinte still. »Etwas, das ich lange gehabt habe, das ich geschenkt bekam, als ich ein Kind war. Und jetzt habe ich es verloren. Ich hatte es noch heute früh, und jetzt kann ich es nicht finden.«

»Verloren?« fragte er. »Was du geschenkt bekamst?« Er hob den Fuß; der Wagen verlangsamte die Fahrt. »Aber du schicktest ...«

»Nein, nein«, rief Louise. »Halte nicht an! Kehr nicht um! Fahr weiter!«

Der Wagen rollte im Leerlauf, langsamer, und ohne Bremsen. »Aber du ... Sie hat gesagt, du schliefst.« Er drückte den Fuß auf die Bremse.

»Nein! Nein!« rief Louise. Sie hatte weit vorgebeugt dagesessen; sie schien ihn überhaupt nicht gehört zu haben. »Kehr nicht um! Fahr weiter! Fahr weiter!«

›Und er hat's gewußt‹, dachte Jarrod. ›Saß da auf der Bank und hat's gewußt! Als er das sagte, was er gesagt hat ... ich würd's nicht merken, daß man mich umgebracht hätte.‹

Der Wagen stand nun beinah still. »Fahr weiter!« rief Louise. »Fahr weiter!« Er sah sie an. Ihre Augen sahen wie blind aus; ihr Gesicht war blaß, war bleich; der Mund stand offen, war verzerrt in qualvoller Verzweiflung und – vor allem – im Verzicht; wäre er älter gewesen, dann hätte er gewußt, daß er einen solchen Ausdruck nicht noch ein zweites Mal auf einem menschlichen Antlitz erblicken würde. Dann sah er, wie seine Hand den Gang einschaltete und wie sein Fuß wieder Gas gab. ›Er hat es selbst gesagt‹, dachte Jarrod: ›Angst haben, und es doch tun. Er hat es selbst gesagt: es kommt in der Welt einzig darauf an, lebendig zu sein und zu wissen, daß man am Leben ist.‹

»Schneller!« rief Louise. »Schneller!« Der Wagen sauste davon; das Haus und die breite Veranda, wo jetzt die grellbunten Schultertücher tuschelten, verschwanden hinter ihnen.

Mitten in dieser Versammlung weiter Sommerkleider, greisenhaft verwunderter Schnaufer und gackernden weiblichen Stimmengewirrs stand auf der Veranda die Besitzerin und hielt das andere Briefchen in der Hand. »Verheiratet?« sagte sie. »Verheiratet?« Als wäre sie jemand anders, beobachtete sie sich selber, wie sie das Briefchen wieder öffnete und noch einmal las. Sie brauchte nicht viel Zeit dafür.

Lily, laß mich ja noch ein Weilchen ungestört. Ich bleibe bis zum Abendbrot hier sitzen. Laß mich ungestört. J. M.

»Laß mich *ungestört*«, sagte sie. *»Ungestört.«* Sie ging in die Halle, wo der alte Neger sich mit einem Besen zu schaffen machte. »Und das hat dir Mr. Jarrod gegeben?« fragte sie.

»Yessum. Hat's mir gegeben und rennt und ruft, ich soll seine Koffer in'n Wagen stellen, und is schon wieder da mit Miss Louise, und ssst! die Auffahrt entlang und rauf zur großen Straße wie so'n Patter-roller[2]!«

»Und sie sind nach Meridian gefahren?«

»Yessum. Direkt an der Bank vorbei, wo Doktor Jules sitzt.«

»Verheiratet«, sagte die Besitzerin. »Verheiratet.« Mit dem Briefchen in der Hand verließ sie das Haus und ging den Fußweg entlang, bis sie einen Blick auf die Bank werfen konnte, wo regungslos eine weiße Gestalt saß. Sie blieb stehen und las den Brief noch einmal; wieder blickte sie den Fußweg hinauf, der zur Bank führte, die auf die Landstraße sah. Dann kehrte sie ins Haus zurück. Die Damen hatten sich inzwischen in ihre verschiedenen Sessel zurückgezogen, doch ihre zischelnden Stimmen füllten noch immer in ununterscheidbarem Gewirr die Veranda; sie verstummten plötzlich, als die Besitzerin sich näherte und wieder ins Haus trat. Mit raschen Schritten trat sie ein. Es war etwa eine Stunde vor Sonnenuntergang.

Die Dämmerung senkte sich allmählich nieder, als sie in die Küche ging. Der Hausbursche saß jetzt auf einem Stuhl neben dem Herd und unterhielt sich mit der Köchin. Die Besitzerin blieb auf der Schwelle stehen. »Onkel Charley«, sagte sie, »geh und sag Doktor Jules, das Abendbrot ist gleich fertig!«

Der Hausbursche stand auf und verließ die Küche durch den Seiteneingang. Als er an der Veranda vorbeikam, stand die Besitzerin auf der obersten Stufe. Sie sah ihm nach, wie er den Fußweg hinauf verschwand, um zur Bank zu gehen. Eine Frau ging an ihr vorbei und sagte etwas, doch sie gab keine Antwort; es war, als hätte sie nichts gehört, weil sie das Gebüsch beobachtete, hinter dem der Neger verschwunden war. Und als er wieder erschien, sahen die Gäste auf der Veranda, daß sie ihm bereits entgegenging, die Stufen der Veranda hinunter, noch ehe sie bemerkten, daß der Neger rannte, und plötzlich saßen sie stumm und weit vorgebeugt da und beobachteten, wie sie, ohne stehenzubleiben, am Neger vorbeilief, die Röcke über den schlanken Schulmamsell-Waden hochgerafft und, nun auch rennend, den Pfad hinauf verschwand. Sie saßen noch immer stumm und weit vorgebeugt da, als auch sie wiedererschien; sie beobachteten sie, wie sie durch die Dämmerung ging und die Verandatreppe hinaufstieg, und auch auf ihrem Gesicht lag dieser Ausdruck, als hätte sie etwas gesehen, das sie zwar als Tatsache anerkennen mußte, jedoch noch nicht recht glauben wollte. Das war vielleicht auch der Grund, weshalb ihre Stimme ganz ruhig klang, als sie eine ihrer Pensionärinnen mit dem Namen anredete und ›Herzchen‹ hinzusetzte:

»Doktor Martino ist soeben gestorben. Würden Sie bitte für mich ins Städtchen telefonieren?«

Fuchsjagd

Eine Stunde vor Tagesanbruch näherten sich drei Neger-Stallburschen dem Stall, in der Hand eine Laterne. Während der eine von ihnen die Tür aufschloß und beiseite schob, hob ein anderer die Laterne hoch und ließ den Lichtstrahl in die Dunkelheit fallen, wo eine Gruppe von Kiefern sich gegen den Zaun der Koppel drängte. Aus dieser Dunkelheit glotzten drei Paar große, weit auseinanderstehende Augen einen Moment sanft hervor und verschwanden dann. »He, ihr da!« rief der Neger. »Habt ihr's kalt?« Kein Laut kam aus der Dunkelheit; die Maultier-Augen erschienen nicht wieder. Die Neger betraten den Stall und brummelten untereinander. Gelächter flatterte zur Stalltür hinaus, sanft und nichtssagend und albern.

»Wieviel hast'n gesehn?« fragte der zweite Neger.

»Bloß drei Maultiere«, antwortete der Laternenträger. »'s müssen aber mehr sein. Onkel Mose is so um die zwei rum zurückgekommen, von wo er beim Jupter-Pferd gewacht hat; er sagt, da ha'm schon zweie gewartet! Dreckfresser[3]. Huh.«

Die Pferde in den Boxen begannen zu wiehern und zu stampfen; über den weißgetünchten Türen bewegten sich die hohen, langen Nasen in eifrigem Schattenspiel; die Luft war dick und warm, ammoniakhaltig und rein. Die Neger begannen Futter in die Patent-Tröge zu kippen, gingen mit der geschickten Behendigkeit von Affen von Box zu Box und stießen dabei ihre kurzen, sanften, nichtssagenden Rufe aus: »Ho! Mach Platz, du! Mußt heute den Fuchs fangen!«

Im dunklen Winkel, wo sich die Kieferngruppe gegen den Zaun der Koppel drängte, hockten elf Männer, umgeben von elf angehalfterten Maultieren. Es war im November, und der Morgen war frostig; die Männer hockten stumm und bewegungslos da, wie formlose Klumpen. Aus dem Stall drang das Geräusch der malmenden Pferde; kurz bevor der Tag anbrach, kam ein zwölfter Mann auf einem Maultier angeritten und stieg ab und hockte sich, ohne ein Wort zu sagen, zu den andern. Als es hell war und das erste gesattelte Pferd aus dem Stall geführt wurde, war das Gras mit Rauhreif überzogen, und das Stalldach sah im silbrigen Licht wie schieres Silber aus.

Man konnte jetzt erkennen, daß die hockenden Männer lauter Weiße waren, alle in Overalls, und daß die Maultiere – bis auf zwei – keinen Sattel trugen. Sie hatten sich vom Kiefernland ringsum aus Hütten mit Lehmfußböden und nur einem Raum hier eingestellt und hockten würdevoll und ernst und geduldig zwischen ihren hageren, lehmverkrusteten und mit Kletten behangenen Maultieren und betrachteten die gesattelten Pferde, edle Tiere mit Stammbäumen, die länger als der ihres Besitzers Harrison Blair waren, und die Stück für Stück aus einem mit Dampfheizung erwärmten Stall den Kiesweg zum Herrenhaus hinaufgeführt wurden, vor dem eine Koppel Hunde schon kläffend herumwimmelte, während sich auf der Veranda Männer und Frauen in Reitstiefeln und roten Röcken zu versammeln begannen.

Nachlässig und bedächtig und mit scheinbar unachtsamer Miene beobachteten die Männer Harrison Blair, dem das Haus und die Hunde und vielleicht sogar einige Gäste gehörten, wie er ein großes, bösartig aussehendes Pferd bestieg, und sie beobachteten einen andern Mann, wie er Harrison Blairs Frau auf eine Fuchsstute hob und dann seinerseits einen Braunen bestieg.

Einer von den Männern in Overalls kaute langsam auf einem Priem. Neben ihm stand ein junger Bursche, ebenfalls im Overall, mit schlaksigen Gliedern und einem Milchbart. Sie sprachen, ohne die Köpfe zu bewegen, bewegten kaum die Lippen.

»Ist der's?« fragte der Bursche.

Der ältere Mann spuckte bedachtsam aus, ohne sich zu rühren. »Der was?«

»Der von seiner Frau?«

»Von wem seiner Frau?«

»Von Blairs Frau?«

Der andere betrachtete die Gruppe vor dem Haus. Wenigstens erweckte es den Eindruck. Sein Blick war unergründlich, ausdruckslos, bedächtig; niemand hätte sagen können, ob er den Mann und die Frau ansah oder nicht. »Du darfst nichts glauben, was du hörst«, sagte er, »und bloß die Hälfte von dem, was du siehst.«

»Was denkst du denn dadrüber?« fragte der Bursche.

Der ältere Mann spuckte mit Bedacht und Sorgfalt aus. »Nichts«, sagte er. »'s ist nicht meine Frau.« Dann sagte er, ohne die Stimme zu heben und ohne den Tonfall zu wechseln (obwohl er jetzt zum obersten Reitknecht sprach, der neben ihn getreten war): »Dem Mann da gehört kein Pferd nich!«

»Welchem Mann?« fragte der Reitknecht. Der Weiße deutete auf den Mann, der seinen Braunen an der Flanke der Fuchsstute hielt. »Oh«, sagte der Reitknecht. »Mr. Gawtrey! 's wär schade ums Pferd, wenn ihm eins gehörte!«

»'s ist auch schade ums Pferd, das *dem* da gehört«, sagte der Weiße. »'s ist schade um alles, was ihm gehört!«

»Meinen Sie Mr. Harrison?« fragte der Reitknecht. »Sehn die Pferde hier etwa so aus, als müßten sie von Ihn' bemitleidet werden?«

»Klar doch«, antwortete der Weiße. »Stimmt genau. Der Rappe hat's wohl gern, so geritten zu werden, wie *er* ihn reitet?«

»Sie brauchen die Blairschen Pferde nich bemitleiden!«

»Klar doch«, erwiderte der Weiße. Er schien die Vollblutpferde zu betrachten, die ein Haus mit Dampfheizung hatten, die Leute in ihren Stiefeln und roten Röcken und

Blair selbst, der den sich aufbäumenden Rappen bestieg. »Jetzt versucht er schon seit drei Jahren, die Füchsin zu erwischen«, sagte er. »Warum sagt er nicht einem von euch, er soll sie abschießen oder vergiften?«

»Abschießen oder vergiften?« rief der Reitknecht. »Sie wissen wohl nich, daß man Füchse nich so jagen darf?«

»Warum nich?«

»Es wär nich sportlich«, antwortete der Reitknecht. »Sie ha'm eigentlich lange genug mit Gentlemen zu tun gehabt – da sollten Sie wissen, wie die jagen!«

»Klar doch«, sagte der Mann. Er blickte den Reitknecht nicht an. »Ich wunder mich, daß 'n reicher Mann, der so reich is, wie's die Leute sagen« (wieder spuckte er aus, diesmal eine etwas beiläufige Geste, die jedoch nicht als Beleidigung gedacht war, nur so, als hätte er mit dem Daumen auf Blair gedeutet), »daß so einer Zeit genug hat, 'ne alte kleine Füchsin so zu hassen. Will nich mal, daß die Hunde sie fangen! Versucht die Hunde zu überhol'n, damit er die Füchsin mit'm Stock totschlagen kann, als wär's 'ne Schlange! Kommt jedes Jahr die ganze Strecke weit her und bringt all die Leute mit und gibt ihn'n zu schlafen und zu essen, bloß um 'ne kleine räudige alte Füchsin zu jagen, die ich in 'ner einzigen Nacht mit 'ner Axt und 'nem Opossum-Hund erwischen könnte!«

»Das's eben was anders mit die Gentlemen, das wer'n Sie nie nich verstehn!« sagte der Reitknecht.

»Klar doch«, sagte der Weiße.

Der Hügelkamm wurde von einer langen, sandigen, mit Kiefern bestandenen Düne gebildet, in deren eine Flanke sich Schluchten eingefressen hatten, durch die ein fahles, fast eine Meile breites Reisfeld zu sehen war, das vor einem von Dornengestrüpp überwucherten Damm endete. Die beiden Männer in Overalls, der ältere Mann und der junge Bursche, warteten in einer von diesen Schluchten auf ihren Maultieren und blickten über das Feld. Weiter unten im Hügelhang, und etwa eine Meile entfernt, waren die Hunde auf falscher Fährte; die kläffenden Rufe stiegen zum Kamm hinan, verwirrt, schrill, äußerst dringlich.

»Man sollte meinen, er hätt in drei Jahren gelernt, daß er 'n Car'lina-Fuchs nicht mit so Yankee-Großstadthunden fangen kann«, sagte der Bursche.

»Das weiß er«, erwiderte der andre. »Er will nich, daß die Hunde ihn fangen. Er kann's nich mal leiden, daß 'n reinrassiger Hund vor ihm herläuft.«

»Jetzt sind sie aber vor ihm!«

»Glaubst du?«

»Wo wär er sonst?«

»Ich weiß nich. Ich weiß bloß, daß er nich näher bei den dummen Stadthunden ist als der Fuchs. Egal, wo der Fuchs jetzt sitzt und die Hunde auslacht – da steuert er drauflos!«

»Willst du mir wirklich erzählen, daß es einen Menschen in der Welt gibt, der 'n Fuchs wittern kann, wenn 'n nich mal 'n Großstadthund aufstöbern kann?«

»Die Hunde da unten können 'ne richtige Fährte nich aufstöbern, weil sie die Füchsin nich hassen. Ein guter Fuchs- oder Waschbär- oder Opossum-Hund ist ein guter Jagdhund, weil er den Fuchs oder den Waschbär oder das Opossum haßt – aber nich, weil er 'ne extra gute Nase hat. 's ist nich die Nase, die ihn auf die richtige Fährte bringt – 's ist sein Haß. Und wenn ich seh, wo entlang der Mann reitet, dann kann ich dir auch sagen, wo entlang der Fuchs gelaufen ist.«

Der Junge schnaufte verächtlich durch die Kehle und die Nase. »'n erwachsener Mann! Haßt 'n elenden kleinen, räudigen alten Fuchs! Hol mich der Teufel, wenn's nich verflixt mühsam ist, reich zu sein! Hol mich der Teufel, wenn's das nich ist!«

Sie sahen aufs Feld hinunter. Von weiter unterhalb des Kammes drang das eifrige, verwirrte Kläffen der Hunde herauf. Der letzte Reiter in Stiefeln und rotem Rock war hinter ihnen aufgetaucht und an ihnen vorbeigeritten, und die beiden Männer warteten in der tiefen, trunkenen und sonnigen Stille auf ihren Maultieren und lauschten mit dem genau gleichen kalten und spöttischen Ausdruck in ihren hageren, gelblichen Gesichtern. Dann wandte der junge Bursche sein Maultier um und blickte zum Kamm hinauf, in die Richtung, woher die Jagd gekommen war. Im gleichen Augenblick drehte sich auch der ältere Mann um, und unbeweglich und völlig lautlos beobachteten sie, wie noch zwei Reiter heraufkamen und vorbeiritten. Es waren die Frau auf der Fuchsstute und der Mann auf dem Braunen. Sie ritten wie auf einem einzigen Tier an ihnen vorbei, wie ein doppelter oder hermaphroditischer Zentaur mit zwei Köpfen und acht Beinen. Die Frau trug ihren Hut in der Hand; in den schräg fallenden Sonnenstrahlen leuchtete die feine, zarte Wolke ihres langen Haars, dessen Fülle zu schwer für den schlanken Nacken schien, wie die Flanke ihrer Fuchsstute, und wie zartes Feuer. Sie saß in einer Art anmutiger Unbeholfenheit auf der Stute und beugte sich vor, als wollte sie sie hinter sich lassen, so daß es wie eine doppelte Flucht wirkte, die sich deutlich von der Geschwindigkeit ihrer Stute unterschied und abhob.

Der Mann drängte den Braunen im vollen Galopp gegen die Flanke der Stute. Seine Hand lag auf der Hand der Frau, die die Zügel hielt, und sachte, aber stetig zügelte er beide Pferde und zwang sie zu einer langsameren Gangart. Er beugte sich zu der Frau hinüber: die beiden Männer auf ihren Maultieren konnten sehen, wie sein Profil mit der kalten Unbeirrtheit eines niederstoßenden Habichts vorbeischoß; sie konnten sehen, wie er auf die Frau einredete. So ritten sie an ihnen vorbei, ähnlich einer Drossel und einem Habicht in den Lüften, in furchtbarer Regungslosigkeit, und jäh wie ein Spuk: ein leises Knistern von Hufen in den dürren Kiefernnadeln, und sie waren fort – der Mann hinübergebeugt, und die Frau vornübergelehnt, wie ein Bild von Flucht und Verfolgung auf einem Blitzstrahl.

Dann waren sie verschwunden. Nach einer Weile sagte der junge Bursche: »Der da braucht, scheint's, auch keine Hunde.« Sein Gesicht starrte noch immer den entschwundenen Reitern nach. Der andere Mann sagte nichts. »Ja«, sagte der Bursche, »genau wie'n Fuchs. Hol mich der Teufel, wenn ich versteh, wie der dünne Hals von ihr ... 's ist grad, wie wenn man sich 'n Fuchs besieht und sich wundert, daß so 'ne verflixt winzige Kreatur so 'ne buschige Rute tragen kann. Und mal hab ich gehört, da hat er« – er deutete mit geringeren Mitteln als einem Ausspucken an, daß es der Reiter auf dem Rappen und nicht der auf dem Braunen war, von dem er sprach –, »da hat er zu ihr was gesagt, was 'n Mann nich vor andern Leuten zu 'ner Frau sagt, und ihre Augen sind so rot wie die von 'nem Fuchs geworden, und dann wurden sie wieder so braun wie die von 'nem Fuchs.« Der andre antwortete nicht. Der Bursche sah ihn an.

Der ältere Mann beugte sich auf seinem Maultier ein wenig vor und spähte ins Feld hinunter. »Was'n das da unten?« fragte er. Der Bursche sah auch hin. Aus dem Rande des Waldes unter ihnen drang ein modrig-dumpfes Hufestampfen und danach ein Krachen im Unterholz; dann sahen sie Blair in vollem Galopp auf seinem Rappen aus dem Wald hervorbrechen. Er raste wie ein Verrückter auf das Reisfeld zu und begann es mit der zielbewußten und gleichmäßigen Schnelligkeit einer fliegenden Krähe zu durchqueren, wobei er eine Richtung verfolgte, die so gerade wie die Schnur eines Landmessers zu dem Damm führte, der das Feld am andern Ende begrenzte. »Hab ich's dir nicht gesagt!« rief der ältere Mann. »Die Füchsin hat sich da unten am Grabendamm versteckt. Na, 's ist nich das erstemal, daß sie sich in die Augen sehn. Vor zwei Jahren, da war er schon mal so nah dran, daß er seine lederne Reitpeitsche nach ihr werfen konnte.«

»Klar doch«, sagte der Bursche. »Solche Leute brauchen keine Hunde nich.«

Auf dem kaum kenntlichen, sandigen Weg, der dem Hügelkamm folgte, und gegenüber von einer andern Lücke in den Bäumen, durch die man einen keilförmigen Ausschnitt des Reisfeldes sehen konnte, und in einiger Entfernung von der Nachhut der Jagdgesellschaft stand ein Ford, ein Kleinlastwagen. Hinter dem Steuer saß ein Fahrer in Uniform; neben ihm, in einen schwarzen Mantel geschmiegt, saß ein Mann mit einer schwarzen Melone auf dem Kopf. Er hatte ein glattes, schlaffes Stubenhocker-Gesicht und rauchte eine Zigarette: ein sarkastisches und ruhiges Gesicht, das jedoch im Augenblick etwas müde und verärgert war, wie das eines Mannes, der, durch Geburt und Neigung daran gewöhnt, im Haus zu leben, sich hilflos den natürlichen Unbilden der Witterung, wie Kälte oder Nässe, ausgesetzt sieht. Er sprach.

»Stimmt. Das alles gehört ihr. Das Haus und alles. Zuerst hat sein Vater es besessen, ehe sie nach New York zogen und dort reich wurden, und Blair wurde hier geboren. Er kaufte es zurück und gab's ihr als Hochzeitsgeschenk. Er behielt nichts weiter als das, was er da zu fangen versucht.«

»Und das kann er nicht fangen«, sagte der Fahrer.

»Stimmt. Kommt alljährlich her und bleibt zwei Monate, hier, wo es nichts zu sehen gibt und nichts, wo er hingehn kann, ausgenommen die Dreckfresser und die Niggers. Wenn er alljährlich zwei Monate unter einer Schar von Niggern leben will, warum zieht er'n dann nicht ein Weilchen in die Lenox Avenue[4]? Ihren Gin braucht er ja nicht zu trinken! Aber nein, er mußte das Gut hier kaufen und es ihr als Hochzeitsgeschenk geben, weil sie eine Südstaatlerin ist und Heimweh bekommen könnte. Na, ist ja wohl in Ordnung. Aber für mich ist die Vierzehnte Straße in Manhattan südlich genug. Immerhin, wenn's nicht das hier ist, könnt's ja Europa oder so was sein. Ich weiß auch nicht, was schlimmer ist.«

»Warum hat er sie überhaupt geheiratet?« fragte der Fahrer.

»Sie woll'n wissen, warum er sie geheiratet hat? 's war nicht der Zaster, obwohl sie'n ganzen Sack voll hatten, von dem Indianer-Öl in Oklahoma ...«

»Indianer-Öl?«

»Stimmt. Die Regierung hat den Indianern Land in Oklahoma gegeben, weil sonst keiner es haben wollte, und als der erste Indianer hinkommt und es sieht und tot umfällt, und als sie ihn begraben wollten, und als einer die Schaufel in die Erde steckte, da fegte ihm das Öl die Schaufel aus der Hand, und da kamen also die Weißen an. Sie kamen in einem neuen Ford mit einem Mann von der Garage, der ihn fuhr, und sie suchten sich einen Indianer und fragten den: ›Well, John, wieviel schlechtes Wasser hast'n in deinem Vorgarten?‹ Und der Indianer antwortete, drei Quellen oder dreizehn Quellen oder wieviel's nun waren, und dann sagte der Weiße: ›'s ist eine Schande, wie der Weiße Vater euch Jungs richtig angeschmiert hat. 's ist eine Schande! Aber mach dir nix draus! Siehst du hier den schönen neuen Wagen? Den schenk ich dir, da kannst du deine Familie reinpacken und dorthin fahren, wo das Wasser nicht so faulig aus der Erde kommt und wo der Weiße Vater dich nicht wieder anschmieren kann.‹ Der Indianer lud daraufhin seine Familie in den Wagen, und der Garagist wird wohl den Wagen westwärts gewendet und dem Indianer gesagt haben, wo das Gaspedal ist, und dann ist er abgesprungen und hat den ersten besten Wagen angehalten, der in die Stadt zurückfuhr.«

»Oh«, sagte der Fahrer.

»Sicher. Wir waren also mal in England, hatten mit unserm eigenen Kram genug zu tun, und da kam die alte Dame mit ihrer rothaarigen Kleinen von Europa oder daherum, wo die Kleine die Höhere Schule besucht hat, und es dauert keine Woche, da sagt Blair zu mir: ›Hör mal, Ernie, wir wollen heiraten! Was sagst'n dazu?‹ Und dabei war er 'n Mensch, der sein Leben lang den Weiberröcken aus'm Weg gegangen ist, damit er die Nacht durch trinken und tagsüber 'n Pferd zuschanden reiten konnte – und verheiratet sich nach 'ner knappen Woche! Aber sowie ich die alte Dame sah, da wußt ich auch schon, wer von den beiden, sie oder ihr Mann, den Indianern die Ölquellen abgenommen hat.«

»Sie muß schon gut gewesen sein, wenn sie Blair überhaupt hat einfangen können, und noch dazu so schnell!« sagte der Fahrer. »Trotzdem ist's schlimm für sie. Mir wär's schrecklich, wenn meine Tochter ihm gehörte. Womit ich natürlich nichts gegen ihn gesagt haben will.«

»Mir wär's sogar schrecklich, wenn mein Hund ihm gehörte! Hab mal gesehn, wie er 'n Hund umgebracht hat, weil er nicht gehorchen wollte. Hat'n mit dem Spazierstock erschlagen, mit einem einzigen Hieb! Und sagt: ›Heda! Schick mal den Andrews her, er soll das da wegräumen!‹«

»Ich versteh nicht, wie Sie's mit ihm aushalten können«, sagte der Fahrer. »Wenn man seine Autos fährt, das's doch nicht das gleiche. Aber Sie – Tag und Nacht im gleichen Haus mit ihm . . .«

»Das haben wir ins reine gebracht. Er hat mich immer schikaniert, wenn er betrunken war. Eines Abends hat er mich angerührt, da sag ich zu ihm, ich würde ihn erschießen. ›Wann?‹ fragt er. ›Wenn du aus'm Krankenhaus zurückkommst?‹ – ›Vielleicht, eh ich hingeh‹, hab ich gesagt. Ich hatte die Hand in der Tasche. ›Ich glaube, du bringst es fertig‹, sagt er. Daher kommen wir jetzt miteinander aus. Ich steck das Schießeisen weg, und er schikaniert mich nicht mehr, und so kommen wir aus.«

»Warum sind Sie nicht weg?«

»Ich weiß nicht. 's ist ein guter Job, auch wenn wir die ganze Zeit unterwegs sind. Herrje, meistens weiß ich nicht, ob der nächste Zug nach Ty Juana[5] oder nach Italien geht; meistens weiß ich nicht, wo ich grad bin oder ob ich am nächsten Morgen noch die Zeitung lesen kann. Aber ich hab ihn gern, und er hat mich gern.«

»Vielleicht hat er's aufgesteckt, Sie zu schikanieren, weil er jemand anders hatte, den er schikanieren konnte«, meinte der Fahrer.

»Vielleicht. Jedenfalls, als sie heirateten, hatte sie noch nie im Leben auf'm Pferd gesessen, bis er ihr die Fuchsstute kaufte, die zu ihrem Haar paßt. Wir sind deswegen bis nach Kentucky gefahren, und er ist im gleichen Wagen mit der Stute zurückgekommen. Ich wollt's nicht. Hab zu ihm gesagt, ich würd ihm alles zuliebe tun, was halbwegs vernünftig wär, aber ich würde in keiner leeren Pferde-Box fahren, und erst recht nicht in einer mit'm Pferd drin. Hab also 'n Unterbett im Pullman genommen.

Er hat ihr nichts von dem Pferd erzählt, bis es im Stall stand. ›Aber ich will nicht reiten‹, sagt sie.

›Von meiner Frau wird erwartet, daß sie reitet‹, sagt er. ›Du bist hier nicht in Oklahoma!‹

›Aber ich kann nicht reiten‹, sagt sie.

›Sitzen kannst du immerhin auf'm Pferd, so daß die Leute glauben, du könntest reiten‹, sagt er.

Sie ging also zu Callaghan und hat sich auf die Übungsklepper gesetzt, genau wie die Kinder und wie die Choristinnen, die reiten lernen wollen, damit sie von den Büschen draußen in Brooklyn oder in New Jersey nach Riverside Drive und dem Central Park abkommandiert werden können. Und dabei hat sie Pferde gehaßt, als wären's Schlangen – schon immer, schon seit dem Tag, als sie'n kleines Mädchen war und ihr auf'm Karussell übel wurde.«

»Woher wissen Sie das denn alles?« fragte der Fahrer.

»Ich war da. Wir sind hin und wieder nachmittags hingegangen, um zu sehen, wie sie sich auf'm Pferd macht. Manchmal hat sie gar nicht gewußt, daß wir da waren, oder vielleicht doch. Jedenfalls ritt sie da, immer rundherum zwischen den Kindern und ein oder zwei Stück von Zigfields Preiskälbern, ritt an uns vorbei, ohne uns anzusehen, und Blair stand da mit einem Gesicht, finster wie'n U-Bahn-Tunnel, als wüßt er die ganze Zeit, daß sie nie 'n Pferd würde reiten können, nicht mal auf'm Karussell, und als wär's ihm egal, ob sie's lernt oder nicht, solange er sie nur beobachten konnte, wie sie's versucht und nicht kann. Und schließlich ist sogar Callaghan zu ihm gegangen und hat ihm gesagt, es nützt nichts. ›Also gut‹, sagt Blair. ›Callaghan sagt, du könntest dich vielleicht auf einem Schaukelpferd halten, deshalb will ich dir eins aus'm Müllwagen kaufen und auf die Veranda nageln, dann kannst du dich wenigstens draufsetzen, wenn wir erscheinen.‹

›Ich will wieder zu Momma‹, sagt sie.

›Ich wünschte, du tätest's‹, hat Blair erwidert. ›Mein alter Herr hat sein Leben lang versucht, 'n Bankier aus mir zu machen, aber deine alte Dame hat's in zwei Monaten geschafft!‹«

»Sie hatten aber doch gesagt, sie hätten ihren eigenen Zaster gehabt!« sagte der Fahrer. »Warum hat sie'n nicht etwas davon genommen?«

»Ich weiß es nicht. Vielleicht wurde an der New Yorker Börse kein Indianer-Geld gehandelt. Jedenfalls hätt man meinen können, sie wär 'ne Autobus-Schaffnerin am Broadway. Oft hat sie nicht mal mit dem Anpumpen gewartet, bis ich Blair unter der Dusche hatte und vor'm Frühstück 'n Drink in ihn rein. Die Kleine geht also zu ihrer alten Dame (sie wohnt in der Park Avenue), und die Kleine . . .«

»Waren Sie da auch dabei?« fragte der Fahrer.

». . . hat geweint . . . Was? Ach so. Da war ein Mädchen, 'ne kleine Irin namens Burke; mit der bin ich öfters ausgegangen. Die hat mir auch von dem jungen Mann erzählt, von dem Yale-Studenten, ihrem indianischen Schatz.«

»'n indianischer Schatz?«

»Sie sind unten in Oklahoma oder daherum in die gleiche Distrikt-Schule gegangen. Haben sich gegenseitig Freimaurerringe oder ähnlichen Kram angesteckt, bis dann der Kleinen ihr alter Herr im Hühnerstall drei Ölquellen gefunden hat und tot umgefallen ist und die alte Dame ihre Kleine nach

Europa verschleppt hat, damit sie dort in die Schule geht. Der Junge hat also das Yale-College besucht, und voriges Jahr hatte er nichts Besseres zu tun, als 'n Mädchen von 'nem Wandertheater zu heiraten, das zufällig durchs Städtchen kam. Well, als sie nun merkte, daß Callaghan sie aufgegeben hat, geht sie zu ihrer alten Dame in der Park Avenue und weint. ›Gerade, als ich so allmählich glaubte, daß seine Freunde mich nicht mehr komisch finden würden, kommt er hin und beobachtet mich. Er sagt kein Wort‹, sagt sie, ›steht bloß da und beobachtet mich.‹

›Nach allem, was ich für dich getan habe!‹ schimpft die alte Dame. ›Hab dir 'n Mann besorgt, nach dem sich jedes Mädchen in New York die Finger geleckt hätte. Und dabei verlangt er nichts weiter von dir, als daß du lernst, auf'm Pferd zu bleiben und ihn nicht vor seinen feinen Freunden zu blamieren! Nach allem, was ich für dich getan habe!‹ schimpft die alte Dame.

›Ich wollt's nicht‹, sagt sie. ›Ich wollt'n nicht heiraten!‹

›Wen wolltest du dann heiraten?‹ fragt die alte Dame.

›Ich wollt keinen Menschen heiraten!‹ sagt die Kleine.

Und da fängt die alte Dame von dem Jungen an, von diesem Allen, den die Klei . . .«

»Sie sagten doch, er heißt Yale!« warf der Fahrer ein.

»Nein. Allen. Yale ist die Universität, die er besucht.«

»Sie meinen wohl Columbia.«

»Nein. Yale. Das ist 'ne andre Universität.«

»Ich dachte, die andre heißt Cornell oder so was«, sagte der Fahrer.

»Nein. 's ist 'ne andre. Wo all die College-Boys herkommen, wenn die Polypen 'ne Streife auf die Hotchacha-Spelunken machen und ihnen 'ne Gratisfahrt in der Schwarzen Maria spendieren. Lesen Sie denn keine Zeitungen?«

»Nicht oft«, sagte der Fahrer. »Ich kümmer mich nicht besonders um Politik.«

»All right. Also der Papa von dem Yale-Boy hatte auch

’ne Ölquelle gefunden und hatte auch lausig viel, und außerdem war die alte Dame wütend, weil Blair sie nicht im gleichen Haus mit ihnen wohnen ließ und sie nirgendswohin mitnahm, wenn wir wegfuhren. Deshalb hat die alte Dame über alle drei – sie und Blair und den College-Boy – furchtbar geschimpft, bis die Kleine aufspringt und sagt, sie will reiten oder kaputtgehen, und Blair hat ihr erklärt, sie soll nur lieber gleich kaputtgehen, falls sie auf der Fuchsstute reiten möchte, die wir die ganze Strecke von Kentucky raufgebracht haben. ›Ich will nicht, daß du mir das gute Pferd ruinierst!‹ hat Blair gesagt. ›Du wirst auf ’nem Pferd reiten, das ich dir aussuche.‹

Da ist sie also zur Hintertür raus und hat versucht, das Pferd zu reiten, das gute, den Kentucky-Gaul, um’s erst zu lernen und ihn dann zu überraschen. Das erstemal hat’s ihr nichts gemacht, aber beim zweitenmal hat sie sich’s Schlüsselbein gebrochen, und sie hatte Angst, Blair könnt’s rausbekommen, doch dann hat sie’s rausbekommen, daß er’s schon die ganze Zeit über gewußt hat, daß sie die Stute reitet. Und als wir daher in diesem Jahr das erstemal hier runterkommen und Blair anfing, den Luchs zu jagen oder was es sonst ist . . .«

»Fuchs«, warf der Fahrer ein.

»Ja doch, hab ich ja gesagt. Als er daher . . .«

»Sie haben Luchs gesagt«, wiederholte der Fahrer.

»Meinetwegen. Lassen wir’s beim Luchs. Jedenfalls ritt sie die Fuchsstute und hat versucht dabeizubleiben, und Blair hatte schon längst die Hunde und alle andern überholt, wie vor zwei Jahren um die gleiche Zeit, und ist nahe genug an den Luchs rangekommen, um ihm eins mit der Reitpeitsche überzuziehen . . .«

»Sie meinen den Fuchs«, sagte der Fahrer. »Den Fuchs, nicht den Luchs. Übrigens . . .« Der andre Mann – Kammerdiener oder Sekretär oder was er sonst sein mochte – zündete sich noch eine Zigarette an und duckte sich in seinen hochgestellten Kragen, so daß ihm die Melone ins Gesicht rutschte.

»Übrigens – was?« fragte er.

»Ich hab mich immer gefragt«, antwortete der Fahrer.

»Was gefragt?«

»Ob es so schwierig ist, loszureiten und sie hinter sich zu lassen, wie er's zu glauben scheint. Damit er nicht sieht, wie sie das gute Kentucky-Pferd ruiniert. Ob er wirklich so schnell reiten muß, wie er meint, er müßt es!«

»Was meinen Sie denn damit?«

»Vielleicht muß er dieses Jahr nicht so schnell wegreiten wie voriges Jahr, um vor ihr auszureißen. Was meinen Sie'n dazu?«

»Wozu?«

»Ich hab mich bloß gefragt ...«

»Was gefragt?«

»Ob er weiß, daß er dies Jahr nicht ebenso schnell reiten muß.«

»Ach so! Sie meinen wegen Gawtrey.«

»Heißt er so? Gawtrey?«

»Ja. Steve Gawtrey.«

»Was'n mit dem?«

»Der's schon recht. Der ißt sich bei andern voll und sauft sich bei andern voll und führt ihre Frauen an der Nase rum und läßt die andern halt sagen, wenn's genügt.«

»Well, was halten Sie'n davon?«

»Nichts weiter. Hab ja gesagt, daß er all right ist. Mir paßt er.«

»Wieso Ihnen?«

»Er paßt mir eben, verstehn Sie? Hab ihm mal 'n kleinen Gefallen getan, und er hat mir 'n kleinen Gefallen getan, verstehn Sie?«

»Ach so«, sagte der Fahrer. Er sah den andern nicht an. »Wie lange kennt sie ihn schon?«

»Sechs Monate und vielleicht 'ne Woche länger. Wir waren

oben in Connecticut, und er war auch da. Er haßt die Pferde vielleicht ebensosehr wie sie, aber ich und Callaghan, wir können's auch gut zusammen; ich hab Callaghan auch mal 'n kleinen Gefallen getan, und als wir daher von Connecticut zurück waren, ungefähr 'ne Woche später, da lass ich Callaghan reinkommen, damit er Blair von dem andern feinen Gaul erzählt, ohne Blair zu sagen, wem er gehört. Am Abend hab ich also zu Blair gesagt: ›Hab erfahren, daß auch Mr. van Dyming das Pferd von Mr. Gawtrey kaufen will!‹ – ›Was für'n Pferd?‹ fragt Blair. ›Weiß ich nicht‹, sag ich. ›Für mich sieht ein Pferd wie's andre aus. Hauptsache, sie bleiben draußen, wo sie hingehören‹, sag ich. ›Gawtrey geht's genauso‹, sagt Blair. ›Aber von welchem Pferd redest du eigentlich?‹ – ›Vom dem Pferd, wo Callaghan dir von erzählt hat!‹ sag ich. Da fing er an, auf Callaghan zu schimpfen. ›Er hat mir versprochen, er würde mir das Pferd besorgen‹, sagt er. ›Es gehört nicht Callaghan‹, sag ich. ›Es gehört Mr. Gawtrey.‹ Zwei Abende drauf bringt er also Gawtrey zum Nachtessen nach Hause. Hinterher sag ich zu ihm: ›Du hast wohl das Pferd gekauft?‹ Er hatte schon getrunken und schimpfte auf Gawtrey und auch auf Callaghan. ›Er will's nicht verkaufen‹, sagt er. ›Du mußt ihm eben zusetzen‹, sag ich. ›Die Leute verkaufen alles.‹ – ›Wie soll ich ihm zusetzen, wenn er sich nicht mal 'n Preis anhören will?‹ sagt er. ›Laß mal deine Frau mit ihm reden‹, sag ich. ›Auf die wird er hören!‹ Und da hat er mich dann eben geschlagen ...«

»Ich dachte, Sie hätten gesagt, er hat Sie bloß angerührt?« sagte der Fahrer.

»Ich meinte, er hat so gewissermaßen mit der Hand herumgefuchtelt, als er redete, und ich hab gewissermaßen zufällig mein Gesicht ihm zugekehrt. Er wollte mich bestimmt nicht schlagen, denn er wußte ja, daß ich's ihm besorgt hätte. Hab's ihm ja gesagt. Hatte die ganze Zeit den Schießprügel in der Hand – in meiner Jackentasche.

Von da an ist also der Gawtrey etwa einmal die Woche gekommen, weil ich ihm gesagt hatte, ich hätt 'n guten Job und ich hätt nicht die Absicht, mich wegen jemand da rauszuschießen, ausgenommen wegen mir selber vielleicht. Er ist einmal die Woche gekommen. Das erstemal hat sie ihn nicht vorgelassen. Dann hab ich mal eines Tages die Zeitung gelesen (Sie sollten auch hin und wieder mal Zeitung lesen. Müssen doch mal mindestens wissen, was für'n Wochentag wir haben!), und da lese ich, daß der Allen, der Yale-Boy, mit 'nem Varieté-Mädchen durchgebrannt ist und daß sie'n vom College geschaßt haben, weil er seine Amateur-Mitgliedschaft verloren hat, wahrscheinlich. Wahrscheinlich hat ihn das wild gemacht, weil er ja sowieso aus'm College ausgekniffen war. Hab's also ausgeschnitten, und die kleine Burke (die und ich, wir verstanden uns auch gut) legt's ihr am Morgen aufs Frühstückstablett. Und am Nachmittag, als Gawtrey zufällig wiederkam, empfängt sie ihn, und als die kleine Burke zufällig wegen irgendwas ins Zimmer gehen muß – weiß nicht, was es war –, da sind der Gawtrey und sie wie vorm Ausblenden im Kino.«

»Blair hat also sein Pferd bekommen?« fragte der Fahrer.

»Welches Pferd?«

»Das Pferd, das der Gawtrey ihm nicht hat verkaufen wollen!«

»Wie konnt er's denn, wenn Gawtrey niemals 'n Pferd besessen hat, ebensowenig wie ich – höchstens 'ne alte Kracke, die noch 's letztjährige Verkaufsrennen in Pimlico läuft! Und überhaupt: 'n Pferd schuldet Gawtrey dem Blair noch gar nicht.«

»Noch nicht?«

»Sie kann ihn nämlich nicht leiden, verstehn Sie? 's erstemal, wo er allein zu ihr wollte, hat sie'n nicht mal in die Haustür gelassen. Und 's nächstemal hätt sie's ebenso gemacht, wenn die kleine Burke nicht zufällig den Zeitungsausschnitt wegen dem College-Boy auf ihrem Frühstückstablett liegengelassen hätte. Und das Mal danach, als er da gekommen ist, da wollt sie ihn wieder nicht reinlassen; es war grad so, als wär er vielleicht 'n Pferd oder sogar 'n Hund, denn Hunde hat sie sogar noch mehr gehaßt als Pferde, obwohl sie ja gar nicht versuchen mußte, auf'm Hund zu reiten. Wenn die Stute 'n Hund gewesen wär, hätt Blair sie nie so weit gebracht, daß sie auch nur versucht hätte, drauf zu reiten. Ich mußte also wieder hingehn und Callaghan ankurbeln, bis es dahin kam, daß ich nix Besseres als so'n russischer Droschkie oder so was war.«

»'n russischer Wasfürwas?«

»Einer von den Burschen, die nicht mal ihre eigene Seele für sich allein haben dürfen. Jedesmal, wenn ich aus'm Haus bin, mußt ich mich irgendwo in 'ner Spelunke mit dem Gawtrey treffen und dann zu Callaghan gehn und ihn beruhigen, weil er nämlich einer von den Boys mit Ideen ist, verstehn Sie?«

»Mit was für Ideen?«

»Ach, bloß so Ideen. Aus'm Sonntagsschulblättchen. Von wegen, daß es nicht recht wär, weil er sie gerne hätt und es ihm leid täte, und darum wollte er Blair sagen, er hätte gelogen und der Gawtrey hätte nie kein Pferd nich gehabt. Denn ein Bursche, der keinen Zehner nimmt, wenn man'n ihm mitten ins Gesicht wirft, der ist vor niemandem so'n großer Schafskopf wie vor einem Mann, der sich zur Religion vernünftig einstellt und all die goldenen Regeln im Sonntagsschulblättchen läßt, wo sie herstammen. Wenn der Herr nicht gewollt hätte, daß man während der Woche Heu macht, warum hat Er'n dann den Sonntag bloß auf'n Sonntag gelegt, wie Er's doch getan hat? Das erklären Sie mir man mal!«

»Sie werden wohl recht haben«, sagte der Fahrer.

»Sicher hab ich recht! Herrje! Hab Callaghan gesagt, Blair würde ihm und auch mir für'n Rockefeller-Zehner die Kehle durchschneiden, wie's jeder vernünftige Mensch tun würde, und ich hab ihn gefragt, ob er glaubt, mit Blairs Frau wären alle Frauen ausverkauft, und ob sie die letzte wäre, die fabriziert worden ist.«

»Er hat also nicht . . .«, begann der Fahrer und brach ab. Dann sagte er: »Da sehen Sie mal!«

Der andre Mann blickte auf. Durch die Lücke in den Bäumen, im Mittelpunkt des Reisfeldes, soweit es als Ausschnitt wahrnehmbar war, konnten sie einen einzigen schwarzroten Punkt sehen. Er war fast eine Meile entfernt; er erweckte nicht den Anschein, sich schnell zu bewegen.

»Was ist denn das?« fragte der andre. »Der Fuchs?«

»'s ist Blair«, antwortete der Fahrer. »Er beeilt sich. Ich möchte mal wissen, wo die andern sind.« Sie beobachteten, wie der schwarzrote Punkt vorrückte und verschwand.

»Werden wohl nach Hause gegangen sein, wenn sie halbwegs vernünftig sind«, sagte der andre. »Drum könnten wir auch umkehren.«

»Glaub's auch«, antwortete der Fahrer. »Also schuldet Gawtrey dem Blair noch immer kein Pferd.«

»Noch nicht. Sie kann ihn nicht leiden. Sie wollte ihn nach dem Tag damals nicht wieder ins Haus lassen, und die kleine Burke hat gesagt, eines Abends wär sie von 'ner Party weggegangen, weil Gawtrey da war. Ohne mich wär Gawtrey hier nicht eingeladen worden, denn sie hat zu Blair gesagt, wenn Gawtrey käme, würde sie nicht kommen. Also mußt ich Callaghan wieder bearbeiten, damit er tagtäglich vorbeikam und Blair wieder wegen dem Pferd einheizte, damit Gawtrey eingeladen wurde, denn Blair wollte sie zwingen, herzukommen.« Der Fahrer stieg aus dem Wagen und ging nach vorn, um den Anlasser anzuwerfen. Der andre Mann zündete sich eine Zigarette an. »Aber Blair hat sein Pferd noch immer nicht. Wenn 'ne Frau so langes Haar hat wie sie, ist alles gut, solange es ordentlich ist. Aber wenn man sie mal ertappt, daß es offen ist, dann ist das Unglück geschehn.«

Der Fahrer warf den Anlasser an. Dann hielt er inne – geduckt und mit umgewandtem Kopf. »Hören Sie's?« fragte er.

»Was?«

»Das Horn.« Der Silberklang ertönte noch einmal, schwach, fern, langgezogen.

»Was's 'n das?« fragte der andre. »Gibt's hier Militär?«

»'s ist das Horn, das sie blasen«, antwortete der Fahrer. »Es bedeutet, daß sie den Fuchs gefangen haben.«

»Herrje!« rief der andre. »Dann gehn wir wahrscheinlich morgen wieder nach New York zurück!«

Die beiden Männer auf ihren Maultieren überquerten das Reisfeld wieder, erklommen den Hügel und ritten in die Kiefern hinein.

»Well«, sagte der Bursche, »nun wird er ja wohl zufrieden sein.«

»Glaubst du?« entgegnete der andre. Er ritt ein kleines Stück vor dem Burschen einher. Als er sprach, drehte er den Kopf nicht um.

»Drei Jahre lang hat er den Fuchs gejagt«, erwiderte der Bursche, »und jetzt hat er'n erschlagen. Wie soll er'n da nich zufrieden sein?«

Der ältere Mann sah sich nicht um. Er hockte schlaff auf seinem knochigen, armseligen Maultier, und seine Beine in den Overall-Röhren baumelten lang herunter. Sein träger Tonfall drückte spöttische Verachtung aus. »Ich glaub, das ist 'ne Seite an den Gentle-men, die du nie verstehn wirst.«

»Für mich«, sagte der Bursche, »ist 'n Fuchs 'n Fuchs. Man kann ihn nich essen. 's wär besser, man hätt ihn vergiftet und die Pferde geschont.«

»Klar doch«, entgegnete der andre. »Das ist auch noch so was an ihnen, was du nie verstehn wirst!«

»An wem?«

»An den Gentle-men.« Sie erklommen den Kamm und

bogen in den kaum erkennbaren sandigen Weg ein. »Well«, sagte der ältere Mann, »Gentle-men hin oder her, ich glaube, er's der einzige Fuchs in Car'lina, der sich jemals auf so 'ne Art hat umbringen lassen. 's ist vielleicht die Art, wie sie die Füchse im Norden umbringen.«

»Dann bin ich verdammt zufrieden, daß ich nich da oben lebe«, meinte der Bursche.

»Find ich auch«, erwiderte der ältere Mann. »Ich bin hier schon ganz schön lange sehr gut zurechtgekommen.«

»Aber einmal würd ich den Norden gern sehen«, sagte der Bursche.

»Ich nicht, scheint mir«, entgegnete der andre, »wenn das Leben da oben einen Mann dahin bringt, sich so anzustrengen, bloß, weil er 'n Fuchs totschlagen will.«

Sie ritten den Kamm entlang, zwischen Kiefern und Stechpalmen, Heidelbeeren und Dornengestrüpp. Plötzlich zügelte der ältere Mann sein Maultier und winkte mit der Hand nach hinten.

»Was?« fragte der Bursche. »Was ist los?«

Der Halt war kaum ein Halt zu nennen; der ältere Mann ritt wieder weiter, doch er begann zu pfeifen; der Ton war zwar nicht laut, doch hell und weittragend, und die Melodie war traurig und wie ein Choral; hinter den Büschen, die den Weg besäumten, erklang dicht vor ihnen das Schnauben eines Pferdes. »Wer ist's?« fragte der Bursche. Der andre sagte nichts. Die beiden Maultiere schritten eines hinter dem andern weiter. Dann sagte der Bursche leise: »Sie hat ihr Haar runtergelassen. Es sieht aus wie Sonnenschein auf'm Frühlingsbusch.« Die Maultiere schritten weiter über den leichten, wispernden Boden, mit gespitzten Ohren, und auf ihrem Rücken saßen nachlässig die beiden Männer und ließen die Füße herunterbaumeln – ohne Steigbügel.

Die Frau saß auf der Stute; das Haar war in der Sonne wie eine leuchtende Wolke und hing ihr wie ein kupferroter Wasserfall über die Schultern; die Arme hatte sie hochgehoben, und die Hände waren mit dem Ordnen des Haars beschäftigt. Der Mann saß auf dem Braunen, nicht weit weg von ihr. Er zündete sich eine Zigarette an. Die beiden Maultiere tauchten auf und kamen angetrottelt, unermüdlich, mit hängenden Köpfen und nickenden Ohren. Der Bursche sah die Frau mit einem Blick an, der gleichzeitig kühn und verstohlen war; der ältere Mann hörte nicht auf mit seinem sanften, langsamen, unmelodischen Pfeifen; er schien überhaupt nicht zu ihnen hinüberzuschauen. Anscheinend wollte er grußlos an ihnen vorbeireiten, doch der Mann auf dem Braunen redete ihn an.

»Sie haben ihn gefangen, nicht wahr?« fragte er. »Wir haben das Horn gehört.«

»Jaaaa«, antwortete der Mann im Overall in einem trokkenen, schleppenden Tonfall. »Jaaaa. Sie hat sich erwischen lassen. 's blieb ihr nichts andres übrig, als sich erwischen zu lassen.«

Der Bursche beobachtete die Frau, wie sie den älteren Mann anstarrte und die Hände im Haar einen Augenblick stille hielt.

»Was meinen Sie damit?« fragte der Mann auf dem Braunen.

»Er hat die Füchsin mit seinem Rappen über'n Haufen geritten!« antwortete der Mann im Overall.

»Soll das heißen, daß keine Hunde dabei waren?«

»Ich glaube nicht«, sagte der andre. »Die Hunde, die hatten ja keinen Rappen, auf dem sie hätten reiten können.« Die beiden Maultiere waren stehengeblieben; der ältere Mann, dessen Gesicht unter dem formlosen Hut verborgen war, wandte sich halbwegs an den Mann auf dem Braunen. »Die Füchsin ist übers Reisfeld gelaufen und hat sich über'n Grabendamm fallen lassen und da versteckt und hat wohl in ihrem Sinn gedacht, er würde über'n Graben springen, und dann wollte sie wohl zurücklaufen, nehm ich an. Ich glaub nicht, daß sie vor den Hunden Angst hatte. Ich glaube, die hat sie so oft angeschmiert, daß sie ihr nicht mehr bange machen konnten. Sondern vor ihm hatte sie Angst, glaub ich. Ich glaub, er und sie haben sich nach den drei Jahren so gut gekannt, wie man vielleicht seine Mama oder vielleicht seine Frau kennt, bloß daß die Heirat sozusagen nie der Rede wert war. Jedenfalls war sie am Grabendamm, und er wußte, daß sie da war, und sauste quer übers Feld, ohne ihr Zeit zum Verschnaufen zu lassen. Ich glaub, Sie haben ihn auch gesehn, wie er schnurgerade übers Feld geritten ist, als könnt er wie'n Habicht sehn und wie'n Hund wittern. Und dort war's, wo die Füchsin die Hunde abgeschüttelt hatte. Aber dann hatte sie keine Zeit zum Verschnaufen, und als sie wieder laufen mußte und sich über'n Grabendamm fallen ließ, fiel sie vielleicht in die Dornen und war zu müde, um rauszukommen und weiterzulaufen. Und er kam angeritten und setzt zum Sprung über'n Graben an, genau wie sich's die Füchsin gedacht hat. Nur steckte sie immer noch im Dornengestrüpp, und während er durch die Luft flog, sieht er nach unten und erkennt die Füchsin und läßt sich im Sprung vom Pferd fallen und ist mit den Füßen zuerst in die Dornen gefallen, genau wie die Füchsin. Vielleicht wollte sie ihm noch auswitschen; das weiß ich nicht. Er sagt, sie wär herumgewirbelt und ihm ins Gesicht gesprungen, und er hätt sie mit der Faust runtergeschlagen und mit seinen Stiefelabsätzen totgetrampelt. Da waren die Hunde noch nicht da. Aber er brauchte sie ja auch nicht.« Er schwieg und blieb noch ein Weilchen, saß nachlässig und träge auf seinem armseligen, geduldigen Maultier, das Gesicht im Schatten unter dem Hut. »Well«, sagte er, »dann will ich mal weiter. Hab noch kein Happen Frühstück im Leib. Ich wünsch 'n guten Morgen!« Er trieb sein Maultier an; das zweite Maultier folgte. Er blickte sich nicht um.

Aber der Bursche tat es. Er blickte sich nach dem Mann auf dem Braunen um, der in der Hand die brennende Zigarette hielt, während der Rauchfaden fein und durchsichtig in die sonnige Stille aufstieg, und nach der Frau auf der Fuchsstute, die ihre Arme erhoben hatte und mit den Händen ihre leuchtende Haarwolke ordnete; nach Art der Jugend versetzte er sich – oder versuchte es, sich in diese ferne, unerreichbare ›sie‹ zu versetzen, versuchte den flüchtigen und ungeformten Moment der Trennung und Verzweiflung zu erfassen, was, weil er jung war, dem Zorn sehr nahekam: Zorn auf die dem Untergang geweihte Frau, Verzweiflung wegen des Mannes, in dessen Gestalt ihr Untergang über die unheilvolle und unerbittliche Erde schritt. »Sie hat geweint«, sagte er; dann begann er zu fluchen, wütend und ohne Zweck oder Ziel.

»Komm weiter!« sagte der ältere Mann. Er blickte sich nicht um. »Ich glaube, die Maiskuchen fürs Jagdfrühstück sind gerade fertig, bis wir nach Hause kommen!«

Pennsylvania Station

I

Sie schienen Schneegeruch mit hereinzubringen, vom Schnee, der draußen in der Seventh Avenue fiel. Oder vielleicht stammte er von den andern Leuten, die vor ihnen eingetreten waren: vielleicht hatten sie ihn in ihren Lungen mitgebracht und ihn dann ausgeatmet und den Durchgang mit einem faden, frostigen Hauch angefüllt, jenem gleich, der flau und verbraucht über den kalten Ebenen der Unendlichkeit liegen mochte. Die hellen, dicht aneinandergereihten Auslagen schauten mit übernächtigtem, starrem Blick daraus hervor, wie die Augen von Leuten, die, von Kaffee aufgeputscht, an der Bahre einer fremden Leiche Totenwache halten.

Auch in der hohen Kuppelhalle, wo die Menschen so klein und geschäftig wie Ameisen erschienen, hing noch der Schneegeruch, jetzt aber hoch oben zwischen den Stahlträgern, und auch dort verbraucht und verunreinigt und angefüllt mit einem trägen, unaufhörlichen Gemurmel, wie Stimmen von Pilgern in den Ebenen der Unendlichkeit oder wie die Stimmen von sämtlichen Reisenden, die jemals hier durchgekommen waren, unaufhörlich, und fragend wie Kinder, die sich verlaufen haben.

Sie gingen weiter, zum Rauchersaal. Der alte Mann spähte durch die Tür. »All right«, sagte er. Er sah aus wie sechzig, war aber wahrscheinlich achtundvierzig oder zweiundfünfzig oder achtundfünfzig. Er trug einen langen Mantel mit einem völlig abgeschabten Pelzkragen und einer Mütze mit Ohrenklappen, so daß er wie die Karikatur eines Farmers aus dem Norden wirkte. Seine Schuhe paßten nicht zusammen. »Es sind noch nicht viele hier. Dauert noch 'n Weilchen.«

Während sie so dastanden, kamen noch drei Männer und blickten mit demselben halb verschüchterten und halb verstohlenen Ausdruck in den Rauchersaal; ihre Gesichter und Kleider schienen den gleichen Geruch nach Suppenküche und Heilsarmee-Asyl auszuströmen. Sie traten ein; der Alte steuerte auf den Hintergrund des Warteraums zu, wo auf schweren, derben Holzbänken noch weitere Männer aller Altersstufen saßen, teils in nachdenklicher und teils in entspannter Haltung: sie sahen sowenig seßhaft aus wie Vogelscheuchen, die ein flüchtiger Windstoß auf eine Reihe von Felsvorsprüngen geweht hat. Der Alte wählte eine Bank aus, setzte sich und machte neben sich Platz für den jungen Mann. »Hab immer geglaubt, daß er einen übersieht, wenn man in der Mitte sitzt. Aber dann hab ich herausgefunden, daß es ziemlich egal ist, wo man sitzt.«

»Auch, wo man liegt«, entgegnete der junge Mann. Er trug einen Militärmantel, einen neuen, und ein Paar gelbe Militärschuhe von der Sorte, die man in den sogenannten Army-Stores für etwa einen Dollar kaufen kann. Er hatte sich seit längerer Zeit nicht rasiert. »Und es ist verdammt egal, ob man atmet oder nicht, wenn man wo liegt! Hätt ich bloß 'ne Zigarette! Hab mich dran gewöhnt, nichts zu essen – aber es fällt mir verdammt schwer, mich daran zu gewöhnen, nicht zu rauchen.«

»Stimmt, stimmt«, sagte der Alte. »Ich wünschte, ich hätt eine für dich! Hab nie mehr geraucht, seit ich nach Florida bin. 's war komisch: hab zehn Jahre lang nicht geraucht, aber sowie ich wieder in New York war, kam's mir sofort in den Sinn. Ist doch komisch, nicht?«

»Ja«, antwortete der junge Mann. »Besonders, wenn man im Moment keinen Tabak hat, wo's einem einfällt, daß man wieder rauchen möchte!«

»Mir hat's damals nichts ausgemacht, daß ich welchen wollte und nicht hatte«, sagte der Alte. »Mir ging's soweit ganz gut. Bis ich ...« Er lehnte sich an. In sein Gesicht stahl sich der entrückte Ausdruck redseliger alter Leute, der frei ist von Zorn oder Verwunderung oder Groll. »Die ganze Zeit hatt ich geglaubt, daß es mit dem Begräbnisgeld in Ordnung wär, deshalb hat's mich dann so durcheinander gebracht. Sowie ich erfahren hab, daß Danny Schwierigkeiten hatte, bin ich gleich nach New York zurück ...«

II

»Wer ist'n der Danny überhaupt?« fragte der junge Mann.

»Hab ich dir das nicht erzählt? Der Junge von meiner Schwester! 's war niemand mehr übrig von unsrer Familie, bloß Schwester und Danny und ich. Und dabei war ich das Sorgenkind, von dem sie alle glaubten, ich würde nicht am Leben bleiben. Ich war noch keine fünfzehn, da hatten sie mich schon zweimal aufgegeben, und doch hab ich sie alle überlebt. Alle acht, nachdem Schwester vor drei Jahren gestorben ist. 's war der Grund, weshalb ich nach Florida bin: hab nämlich geglaubt, ich könnte den Winter hier nicht vertragen. Und doch hab ich schon drei Winter hinter mir, seit Schwester gestorben ist. Aber manchmal kommt's mir so vor, als könnt man einfach alles ertragen, grade, wenn man meint, man kann's nicht. Findest du nicht auch?«

»Ich weiß nicht«, antwortete der junge Mann. »Was waren das für Schwierigkeiten?«

»Welche?«

»In denen der Danny gesteckt hat.«

»Mußt mich nicht falsch verstehn: er war kein schlechter Mensch, der Danny. Hat bloß 'n bißchen über die Stränge geschlagen, wie alle jungen Burschen. Aber schlecht ist er nicht.«

»Ach so«, sagte der junge Mann. »Dann waren's also keine Schwierigkeiten.«

»Nein. Er ist ein guter Junge. Ist jetzt in Chikago. Hat

jetzt 'n feinen Job. Der Anwalt in Jackson hat'n ihm verschafft, gleich nachdem ich wieder in New York war. Ich wußte nichts davon, bis ich ihm dann telegrafieren wollte, daß Schwester gestorben war. Da hab ich erfahren, daß er schon in Chikago war und 'n feinen Job hatte. Er hat Schwester einen Kranz geschickt, der muß zweihundert Dollar gekostet haben. Hat'n per Luftpost geschickt – das kostet auch allerhand. Er konnte nicht selber kommen, weil er den Job gerade erst bekommen hatte und weil sein Boss verreist war und er nicht weg konnte. Er war 'n guter Junge! Deshalb hab ich damals, als die Sache mit der Frau von einem Stock tiefer anfing, die behauptet hatte, er hätt ihr die Wäsche von der Leine gestohlen, gleich zu Schwester gesagt, ich würd ihm das Geld für 'ne Fahrkarte nach Jackson schicken, wo ich mich um ihn kümmern könnte. Um ihn loszueisen von den Rowdies in den Kneipen und so. Bin die ganze Strecke von Florida raufgefahren, um nach ihm zu sehen. Und so kam's dann, daß ich mit Schwester zu Mr. Pinckski gegangen bin, noch bevor sie anfing, für den Sarg zu bezahlen. Sie wollte, daß ich sie begleite. Weißt ja, wie alte Frauen sind. Nur daß sie nicht alt war, auch wenn sie und ich die andern sieben überlebt hatten. Aber für 'ne alte Frau scheint's 'n richtiger Trost zu sein, wenn sie weiß, daß sie'n rechtes Begräbnis bekommt, falls keiner von ihren Verwandten da ist, der sich drum kümmert. Vielleicht hält das noch manche auf den Beinen.«

»Besonders dann, wenn Danny zu viel zu tun hat, um sich drum zu kümmern, ob sie überhaupt begraben wird.«

Der Alte, der den Mund schon geöffnet hatte, um weiterzusprechen, unterbrach sich und starrte den jungen Mann an. »Was?«

»Ich hab gesagt, wenn nicht mal *das* die Leute auf den Beinen hält, daß sie schließlich untern Rasen müssen, dann weiß ich nicht, was sonst.«

»Oh! Ja, vielleicht. Darüber hab ich mir nie den Kopf

zerbrochen. Wahrscheinlich, weil sie mich schon zweimal aufgegeben hatten, bevor ich fünfzehn war. So wie jetzt! Jedesmal, wenn ein Winter rum ist, denk ich bei mir: ›Nein, so was! Bin ja immer noch da!‹ Deshalb bin ich nämlich nach Florida: wegen der Winter hier. War die ganze Zeit weg, bis ich Schwesters Brief wegen Danny bekam, und da bin ich auch nicht lange geblieben. Und wenn ich den Brief wegen Danny nicht bekommen hätte, wär ich vielleicht nie zurückgekommen. Aber ich kam also, und da mußt ich sie zu Mr. Pinckski begleiten, bevor sie angefangen hat, für den Sarg zu bezahlen, denn ich sollte aufpassen, ob's auch alles stimmte, was Mr. Pinckski gesagt hat. Er hat gesagt, die Versicherungsgesellschaften würden ihr die ganze Zeit Zinsen abverlangen. Er hat uns mit Bleistift und Papier bewiesen, daß es, wenn sie den Versicherungsgesellschaften ihr Geld gäbe, genauso wäre, wie wenn sie jede Nacht sechs Minuten länger arbeitete und das Geld für die sechs Minuten extra den Versicherungsgesellschaften schenkte. Aber Schwester sagte, das würde ihr nichts ausmachen, bloß sechs Minuten, denn um drei oder vier Uhr morgens, da wären sechs Minuten keine ...«

»Um drei oder vier Uhr morgens?«

»Sie hat die Büros in den großen Gebäuden irgendwo bei der Wall Street geputzt. Sie und noch andre Damen. Sie halfen sich immer umschichtig, damit sie gleichzeitig fertig waren und zusammen mit der Untergrundbahn nach Hause fahren konnten. Mr. Pinckski bewies uns also mit Bleistift und Papier, daß es, wenn sie zum Beispiel noch fünfzehn Jahre lebte, dasselbe wäre, sagte Mr. Pinckski, wie wenn sie drei Jahre und fünfundachtzig Tage arbeitete, ohne Lohn dafür zu bekommen. Wie wenn sie drei Jahre und fünfundachtzig Tage umsonst für die Versicherungsgesellschaften arbeiten würde. Wie wenn sie, anstatt noch fünfzehn Jahre zu leben, eigentlich bloß noch elf Jahre und zweihundertacht Tage leben würde. Schwester stand ein Weilchen da und hielt die Geldtasche unter dem Schal fest. Dann sagte sie:

›Wenn ich also für mein Begräbnis, statt an Sie, an die Versicherungsgesellschaft zahlte, dann müßt ich drei Jahr und zweihundertfünfundachtzig Tage länger leben, eh ich's mir leisten könnte, zu sterben?‹

›Well‹, sagte Mr. Pinckski, als wüßt er nicht recht, was er drauf erwidern sollte, ›hm, ja. So können Sie's auch ausdrücken. Sie würden drei Jahre und fünfundachtzig Tage für die Versicherungsgesellschaft arbeiten und kein Geld dafür bekommen.‹

›Es ist mir nicht wegen der Arbeit‹, sagte Schwester. ›Die Arbeit macht mir nichts aus.‹ Dann nahm sie den ersten halben Dollar aus ihrer Geldtasche und legte ihn auf den Schreibtisch von Mr. Pinckski.«

III

Von Zeit zu Zeit donnerte eine Untergrundbahn mit allmählich verhallendem Getöse unter ihren Füßen durch. Dann dachten sie vielleicht kurz an die beiden grünen Augen, die sich ungestüm und scheinbar ohne Antrieb oder Steuerung durch die Erde fraßen und sich dank ihres eigenen, beispiellosen Ungestüms erleuchtete Nischen schufen (wie abgeteilte Perlen auf einer Schnur), in deren bleichem und flüchtigem Lichtschimmer menschliche Gestalten, die wie Leichen in einem geschändeten Friedhof momentan aufrecht hingestellt waren, in einer dahinflutenden, starren Richtung lehnten und weggeschnellt wurden.

»Ich war nämlich das Sorgenkind. Sie hatten mich zweimal aufgegeben, bevor ich fünfzehn war. Einmal kam ein Versicherungsagent, um mir eine Police zu verkaufen, der hat mich so lange belästigt, bis ich sagte, na gut, ich werd sie nehmen. Dann untersuchten sie mich und wollten mir bloß 'ne Police auf hundert Dollars bei 'ner Altersgrenze von fünfzig Jahren ausstellen. Und ich war damals erst siebenundzwanzig. Ich war das dritte von acht Kindern, aber als Schwester vor acht Jahren starb, da hatte ich sie alle überlebt! Als wir daher die Sache mit Danny in Ordnung gebracht hatten, wegen der Frau, die sagte, er hätt ihr die Wäsche von der Leine gestohlen, da konnte Schwester ...«

»Wie habt ihr denn das in Ordnung gebracht?«

»Wir haben dem Mann Geld gegeben, der auf die Burschen aufpassen mußte, mit denen Danny sich rumtrieb. Der Fürsorger kannte Danny und die andern Burschen. Da war es in Ordnung, und Schwester konnte nun wieder jede Woche ihre fünfzig Cents an Mr. Pinckski bezahlen. Denn wir hatten abgemacht, ich sollte Danny so bald wie möglich das Geld für die Fahrkarte nach Florida schicken, damit er zu mir kommen und ich mich um ihn kümmern könnte. Ich fuhr also wieder nach Jacksonville, und Schwester konnte Mr. Pinckski die fünfzig Cents zahlen, ohne sich Sorgen zu machen. Jeden Sonntagmorgen, wenn sie und die andern Damen mit der Arbeit fertig waren, gingen sie auf dem Heimweg bei Mr. Pinckski vorbei und weckten ihn, und Schwester gab ihm die fünfzig Cents.

Es war ihm ganz egal, zu welcher Stunde Schwester kam, denn sie war eine gute Kundin. Er sagte, sie könne kommen, wann sie wolle, und ihn wecken und bezahlen. Manchmal wurde es also spät, vier Uhr in der Frühe, besonders, wenn ein Umzug oder dergleichen gewesen war und die Gebäude mit Konfetti und vielleicht auch Papierfähnchen verdreckt waren. Vielleicht viermal jährlich schrieb mir die Dame, die nebenan von Schwester wohnte, einen Brief und erzählte mir, wieviel Schwester schon an Mr. Pinckski bezahlt hätte und daß Danny gut vorankäme und manierlich sei und sich nicht mehr mit den Rowdies herumtriebe. Sobald es mir daher möglich war, schickte ich Danny das Geld für die Fahrkarte nach Florida. Ich hab nicht erwartet, daß er mir wegen des Geldes schreiben würde.

Das hat mich dann so durcheinandergebracht. Schwester

konnte ganz gut lesen. Sie konnte das Kirchenblatt gut lesen, das ihr der Pfarrer jede Woche gab, aber Schreiben war nicht ihre Stärke. Sie sagte, wenn sie bloß einen Bleistift finden könnte, der so dick wär wie'n Besenstiel, so daß sie ihn mit beiden Händen anpacken könnte, dann wär sie fein raus. Gewöhnliche Bleistifte waren ihr zu dünn. Dann hätte sie 'n Gefühl, sagte sie, als hätte sie überhaupt nichts in der Hand. Deshalb hab ich gar nicht erwartet, was über das Geld zu hören. Ich hab's bloß geschickt und dann mit der Wirtin, bei der ich wohnte, was wegen 'nem Zimmer für Danny abgemacht, weil ich eben dachte, daß Danny schon bald mit seinem Koffer anspaziert kommen würde. Die Wirtin hielt mir das Zimmer eine Woche frei, und dann kam ein Mann, der es nehmen wollte, deshalb blieb ihr nichts weiter übrig, als es mir zu kündigen.

Das war ja auch ganz in Ordnung, nachdem sie's mir schon 'ne Woche lang freigehalten hatte. Ich fing also an, die Miete für das Zimmer zu zahlen, und als Danny nicht erschien, dacht ich, vielleicht ist was dazwischengekommen, bei dem strengen Winter und so, und Schwester hätte das Geld dringender gebraucht, statt Dannys Reise nach Florida damit zu bezahlen, oder vielleicht dachte sie, er wär zu jung. Nach einem Vierteljahr gab ich deshalb das Zimmer auf. Alle drei oder vier Monate bekam ich einen Brief von der Dame, die neben Schwester wohnte und mir schrieb, wie Schwester und die andern Damen jeden Sonntagmorgen zu Mr. Pinckski gingen und ihm die fünfzig Cents zahlten. Nach zweiundfünfzig Wochen stellte Mr. Pinckski einen Sarg auf die Seite, mit ihrem Namen, eingraviert auf einem Stahlschild und auf den Sarg genagelt, ihr voller Name: Mrs. Margaret Noonan Gihon.

Zuerst war's bloß ein billiger Sarg, bloß 'ne Holzkiste, doch nachdem sie zum zweitenmal zweiundfünfzig Wochen lang ihre fünfzig Cents bezahlt hatte, machte er das Namensschild ab und nagelte es auf einen besseren Sarg, den sie sich selbst aussuchen durfte, für den Fall, daß sie im gleichen Jahr starb. Und nachdem sie zum drittenmal zweiundfünfzig Wochen lang ihre fünfzig Cents bezahlt hatte, durfte sie sich einen noch viel schöneren aussuchen, und im folgenden Jahr einen mit goldenen Griffen. Sie durfte kommen, wann sie wollte, um ihn sich anzusehen, und konnte auch mitbringen, wen sie wollte, sich den Sarg mit dem Stahlschild anzusehn, das er draufgenagelt hatte und in das ihr Name eingraviert war. Sogar um vier Uhr morgens kam er in seinem Nachthemd nach unten und schloß die Tür auf und schaltete das Licht an, damit Schwester und die andern Damen nach hinten gehn und sich den Sarg ansehen konnten.

Jedes Jahr wurde es ein besserer Sarg, und Mr. Pinckski bewies den Damen mit Papier und Bleistift, daß Schwester den Sarg bald abbezahlt hätte und dann nur noch die goldenen Griffe und das Innenfutter bezahlen müßte. Sie durfte sich auch den Futterstoff aussuchen, den sie haben wollte, und als die Dame von nebenan mir den nächsten Brief schrieb, da schickte mir Schwester eine Probe von dem Futterstoff und ein Bild von den Griffen. Schwester hatte es selbst gezeichnet, wenn sie auch sonst nie einen Bleistift in die Hand genommen hat, der Stiel wär ihr zu dünn, hat sie immer gesagt, aber das Kirchenblatt, das ihr der Pfarrer jede Woche gab, das konnte sie ja lesen, weil's der Herr ihr erleuchtet hat, hat sie gesagt.«

»Denk mal einer an!« murrte der junge Mann. »Herrje, ich wünschte, ich hätt was zu rauchen oder ich müßte nicht mehr ans Rauchen denken!«

»Ja. Und dann noch eine Probe von dem Futterstoff. Aber da konnt ich ja nicht viel zu sagen, Hauptsache, daß er Schwester gefiel und daß sie froh war, weil Mr. Pinckski ihr erlaubt hatte, die andern Damen mitzubringen, die mit ihr zusammen die Verzierungen betrachtet haben und ihr beim Aussuchen halfen. Denn Mr. Pinckski hat immer gesagt, er hätte volles Vertrauen zu ihr, daß sie nicht, wie manche andre, zu früh sterben und sein Geschäft schädigen würde, wo er ihr doch keinen Cent Zinsen berechnet hätte, wie's die Versicherungsgesellschaften machen. Sie brauchte nichts weiter tun als jeden Sonntagmorgen bei ihm vorbeigehn und ihre fünfzig Cents bezahlen.«

»Denk mal einer an!« murrte der junge Mann. »Da wird er wohl jetzt im Armenhaus sein.«

»Was?« Der Alte sah den jungen Mann mit starrem Blick an. »Wer's jetzt im Armenhaus?«

IV

»Wo war Danny all die Zeit? Hat er immer noch unter Fürsorge-Aufsicht gearbeitet?«

»Ja. Hat gearbeitet, sooft er nur 'n Job finden konnte. Aber er war eben 'n forscher junger Mann, mit niemand als 'ner Mutter, die Witwe war, und ohne Vater, der ihm erklärt hätte, wie man sich ins Leben schicken muß. Deshalb wollt ich'n bei mir unten in Florida haben.«

Jetzt verschwand der starre Ausdruck aus seinem Gesicht, und entspannt und mit einer gewissen physischen und unbekümmerten Freude überließ er sich, wie ein längst zugerittenes, im Zaum gehaltenes Pferd, dem man die Zügel lockert, wieder dem Erzählen.

»Das hat mich dann so durcheinandergebracht. Ich hatte ihm schon das Reisegeld geschickt, damit er nach Jacksonville kommen sollte, und als ich nie was darüber hörte, hab ich mir einfach gedacht, Schwester hat's selber gebraucht, bei dem strengen Winter und so, oder vielleicht hat sie geglaubt, Danny wär noch zu jung, Frauen sind nun mal so. Und dann, etwa acht Monate nachdem ich das Zimmer aufgegeben hatte, bekomm ich 'n komischen Brief von der Dame, die neben Schwester wohnte. Da stand drin, Mr. Pinckski hätte das Namensschild wieder auf'n andern Sarg genagelt, und Schwester wär froh, daß Danny sich so fein herausmacht, und sie wüßte ja, daß ich gut für ihn sorgte, denn er wär ja ein guter Junge, und außerdem wär er alles, was Schwester auf der Welt hätte. Genauso, als wär Danny schon die ganze Zeit in Florida gewesen!

Aber ich wußte nix davon, daß er da war, bis ich das Telegramm von ihm bekam. Von Augustine, nicht sehr weit weg; und erst nachdem Schwester gestorben war, hab ich erfahren, daß Mrs. Zilich – die Dame, die neben Schwester wohnte und ihr immer die Briefe schrieb –, daß die mir geschrieben hatte, Danny käme nach Florida, am Tage, als er abgereist ist, und einen Tag, nachdem er das Geld bekommen hat. Mrs. Zilich hat mir erzählt, sie hätt den Brief für Schwester geschrieben und ihn Danny gegeben, damit der ihn am Abend vor seiner Abreise in den Briefkasten steckt. Hab ihn nie bekommen! Wahrscheinlich hat Danny ihn gar nicht eingesteckt. Weil er 'n forscher junger Mann war, wollt er's wahrscheinlich auf eigene Faust versuchen und uns zeigen, was er auch ohne unsre Hilfe tun könnte, genauso, wie ich's gemacht hab, als ich nach Florida bin.

Mrs. Zilich sagte, sie hätte natürlich geglaubt, Danny sei bei mir, und daß sie damals gefunden hätte, es wär komisch, daß ich Danny nie erwähnt habe, wenn ich an Schwester schrieb. Deshalb hätte sie, wenn sie Schwester die Briefe vorlas, immer was von Danny dazugedichtet, daß es ihm gut ginge und daß er sich fein herausgemacht hätte. Als ich deshalb Dannys Telegramm aus Augustine bekam, hab ich nach New York an Mrs. Zilich telefoniert. Hat elf Dollar gekostet! Hab gesagt, Danny hätte ein bißchen Schwierigkeiten, nichts Schlimmes weiter, und sie dürfe Schwester nicht erzählen, es wär was Schlimmes, sondern bloß, daß wir 'n bißchen Geld brauchten. Denn ich hatte ja Danny das Reisegeld für Florida geschickt, und ich hatte die drei Monate für das Zimmer bezahlt, und ich hatte gerade die Prämie für meine

Versicherung bezahlt, und deshalb schaute der Anwalt sich Danny an, wie er da auf der Pritsche in der Zelle saß, ohne Kragen, und Danny sagte: ›Wo krieg ich bloß das Geld her?‹ – nur daß er's Zaster genannt hat.

Und der Anwalt sagte: ›Wo könnten Sie's herkriegen?‹, und Danny sagte: ›Lassen Sie mich bloß zehn Minuten nach Haus, dann zeig ich's Ihnen!‹ – ›Fünfundsiebzig Dollar‹, sagt er zu mir, und sagt, mehr wär's nicht. Da sagte der Anwalt, das sei so gut wie gar nichts, und deshalb hab ich mit Mrs. Zilich telefoniert und ihr gesagt, sie soll Schwester ausrichten, sie müßte zu Mr. Pinckski gehn und ihn bitten, ihr ein bißchen von dem Sarggeld wiederzugeben: er könnte ja das Namensschild auf den Sarg nageln, den sie im Jahr davor hatte oder vielleicht im vorvorigen Jahr, und sobald ich auf meine Versicherungspolice Geld bekäme, würde ich's Mr. Pinckski zurückzahlen, und sogar mit Zinsen. Hab vom Gefängnis aus telefoniert, aber ich hab nicht gesagt, von wo ich telefoniert hab – sondern bloß, daß wir rasch 'n bißchen Geld brauchten.«

»Weswegen war er'n diesmal eingelocht?« fragte der junge Mann.

»Damals wegen der Wäsche, die von der Wäscheleine verschwunden ist, da hat er gar nicht gesessen. Die Frau hatte gelogen. Nachdem wir das Geld bezahlt hatten, mußte sie zugeben, daß sie sich wahrscheinlich geirrt hat.«

»Na schön«, sagte der junge Mann. »Und weswegen war er also eingelocht?«

»Schweren Einbruchdiebstahl haben sie's genannt, und Ermordung eines Polizisten. Sie haben ihn reingelegt, die andern, die ihn nicht leiden konnten. Dabei war er bloß'n Draufgänger. Und das war alles. Er war 'n guter Junge. Als Schwester starb, konnt er nicht zur Beerdigung kommen. Aber er hat 'n Kranz geschickt, der muß ihn mindestens zweihundert Dollar gekostet haben. Und per Luftpost, bei dem hohen Porto für ...«

Seine Stimme brach ab; er blickte den jungen Mann mit einer gewissen zufriedenen Verwunderung an. »Da hab ich doch, weiß Gott, beinah 'n Witz gemacht! Natürlich wollt ich mich nicht ...«

»Klar! Weiß schon, daß Sie keinen Witz machen wollten. Und wie ging's dann weiter mit dem Kittchen?«

»Der Anwalt war schon da, als ich hinkam. Seine Freunde hatten ihn geschickt, damit er ihm hilft. Und er hat mir beim Namen seiner Mutter geschworen, daß er nicht mal in der Stadt war, als der Polizist erschossen wurde. Da war er in Orlando. Er hat mir die Fahrkarte von Orlando nach Waycross gezeigt; die hatte er gelöst und dann den Zug verpaßt, und so kam's, daß er sie noch bei sich hatte. Das Datum war draufgestempelt, vom gleichen Abend, wo der Polizist erschossen wurde, und das beweist, daß er gar nicht dagewesen war und daß die andern Burschen ihn reingelegt hatten. Er war wütend. Der Anwalt sagte, er würde die Freunde aufsuchen, die ihn zu Danny geschickt hätten, sie müßten ihm helfen. ›Möcht ich ihnen auch geraten haben‹, sagte Danny. ›Wenn die sich einbilden, ich lass mir so was ohne weiteres gefallen, dann sollen sie mal lieber ...‹

Da hat der Anwalt ihn wieder beruhigt, wie auch vorher schon, als Danny von dem Geld gesprochen hat, das der Mann, für den er arbeitet, noch nicht aus New York geschickt hatte. Und darum hab ich also Mrs. Zilich telefoniert, um Schwester nicht aufzuregen, und hab gesagt, sie sollten zu Mr. Pinckski gehn. Zwei Tage drauf kam das Telegramm von Mrs. Zilich. Ich glaube, Mrs. Zilich hatte noch nie im Leben ein Telegramm geschickt, und deshalb wußte sie nicht, daß sie zehn Wörter telegrafieren durfte, den Absender nicht mitgerechnet, und es lautete nämlich bloß: Sie und Danny rasch heimkommen Mrs. Sophie Zilich New York.

Ich konnte nicht draus klug werden, deshalb besprachen wir's, und der Anwalt sagte, ich sollte lieber hinfahren und nachsehn, und er würde sich um Danny kümmern, bis ich zurück wär. Also haben wir uns einen Brief von Danny für Schwester ausgedacht, den Mrs. Zilich ihr vorlesen sollte, daß es Danny gut ginge und daß er sich fein herausgemacht hätte.«

V

Im gleichen Augenblick betrat ein Mann in Eisenbahner-Uniform den Warteraum. Als er eintrat, ging eine Stimme von ihm aus, von irgendwoher, über ihm oder hinter ihm. Obwohl sie eine menschliche Sprache benutzte, klang sie nicht wie eine menschliche Stimme, denn sie war zu riesig, um von einem Sterblichen auszugehen, und sie hatte etwas an sich, das gleichzeitig dröhnend und kalt und hoffnungslos klang, als sei sie weder interessiert an dem, was sie sagte, noch als höre sie sich selber zu.

»Da!« sagte der Alte.

Er und der junge Mann drehten sich um und blickten über die Bänke hinweg nach rückwärts, wie es die meisten andern Köpfe auch taten – als wären es lauter Marionetten, die durch einen einzigen Draht in Bewegung gesetzt wurden. Der Mann in Uniform rückte langsam im Warteraum vor und ging die erste Bankreihe entlang. Während er es tat, begannen die Männer auf jener Bank aufzustehen und wegzugehen, an dem Mann in Uniform vorbei, als wäre er gar nicht vorhanden; und auch er ging weiter, als wäre der Warteraum ganz leer. »Ich glaube, wir müssen raus!«

»Teufel noch mal!« sagte der junge Mann. »Soll er doch erst herkommen und die Karten verlangen. Dafür wird er ja bezahlt.«

»Neulich abend hat er mich erwischt. Schon 's zweitemal.«

»Laß ihn doch! Dann wär's jetzt das drittemal. – Was hast du danach gemacht?«

»Ach ja«, sagte der Alte. »Da wußte ich, daß mir weiter nichts übrigblieb – nach dem Telegramm. Mrs. Zilich hätte bestimmt nicht ohne guten Grund das Geld fürs Telegramm ausgegeben. Ich wußte nicht, was sie Schwester erzählt hatte. Ich begriff bloß, daß Mrs. Zilich sich plötzlich gesagt hat, es wär keine Zeit einen Brief zu schreiben, und daß sie versucht hat, bei dem Telegramm an Geld zu sparen, weil sie nicht wußte, daß sie zehn Wörter hätt schreiben dürfen, und der Mann am Schalter hat's ihr nicht erklärt. Deshalb wußt ich nicht, was passiert war. Hab nicht die leiseste Ahnung gehabt. Das hat mich dann so durcheinander gebracht.«

Er drehte sich um und blickte nach rückwärts auf den Mann in Uniform, der von Bank zu Bank vorrückte, während sich immer dicht vor ihm die Männer in ihren nicht zusammenpassenden Kleidern, jedoch mit der gleichen Säuberlichkeit der Armut und der gleichen Miene geduldiger und unüberwindlicher Hoffnungslosigkeit erhoben und – in abscheulicher und schandbarer Ähnlichkeit mit fliegenden Fischen vor dem sich nähernden Bug eines Schiffes – dem Ausgang zustrebten.

»Was hat dich durcheinander gebracht?« fragte der junge Mann.

»Was Mrs. Zilich mir erzählt hat. Ich hatte Danny im Gefängnis zurückgelassen. (Die Freunde, die ihm den Anwalt geschickt hatten, bekamen ihn schon am nächsten Tage raus. Als ich wieder von ihm hörte, war er schon in Chikago und hatte einen feinen Job; hat ja den Kranz geschickt. Ich hab nicht mal gewußt, daß er aus dem Gefängnis raus war, bis ich versucht hab, ihn wegen Schwester zu benachrichtigen.) Und so kam ich nach New York. Dafür hatte ich grade noch genug Geld, und Mrs. Zilich hat mich am Bahnhof abgeholt und hat's mir erzählt. Grade hier auf diesem Bahnhof! An dem Abend hatte es auch geschneit. Sie hat oben an der Treppe gewartet.

›Wo ist Schwester?‹ hab ich gefragt. ›Ist sie denn nicht mitgekommen?‹

›Was ist diesmal los?‹ fragte Mrs. Zilich. ›Mir brauchen Sie nicht zu erzählen, daß er bloß krank ist!‹

›Haben Sie Schwester erzählt, es wär noch was andres?‹ hab ich gefragt.

›Das braucht ich gar nicht‹, hat Mrs. Zilich geantwortet. ›'s blieb mir gar keine Zeit dafür, selbst wenn ich's gewollt hätte.‹ Sie erzählte mir also, wie kalt es in jener Nacht war, und deshalb war sie wegen Schwester auch aufgeblieben und hatte den Ofen schön warm und eine Kanne Kaffee aufgesetzt und gewartet, bis Schwester ihren Mantel und ihren Schal abgelegt hatte und allmählich warm wurde und mit ihrer Kaffeetasse dasaß; und da sagte Mrs. Zilich: ›Dein Bruder hat aus Florida angerufen.‹ Mehr hat sie gar nicht sagen können. Sie brauchte Schwester nicht mal sagen, daß ich telefoniert hätte, sie soll zu Mr. Pinckski gehn, denn Schwester sagte sofort: ›Sicher braucht er das Geld!‹ Also genau wie ich's mir gedacht hatte.

Mrs. Zilich fiel es auch auf. ›Vielleicht kommt es daher, weil Sie beide verwandt sind, beide verwandt mit dem ...‹ Dann hörte sie auf und sagte bloß noch: ›Ach, ich will nichts gegen ihn sagen, nur keine Bange! Das hat jetzt keinen Sinn mehr!‹ Dann hat sie mir erzählt, wie sie zu Schwester gesagt hat: ›Du kannst ja am Nachmittag auf dem Hinweg zu Mr. Pinckski gehen!‹ Aber Schwester hatte schon den Mantel und den Hut genommen, und dabei war sie doch erst knapp 'ne Stunde von der Arbeit zurück, und draußen hat's geschneit. Sie wollte nicht warten.«

»Sie wollte das Sarggeld holen, was?« fragte der junge Mann.

»Ja. Mrs. Zilich hat mir erzählt, sie und Schwester wären zusammen zu Mr. Pinckski gegangen und hätten ihn geweckt. Und er hat ihnen geantwortet, Schwester hätte ja das Geld schon abgehoben.«

»Was?« rief der junge Mann. »Schon abgehoben?«

»Ja. Er hat gesagt, vor etwa einem Jahr wär Danny zu ihm gekommen, mit einem Zettel von Schwester, er sollte Danny das Geld geben, das sie bei Mr. Pinckski eingezahlt hatte, und das hat Mr. Pinckski auch getan. Und Schwester stand mit den Händen unterm Schal und starrte vor sich hin, bis Mrs. Zilich rief: ›Einen Zettel? Mrs. Gihon hat Ihnen keinen Zettel geschickt, denn sie kann nicht schreiben.‹ Und Mr. Pinckski hat geantwortet: ›Wie soll ich wissen, daß sie nicht schreiben kann, wenn mir ihr eigener Sohn einen Zettel bringt, der mit ihrem Namen unterschrieben ist?‹ Und Mrs. Zilich hat gesagt: ›Zeigen Sie'n mal!‹

Schwester hatte überhaupt nichts gesagt, als wär sie gar nicht da, und Mr. Pinckski zeigte ihnen den Zettel. Ich hab'n auch gesehen. 's stand drauf: ›Erhalten von Mr. Pinckski einhundertunddreißig Dollars, den vollen von mir bei Mr. Pinckski eingezahlten Betrag, abzüglich der Zinsen. Mrs. Margaret N. Gihon.‹ Und Mrs. Zilich erzählte mir, wie sie über die hundertdreißig Dollars nachgedacht hätte, und daß Schwester fünf Jahre und sieben Monate lang jährlich sechsundzwanzig Dollars bezahlt hat, und sie fragte: ›Was für Zinsen?‹ Und Mr. Pinckski hat geantwortet: ›Für das Abnehmen des Namens vom Sarg‹, denn durch das Schild wär der Sarg bloß noch Gebrauchtware. Mrs. Zilich erzählte mir, daß Schwester sich umgedreht hätte und zur Tür gegangen wäre. ›Halt!‹ hätte Mrs. Zilich gerufen. ›Wir bleiben hier, bis wir das Geld haben! Da stimmt doch was nicht, wo du doch nicht schreiben und keinen Zettel unterschreiben kannst!‹ Aber Schwester ist einfach zur Tür gegangen, bis Mrs. Zilich rief: ›Warte doch, Margaret!‹ Und da hat Schwester gesagt: ›Ich hab unterschrieben.‹«

VI

Jetzt war die Stimme des Mannes zu hören, wie er sich langsam zu ihnen hinarbeitete: »Fahrkarten! Fahrkarten! Bitte Fahrkarten vorzeigen!«

»Wahrscheinlich kann man sich nur schwer vorstellen, was so alleinstehende Frauen fertigbringen«, sagte der Alte. »Noch dazu 'ne Witwe mit einem einzigen Kind. Ich hab's auch nicht gewußt, daß sie schreiben konnte. Vielleicht hat sie's geübt, wenn sie nachts in den Büros geputzt hat. Jedenfalls hat mir Mr. Pinckski den Zettel gezeigt, von dem sie zugegeben hat, sie hätt'n unterschrieben, und er hat mir den Unterschied erklärt: im Fall, daß die Särge zurückgegeben und dadurch Gebrauchtware werden, müßt er was verlangen, um sich zu schützen, denn manche Leute wären mächtig heikel und wollten einen nagelneuen Sarg haben. Er hatte das Schild mit Schwesters Namen wieder auf den billigen Sarg genagelt, mit dem sie angefangen hat, sie hatte also immer noch einen Sarg zugute, auch wenn er weder Griffe noch ein Innenfutter hatte. Ich hab da nichts drüber gesagt: die sechsundzwanzig Dollars, die sie einbezahlt hat, seit sie Danny das Geld gegeben hatte, haben uns nicht weit geholfen: so viel hatte ich schon ausgegeben, als ich nach New York zurückkam, wegen des Geldes, und jedenfalls hatte Schwester ja einen Sarg ...«

Die Stimme des Mannes in Uniform war jetzt ganz nahe und hatte etwas Methodisches, Eintöniges und Unerbittliches an sich: »Fahrkarten! Fahrkarten! Fahrkarten vorweisen! Wer ohne gültigen Fahrausweis ...«

Der junge Mann stand auf. »Bis auf ein andermal!« Der Alte erhob sich ebenfalls. Hinter dem Mann in Uniform war der Warteraum fast geleert.

»'s wird wohl Zeit«, sagte der Alte. Er folgte dem jungen Mann in die Kuppelhalle hinaus. Dort war ein Flugzeug ausgestellt und kauerte reglos und käferhaft still wie ein in

Alkohol konserviertes Insekt. Ein Schild stand daneben und besagte, daß es über Gebirge und endlose Schneewüsten geflogen sei.

»Sie hätten's über New York ausprobieren können«, sagte der junge Mann. »'s wär näher gewesen.«

»Ja«, sagte der Alte. »Es kostet aber viel. Was vermutlich in Ordnung ist, da's ja schneller geht. Als Schwester starb, hat Danny ihr den Kranz per Luftpost geschickt. Er muß zweihundert Dollar gekostet haben. Allein der Kranz, meine ich. Weiß nicht, wieviel es kostet, ihn per Luftpost zu schicken.«

Dann blickten sie beide die Rampe hinauf und den Durchgang entlang, zu den Ausgängen an der Seventh Avenue. Hinter den Türen staute sich ein trübes, totes Licht, das den Durchgang mit dem Geruch nach Schnee und Kälte anzufüllen schien, so daß sie noch ein Weilchen länger wie in den Klauen einer furchtbaren Abneigung und Schwerfälligkeit dazustehen schienen.

»Dann sind sie also nach Hause gegangen«, sagte der Alte. »Mrs. Zilich hat mir erzählt, Schwester hätte schon gezittert, und sie hätte Schwester zu Bett gebracht. Und in der Nacht bekam Schwester Fieber, und Mrs. Zilich hat den Doktor kommen lassen, und der Doktor hat einen Blick auf Schwester geworfen und zu Mrs. Zilich gesagt, sie sollte lieber telegrafieren, falls jemand zu benachrichtigen wäre. Als ich dann kam, hat Schwester mich nicht mehr erkannt. Der Pfarrer war schon da, und wir wußten nicht, ob sie noch was verstand, vielleicht auch den Brief nicht, den wir ihr vorlasen, den Brief von Danny, den wir im Gefängnis ausgedacht hatten und in dem stand, wie gut es ihm ginge. Der Pfarrer hat'n ihr vorgelesen, aber wir hätten nicht sagen können, ob sie's gehört hat. In der Nacht ist sie gestorben.«

»Tatsächlich?« sagte der junge Mann und blickte die Rampe hinauf. Er setzte sich in Bewegung. »Ich geh jetzt zum Grand Central.«

Der Alte schloß sich ihm an, wieder mit der gleichen unermüdlichen Bereitwilligkeit. »Wahrscheinlich ist's das Beste! Da läßt er uns vielleicht lange Zeit in Ruhe.« Er sah zur Uhr auf; angenehm überrascht rief er: »Schon halb zwei! Und 'ne halbe Stunde für den Weg. Wenn wir Glück haben, bleiben uns zwei Stunden, bis er hinkommt. Vielleicht sogar drei. Dann ist's fünf. Dann sind's bloß noch zwei Stunden, bis es hell wird.«

Der Künstler daheim

Roger Howes war ein ziemlich dicker, freundlicher, unauffälliger Mann in den Vierzigern, der von irgendwoher aus dem Mississippi-Tal nach New York kam und heiratete und Romanschriftsteller wurde und seinen Roman verkaufte und sich ein Haus im Valley of Virginia kaufte und nie mehr nach New York zurückkehrte, nicht mal zu einem kurzen Besuch. Fünf Jahre lang hatte er mit seiner Frau Anne und den beiden Kindern in dem alten Backsteinhaus gewohnt, wohin alte Damen im Pferdewagen zum Tee kamen oder wo sie ihn in ihrem leeren Wagen abholen ließen oder wohin sie ihre Negerdiener mit Stecklingen und Ablegern von blühenden Büschen und Gläsern mit Gewürzgurken und Eingemachtem und Exemplaren seiner Bücher zum Signieren in den (im übrigen leeren) Wagen schickten.

Er kehrte nie mehr nach New York zurück, doch hin und wieder kam New York zu ihm zu Besuch: die Leute, die er früher gekannt hatte, ehe er so viel Essen zu verdienen begann, daß er einen Schrank brauchte, um es zu verwahren. Die Maler und die Schriftsteller, die weder Buch noch Bild verkauft hatten – Männer, die manchmal anstelle von Kragen einen Bart trugen, die zu ihm kamen und seine Hemden und Socken benutzten und sie, wenn sie abreisten, unter der Kommode liegen ließen, und Frauen in Kittelkleidern, aber manchmal auch anders: hagere und eifrige und gefräßige Tamburinspielerinnen der Kunst.

Anfangs war es nur schwierig gewesen, sie fortzuweisen, doch jetzt war es schwieriger, seiner Frau zu sagen, daß sie kämen. Oft wußte er nicht einmal selber, daß sie kamen. Meistens telegrafierten sie ihm – am Tage, an dem sie eintreffen wollten –, und meistens vom Empfänger zu bezahlen. Er wohnte vier Meilen außerhalb des Dorfes, und mit dem Buch hatte er noch nicht genug verdient, um sich einen Wagen leisten zu können, und er war ein bißchen dick, wog ein bißchen zuviel für seine Größe, deshalb dauerte es manchmal zwei oder drei Tage, ehe er seine Post holen ging. Oder er wartete einfach auf den nächsten Schub Besucher, die ihm die Post mitbrachten. Nach dem ersten Jahr verstand sich der Mann im Bahnhof (er war gleichzeitig Telegrafist und Bahnmeister und im Dorf gewissermaßen Rogers rechte Hand) so gut auf sie, daß er sie schon von weitem erkannte. Mit ihrem leeren Gesichtsausdruck standen sie auf dem kleinen Bahnhof herum und hatten nichts weiter zu betrachten als den kleinen gelben Bahnhof und den letzten Wagen eines enteilenden Zuges und ein paar Berge, die sich bereits in Dunkel zu hüllen begannen, und dann trat der Bahnmeister mit einer Handvoll Post und einem Paket oder dergleichen und mit ihrem Telegramm aus seinem kleinen Büro hervor. »Er wohnt ungefähr vier Meilen talauf. Sie können das Haus nicht verfehlen.«

»Wer wohnt ungefähr vier Meilen talauf?«

»Howes. Wenn Sie alle zu ihm wollen, macht es Ihnen sicher nichts aus, die Briefe für ihn mitzunehmen. Ein Telegramm ist auch dabei.«

»Ein Telegramm?«

»Es kam heute vormittag. Aber er ist seit zwei, drei Tagen nicht mehr hiergewesen. Deshalb dachte ich, Sie würden's ihm vielleicht mitnehmen.«

»Ein Telegramm? Zum Teufel noch mal! Geben Sie's her!«

»Es kostet vierzig Cents Gebühren.«

»Dann behalten Sie's, zum Teufel noch mal!«

Sie nahmen also alles bis auf das Telegramm und liefen die vier Meilen bis zu Howes Haus und trafen nach dem Abendbrot ein. Was nicht weiter schlimm war, da die Frauen ohnehin meistens zu wütend waren, um noch etwas zu essen, Mrs. Howes, also Anne, mitinbegriffen. Ein paar Tage drauf schickte dann jemand seinen Wagen, um Roger abzuholen, und Roger ließ im Dorf halten und bezahlte das Telegramm, das ihm mitteilte, daß seine Gäste vorgestern eintreffen würden.

Als daher dieser Dichter im himmelblauen Rock aus dem Zuge steigt, kommt der Bahnmeister sofort mit dem Telegramm aus seinem kleinen Büro hervor. »Es liegt ungefähr vier Meilen talaufwärts«, sagt er. »Sie können's nicht verfehlen. Ich dachte, Sie könnten ihm vielleicht das Telegramm hier mitnehmen. Es traf heute vormittag ein, aber er ist seit zwei oder drei Tagen nicht mehr im Ort gewesen. Nehmen Sie's ruhig! Es ist schon bezahlt.«

»Das weiß ich selber, zum Teufel noch mal!« antwortet der Dichter. »Und Sie sagen, man müsse vier Meilen weit laufen?«

»Ja, immer schnurgerade die Landstraße entlang. Sie können's nicht verfehlen.«

Der Dichter nahm also das Telegramm, und der Bahnmeister sah ihm nach, wie er die Valley Road hinaufging und seinen Blicken entschwand, während noch zwei oder drei Leute an ihre Haustür kamen, um sich vielleicht den blauen Rock zu besehn. Der Bahnmeister grunzte vor sich hin. »Vier Meilen«, sagte er. »Das bedeutet dem Burschen nicht viel mehr, als wenn ich gesagt hätte, vier Weichenböcke. Aber vielleicht kann er sich ja mit Hilfe seines Kittels in einen Vogel verwandeln und die Strecke fliegend zurücklegen.«

Roger hatte seiner Frau Anne kein Wort von diesem Dichter erzählt, vielleicht, weil er es selbst nicht wußte. Jedenfalls hatte sie keine Ahnung, bis der Dichter humpelnd in den Garten kam, wo sie gerade Blumen für den Abendbrottisch abschnitt. Er sagte ihr, sie schulde ihm achtundvierzig Cents.

»Achtundvierzig Cents?« rief Anne.

Er gab ihr das Telegramm. »Sie brauchen es übrigens nicht zu öffnen«, sagte der Dichter. »Geben Sie mir einfach die achtundvierzig Cents wieder, dann brauchen Sie's nicht mal zu öffnen.« Sie starrte ihn an, in der einen Hand die Schere, in der andern eine Handvoll Blumen, daher kam es ihm vielleicht in den Sinn, ihr zu erklären, wer er sei: »Ich bin John Blair«, sagte er. »Ich hab das Telegramm heute früh abgeschickt, um meine Ankunft anzukündigen. Es hat achtundvierzig Cents gekostet. Aber jetzt bin ich hier, deshalb brauchen Sie das Telegramm nicht!«

Anne steht also da, hat die Blumen und die Schere und ruft: »Verflixt! Verflixt! Verflixt!«, während der Dichter ihr erklärt, sie müsse ihre Post häufiger abholen. »Sie müssen doch auf dem laufenden bleiben«, sagt er, und sie ruft wieder: »Verflixt! Verflixt! Verflixt!«, bis er schließlich sagt, er würde nur zum Essen bleiben und dann ins Dorf zurücklaufen, wenn es sie so aus dem Geleise wirft.

»Laufen?« fragte sie und musterte ihn von oben bis unten. »Sie und laufen? Vom Dorf bis hier herauf? Das glaub ich nicht! Und wo ist Ihr Gepäck?«

»Ich hab's auf mir. Zwei Hemden. Und ein Paar saubere Socken hab ich in der Tasche. Ihre Köchin kann doch waschen – oder nicht?«

Sie blickt ihn an, hat immer noch die Blumen und die Schere in der Hand. Dann fordert sie ihn auf, ins Haus zu gehn und bis an sein Lebensende dazubleiben. Nur hat sie's nicht wortwörtlich so ausgedrückt. Sie sagte: »Sie und laufen? Unsinn! Ich glaube, Sie sind krank. Kommen Sie ins Haus, setzen Sie sich und ruhen Sie sich aus!« Dann ging sie weg, um Roger zu suchen und ihn zu bitten, den Kinderwagen vom Boden zu holen. Natürlich hatte sie auch das nicht wortwörtlich so gesagt.

Roger hatte ihr nichts von diesem Dichter erzählt; er hatte ja selber das Telegramm noch nicht erhalten. Vielleicht putzte sie ihn deshalb am Abend so herunter: weil er das Telegramm noch nicht bekommen hatte.

Sie waren in ihrem Schlafzimmer. Anne kämmte sich ihr Haar. Die Kinder verlebten den Sommer oben in Connecticut bei Annes Angehörigen. Er war Pfarrer, ihr Vater, heißt das. »Du hast mir letztesmal versprochen, es wäre das letztemal. 's ist noch keinen Monat her. Sogar noch weniger lange. Denn nachdem der letzte Schub abgereist war, mußte ich die Möbel im Gästezimmer wieder neu anstreichen, damit man nicht sieht, daß sie ihre Zigaretten auf den Frisiertisch und auf die Fensterbretter gelegt hatten. Und in einem Schubfach hab ich einen Kamm gefunden – einen Kamm –, ich hätte es nicht mal Pinkie zugemutet« (Pinkie war die Negerköchin), »ihn mit den Fingerspitzen anzufassen, und dann zwei Socken, die nicht mal zusammenpaßten und die ich dir vorigen Winter selber gekauft hatte, und einen einzelnen Strumpf, den ich nicht mehr als meinen eigenen wiedererkennen konnte. Du behauptest ja immer, daß die Armut für ihre Kinder sorgt: gut, soll sie nur! Aber weshalb müssen wir die Werkzeuge der Armut sein?«

»Der hier ist ein Dichter. Der letzte Schub – das waren keine Dichter. Einen Dichter haben wir schon seit einiger Zeit nicht bei uns gehabt. Da verliert das Haus ja all seine liebliche Atmosphäre und seine Subtilität!«

»Und wie war's mit der Frau, die nicht im Badezimmer baden wollte? Die darauf bestand, jeden Morgen an den Creek runterzugehn, und nicht mal mit 'nem Badeanzug, bis Amos Crains Frau« (Amos war ein Farmer, der gerade gegenüber auf der andern Seite des Creeks wohnte) »mir Bescheid schicken mußte, Amos hätte Angst, seinen Acker am Wasser unten zu pflügen? Was glauben denn solche Menschen, was das ist, draußen auf dem Lande? Ich kann's nicht verstehn, und ebensowenig kann ich verstehn, weshalb du meinst, du müßtest Essen und Unterkunft für ...«

»Ach, das war bloß 'n kleiner panischer Schrecken, der dem Amos vermutlich sehr gutgetan hat. Hat ihn aufgerüttelt, aus dem gewohnten Trott geworfen ...«

»Aus dem Trott, durch den er sechs Tage jeder Woche für seine Frau und die Kinder das tägliche Brot verdient! Aber es ist schlimmer! Amos ist jung, er hatte wahrscheinlich noch seine Illusionen wegen der Frauen, bis er das splitternackte Geschöpf da unten sah!«

»Well, ihr habt die Stimmenmehrheit, du und Mrs. Crain.« Er blickte auf ihren Hinterkopf, während ihre Hände mit dem Kamm durch ihr Haar fuhren, und sie beobachtete ihn wahrscheinlich im Spiegel, ohne daß er es wußte, der arme, arglose Künstler, der er war. »Der hier ist jedenfalls ein Mann und ein Dichter.«

»Dann wird er sich vermutlich weigern, das Badezimmer überhaupt jemals zu räumen. Vermutlich mußt du ihm dreimal täglich ein Tablett mit Essen ins Bad rauftragen. Warum fühlst du dich bloß veranlaßt, solche Menschen zu beherbergen und zu ernähren? Merkst du's denn nicht, daß sie dich als bequemes Ausbeutungsobjekt betrachten? Daß sie dein Brot essen und deine Sachen tragen und uns für hoffnungslose Spießbürger halten, weil wir genug Essen für andre Leute haben, und für leicht übergeschnappt, weil wir davon abgeben? Und nun noch der hier mit seinem himmelblauen Kittel!«

»Es ist furchtbar anstrengend, nichts als ein Dichter zu sein. Mir scheint, das ist dir nicht ganz klar?«

»Ach, mir ist's egal! Soll er sich doch 'n Lampenschirm oder auch noch 'n Kochtopf auf den Kopf setzen! Was will er von dir? Ratschläge? Oder bloß Essen und Unterkunft?«

»Keine Ratschläge! Du mußt doch während des Nachtessens gemerkt haben, was für eine Ansicht er von meinen Fähigkeiten hat!«

»Er hat ziemlich deutlich verraten, was er selbst für Fähigkeiten hat. Das einzige, was ihm hier im Haus gefiel, war Pinkies buntes Kopftuch.«

»Nein, keine Ratschläge«, wiederholte Roger. »Ich weiß

auch nicht, weshalb er mir seine Gedichte zeigt. Er machte es so, als verfütterte er Kaviar an einen Elefanten.«

»Und du läßt dir natürlich seine autoritäre Meinung über den Elefanten gefallen! Und vermutlich willst du auch den Verleger bereden, sein Buch zu drucken?«

»Well, er hat ein paar sehr schöne Sachen. Und wenn er sie gedruckt sieht, wird er sich vielleicht noch mehr dahinterknien! Richtig arbeiten! Oder vielleicht stachelt ihn einer so zur Wut an, daß er wirklich was Brauchbares schreibt. Etwas mit Saft und Kraft! Er hat das Zeug dazu. Vielleicht ist's nur ein einziges Gedicht. Aber das hat's dann in sich. Vielleicht, wenn er nur lange genug aufhören könnte zu reden, um es loszuwerden! Und ich dachte, wenn er hierherkäme, wo er vier Meilen weit laufen muß, um jemand zu finden, mit dem er reden kann – sobald Amos gelernt hat, den blauen Rock zu erkennen.«

»Aha!« rief Anne. »Du hast ihm also geschrieben, er soll kommen! Ich wußte es ja, aber ich freue mich zu hören, daß du es freiwillig zugibst! Geh jetzt schlafen!« sagte sie. »Du hast heute noch keine Zeile geschrieben, und nur Gott allein weiß, wann du jetzt mal dazukommst.«

So verlief das Leben auf seine alte, erfreuliche Weise. Dichter unterscheiden sich nämlich alle voneinander, wie es den Anschein hatte; dieser jedenfalls tat's. Denn bald stellte es sich heraus, daß Anne diesen Dichter überhaupt kaum jemals sah. Wie es scheint, weiß sie nur dann, daß er im Haus ist, wenn sie ihn nachts schnarchen hört. Daher dauerte es fast zwei Wochen, ehe sie wieder wütend war. Und diesmal kämmt sie sich gar nicht erst ihr Haar. »Ist er jetzt zwei Wochen hier, oder sind's bloß zwei Jahre?« Sie sitzt am Frisiertisch, tut aber gar nichts, und das ist, wie jeder Ehemann und sogar ein Künstler wissen sollte, ein schlechtes Zeichen. Wenn ihr eine Frau in halbbekleidetem Zustand vor einem Frisiertisch sitzen seht, wie sie sich beim Sprechen nicht mal im Spiegel beobachtet, dann wird's höchste Zeit, auf dicke Luft gefaßt zu sein.

»Er ist jetzt zwei Wochen hier, aber wenn ich nicht zufällig in die Küche gehe, dann sehe ich ihn überhaupt nicht, da er Pinkies Gesellschaft der unsern vorzieht. Und als er am ersten Mittwochabend (an Pinkies freiem Abend) verschwunden war, da sagte ich mir zunächst: wie taktvoll! Da hatte ich nämlich noch nicht gehört, daß er in Pinkies Familie Abendbrot gegessen und hinterher mit ihnen zur Betstunde gegangen war. Und am Sonntagabend ist er wieder hingegangen, und noch mal letzten Mittwoch, und heute abend wäre er ja wohl nun überrascht (obwohl er mir erklärt, ich besäße weder Intelligenz noch Phantasie), wenn er erführe, daß ich mir gerade jetzt den himmelblauen Kittel ohne die geringste Mühe in einer Kirche voll schwitzender Nigger vorstellen kann!«

»Ja, 's ist ein tolles Bild, was?«

»Doch abgesehen von solchen kleinen Unannehmlichkeiten, wie zum Beispiel nicht zu wissen, wo unser Gast ist, oder in unsern geduldigen Mienen eine gewisse Portion reflektierter Lächerlichkeit aufzuweisen, ist er ein sehr angenehmer Hausgenosse. Belehrend, erbaulich und zurückhaltend! Ich weiß nicht mal, ob er im Haus ist, falls ich nicht gerade eine Schreibmaschine höre; denn ich weiß, du kannst es nicht sein, da du ja – sind's jetzt zwei Wochen oder bloß zwei Jahre her – keine Zeile mehr geschrieben hast. Er betritt das Zimmer, das den Kindern strengstens verboten ist, und legt seinen einen Finger auf die Schreibmaschine, die Pinkie nicht mal mit dem Staubtuch anrühren darf, und schreibt ein Gedicht über die Freiheit und wirft es dir hin, damit du es beurteilst und Beifall klatschst. Was sagt er doch gleich?«

»Sag du's nur! Ist ja glänzend!«

»Er wirft's dir hin wie ... wie ... Warte! Jetzt hab ich's: wie man einem Elefanten Kaviar hinwirft, und dann fragt er: ›Wird es sich verkaufen lassen?‹ Also nicht etwa: ›Ist es gut?‹ oder ›Gefällt es Ihnen?‹, und du ...«

»Mach nur weiter! Wie könnt ich hoffen, mich mit dir zu messen!«

»Du liest es, aufmerksam. Vielleicht das gleiche Gedicht, ich weiß ja nicht: ich habe kürzlich aus bester Quelle erfahren, daß ich nicht intelligent genug bin, um Dichtung unmittelbar zu verstehen. Du liest es, aufmerksam, und dann sagst du: ›Es sollte sich verkaufen lassen. Briefmarken liegen drüben im Schubfach!‹« Sie ging ans Fenster. »Nein, ich bin noch nicht so entwickelt, daß ich Gedichte unmittelbar aufnehmen könnte; ich würde sie nicht verstehn. Sie müssen mir von Hand gefüttert werden, wenn er mal Zeit hat, nach dem Abendbrot auf der Terrasse, an Abenden, an denen in Pinkies Kirche keine Betstunde ist. Freiheit. Gleichheit. Einsilbige Wörter, denn wie es scheint, begehre ich Freiheit nicht, weil ich ja eine Frau bin, und weiß deshalb auch nicht, was Gleichheit bedeutet, bis du ihn unterbrichst und ihm mit Fachausdrücken beweist, daß er nicht gar so klug ist, nur ist er klug genug, um daraufhin den Mund zu halten, damit du uns beiden beweisen kannst, daß auch du nicht gar so klug bist.« Das Fenster lag über dem Garten. Es hatte Vorhänge. Sie stand zwischen den Vorhängen und blickte hinaus. »Der ›junge Shelley‹ ist also noch nicht geboren.«

»Noch nicht! Aber er hat es in sich. Laß ihm Zeit!«

»Freut mich, das zu hören! Er ist jetzt zwei Wochen hier. Ich freue mich, daß seine Masche die Poesie ist – etwas, das man in zwei Zeilen zusammenschustern kann. Sonst würde es – bei diesem Tempo ...« Sie stand zwischen den Vorhängen. Sie wehten leise hin und her. »Verflixt! Verflixt! Verflixt! Er ißt nicht genug!«

Roger ging also hin und legte noch ein Kissen in den Kinderwagen. Nur daß sie es nicht genauso ausdrückte und daß er es nicht genauso tat.

Und nun aufgepaßt! Jetzt beginnt es. An den Tagen, an denen keine Betstunde in der Niggerkirche war, hat es sich der Dichter angewöhnt, im Garten hinter ihr drein zu dösen und, während sie Blumen für den Abendbrottisch abschneidet, zu ihr über Dichtung oder Freiheit oder vielleicht über Blumen zu sprechen. Jedenfalls über irgend etwas zu sprechen; als er an jenem Abend ganz plötzlich zu sprechen aufhörte, während er und sie nach dem Abendbrot durch den Garten gingen, hätte es sie vielleicht warnen sollen. Tat's aber nicht. Oder wenigstens dann, als sie bis ans Ende des Gartenwegs kamen und sich umdrehten: da hatte sie, scheint's, als nächstes nur sein Gesicht bemerkt, das für den K.o.-Schlag parat war. Jedenfalls rührte sie sich nicht, bis sie den Clinch hinter sich hatte. Dann wollte sie's ihm geben, mit erhobener Hand.

»Du verdammter Idiot!« ruft sie.

Auch er rührt sich nicht, als wolle er ihr eine günstige Chance geben. »Was für eine Genugtuung kann's dir schon bereiten, in dieses Gesicht zu schlagen?« sagt er.

»Weiß ich«, sagt sie. Sie schlägt ihm mit der Faust auf die Brust, leicht, kräftig und doch zurückhaltend, alles gleichzeitig: wütend und doch behutsam. »Warum mußtest du so taktlos sein?«

Doch sie kann ihm keine Antwort entlocken. Er steht einfach da und gibt ihr eine anständige Chance; vielleicht sieht er sie nicht mal an, wie er da steht mit seinem wild herumfliegenden Haar und dem himmelblauen Kittel, der an ihm wie eine kurze Pferdedecke wirkt. Nehmt mal einen Gockel, einen alten Gockel! (Nicht einen alten Bullen – das ist was andres –, sieht man den, auch wenn ihn seine Herde überholt hat, so blind und lahm oder was sonst er sein mag, er sieht doch immer noch verehelicht aus. Als wollte er sagen: »Well, Boys, jetzt habt ihr gut reden! Aber in meiner Jugend war ich auch mal 'n Ehemann und Vater!«) Er sieht einfach unverheiratet aus, der geborene Junggeselle. Der geborene

Junggeselle in einer Welt ohne Hennen, und das hat er schon vor so langer Zeit entdeckt, daß er sich nicht mal erinnert, daß es gar keine Hennen gibt. »Komm jetzt!« sagt sie und dreht sich schnell und steif um, und der Dichter döst hinter ihr drein. Das hat ihn vielleicht verraten. Jedenfalls sieht sie sich um und geht langsamer. Sie bleibt stehen. »Du glaubst also, du wärst die gefährliche Nummer, was?« sagt sie. »Du glaubst, ich würd's Roger erzählen, was?«

»Das weiß ich nicht«, antwortet er. »Darüber hatte ich nicht nachgedacht.«

»Soll das heißen, es ist dir einerlei, ob ich's ihm erzähle oder nicht?«

»Ja«, sagt er.

»Ja was?«

Anscheinend weiß sie nicht, ob er sie ansieht oder nicht, ob er sie überhaupt angesehen hat. Er steht bloß da, schusselig, ungefähr doppelt so groß wie sie. »Als ich ein kleiner Junge war, gab's sonntags Sorbet«, sagt er. »Mit nur 'nem Hauch Zitrone drin. Wie Narzissendüfte, erinnere ich mich. Ich glaube mich zu erinnern. Ich war ... vier ... drei. Mutter starb, und wir zogen in eine Großstadt. Eine Familienpension. Eine Ziegelsteinmauer. Ein Fenster war da, wie ein Einäugiger mit entzündeten Augen. Und eine tote Katze. Früher dagegen, da hatten wir eine Unmenge Bäume, so wie ihr hier. Da saß ich am späten Nachmittag auf der Küchentreppe, beobachtete das Sonntagslicht in den Bäumen und aß Sorbet.«

Sie betrachtete ihn. Dann dreht sie sich um, geht schnell. Er folgt ihr, döst ein wenig hinter ihr drein, so daß er, als sie im Schatten eines Gebüschs mit starrem Gesicht stehenbleibt, einfach wie ein Döskopf stille steht, bis sie ihn berührt. Und selbst dann kapiert er's noch nicht. Sie muß ihm sagen, er soll rasch machen. Da kapiert er's. Ein Dichter ist, scheint's, menschlich, genau wie ein Mann.

Aber darum ging's nicht. So was kann man in jedem Kino sehn. Sondern was jetzt kommt, das ist es, das ist gut!

Um diese Zeit, und mit dem zweiten Clinch zusammentreffend, kommt Roger zufällig hinter dem Gebüsch hervor. Er kommt wie zufällig hervor, freundlich und friedlich, nachdem er den kleinen Spaziergang im Mondschein gemacht hat, um sein Abendbrot zu verdauen. Alle drei schlendern sie ins Haus zurück, Roger in der Mitte. Sie gelangen so schnell hin, daß keiner dran denkt, Gutenacht zu sagen, als Anne ins Haus und die Treppe hinaufgeht. Oder vielleicht kommt's auch daher, weil Roger im Augenblick die Unterhaltung allein bestreitet, weil die Dichtung gewissermaßen im Kurs gesunken ist. »Mondschein«, sagt Roger und blickt zum Mond auf, als gehöre ihm auch der, »kann ich einfach nicht mehr ausstehn! Ich springe zur nächsten Wand, zum elektrischen Licht. Das heißt, früher hat mich der Mondschein traurig und alt gestimmt, und dann machte ich so was. Doch jetzt stimmt er mich leider nicht mal mehr einsam. Daher vermute ich, daß ich alt werde.«

»Das ist richtig«, sagt der Dichter. »Wo können wir sprechen?«

»Sprechen?« fragt Roger. Mit seiner kleinen Glatze und der blühenden Gesichtsfarbe sah er ohnehin wie ein Oberkellner aus, der an den Tisch tritt und den Deckel von einem Gericht wegnimmt und es ansieht, als wollte er sagen: »Well, ihr könnt den Dreck hier essen, wenn ihr dafür bezahlen wollt.« – »Hier entlang, bitte!« sagt er. Sie gehen ins Büro, in das Zimmer, in dem er seine Bücher schreibt und in das er sogar seine Kinder nie hinein läßt. Er setzt sich hinter die Schreibmaschine und stopft sich die Pfeife. Dann bemerkt er, daß der Dichter sich nicht hingesetzt hat. »Setz dich doch!« sagt er.

»Nein«, sagt der Dichter. »Hör mal«, sagt er. »Heute abend habe ich deine Frau geküßt. Ich will's noch mal tun, wenn ich kann.«

»Ach so«, sagt Roger. Anscheinend ist er zu sehr damit beschäftigt, seine Pfeife richtig zu stopfen, als daß er den Dichter ansehen kann. »Setz dich doch!«

»Nein«, sagt der Dichter.

Roger zündet sich die Pfeife an. »Well«, sagt er, »da kann ich dir leider keinen Rat geben. Ich habe einige Gedichte geschrieben, aber nie konnte ich Frauen verführen.« Jetzt blickt er den Dichter an. »Hör mal«, sagt er, »du siehst nicht gut aus! Geh jetzt schlafen! Wir können morgen drüber sprechen!«

»Nein«, sagt der Dichter. »Ich kann nicht unter deinem Dach schlafen.«

»Anne erklärt mir dauernd, daß es dir nicht gut geht«, sagt Roger. »Hast du eine Ahnung, was dir fehlen könnte?«

»Nein, hab keine Ahnung«, sagt der Dichter.

Roger zieht an seiner Pfeife. Er scheint ein bißchen Mühe damit zu haben, sie richtig in Gang zu bringen. Vielleicht schmettert er deshalb die Pfeife auf den Schreibtisch, so daß der brennende Tabak auf die Papiere spritzt. Und da sind sie nun: der kahlköpfige Ehemann, für den Mehl und Fleisch der kommenden Woche buchstäblich schon in Sicht sind, und der Heim-und-Herd-Zerstörer, der sich das Haar schneiden lassen sollte, in einer himmelblauen Jacke von der Art, wie sie die Damen zusammen mit einem Boudoir-Spitzenhäubchen zu tragen pflegten, wenn sie krank waren und im Bett speisten. »Was zum Teufel soll das heißen«, sagt Roger, »hier in mein Haus zu kommen und mein Brot zu essen und Anne zu belästigen mit deinem verdammten ...« Aber das war alles. Doch selbst das war für einen Schriftsteller und Künstler schon recht gut; vielleicht sollte man nicht noch mehr von ihm erwarten. Oder vielleicht war's deshalb, weil der Dichter ihm überhaupt nicht zuhörte. ›Er ist nicht mal hier‹, sagt sich Roger, genau wie er dem Dichter erzählt hatte, er hätte früher selber Gedichte geschrieben, und daher kenne er sie. ›Er ist jetzt oben vor Annes Tür, kniet vor ihrer Tür.‹ Und eine Zeitlang kam auch Roger ihr nicht näher als bis draußen vor ihre Tür. Doch das war später, und jetzt sind er und der Dichter im Büro, wo er versucht, den Dichter so weit zu bringen, daß er mit seinem Geschwafel aufhört und zu Bett geht und der Dichter sich weigert.

»Ich kann nicht unter deinem Dach schlafen«, sagt der Dichter. »Darf ich Anne sehen?«

»Du kannst sie morgen früh sehen. Jederzeit. Den ganzen Tag, wenn du willst. Red keinen Unsinn!«

»Darf ich Anne sprechen?« fragt der Dichter, als hätte er mit einem schwachsinnigen Analphabeten geredet.

Roger geht also rauf und sagt es Anne und kommt zurück und setzt sich wieder hinter seine Schreibmaschine, und dann kommt Anne herunter, und Roger hört sie, und der Dichter geht zur Vordertür hinaus. Nach einer Weile kommt Anne allein zurück. »Er ist weggegangen«, sagt sie.

»So?« sagt Roger, als hätte er nicht zugehört. Dann springt er auf. »Weggegangen? Das kann er nicht! 's ist zu spät! Ruf ihn zurück!«

»Er will nicht zurückkommen«, sagt Anne. »Laß ihn in Ruhe!« Sie ging die Treppe hinauf. Als Roger ein wenig später hinaufging, war die Tür verschlossen.

Und nun aufgepaßt! Jetzt kommt es! Er kehrte in sein Büro zurück und spannte Papier in die Schreibmaschine und begann zu schreiben. Zuerst schrieb er nicht sehr schnell, aber bei Tagesanbruch klang es wie vierzig Hühner in einer Mais-Futterkrippe aus Blech, und die beschriebenen Blätter auf dem Schreibtisch häuften sich . . .

Zwei Tage lang sah oder hörte er nichts von dem Dichter. Doch der Dichter war noch im Dorf. Amos Crain sah ihn und kam und erzählte es Roger. Anscheinend mußte Amos zufällig wegen einer andern Sache ins Haus kommen, denn das war zwei Tage und zwei Nächte hindurch die einzige Möglichkeit, wie jemand zu Roger vordringen und ihm etwas sagen konnte. »Die Schreibmaschine hab ich schon gehört, noch eh ich über den Creek bin«, sagt Amos. »Hab den blauen Kittel gestern im Hotel gesehn«, sagt er.

Am Abend, während Roger an der Arbeit saß, kam Anne die Treppe herunter. Sie schaute zur Bürotür herein. »Ich will zu ihm«, sagte sie.

»Sagst du ihm, daß er zurückkommen soll?« fragte Roger. »Sagst du ihm, ich hätt's ihm ausrichten lassen?«

»Nein«, sagte Anne.

Und das letzte, was sie beim Hinausgehen hörte, und auch, als sie eine Stunde drauf wiederkam und die Treppe hinaufging und ihre Tür verschloß (Roger kampierte jetzt auf der Schlafveranda, auf einem Feldbett), das war die Schreibmaschine.

Und so ging das Leben weiter, nahm seinen alten, freundlichen, zufriedenen Lauf. Sie sahen einander oft, meistens zweimal täglich, nachdem Anne es aufgegeben hatte, zum Frühstück nach unten zu gehen. Doch einen oder zwei Tage danach hörte sie das Geräusch der Schreibmaschine nicht mehr; vielleicht fehlte es ihr, daß sie dadurch wachgehalten worden war. »Hast du sie fertig?« fragte sie. »Die Geschichte?«

»Ach so. Nein. Nein, sie ist noch nicht fertig. Muß nur etwa einen Tag ruhen.« Hausse im Tippen, sozusagen.

Die Hausse-Stimmung hielt mehrere Tage an. Er hatte es sich angewöhnt, früh zu Bett zu gehen und in der Schlafveranda auf seinem Feldbett zu liegen, wenn Anne wieder ins Haus zurückkehrte. Eines Abends ging sie auf die Schlafveranda hinaus, wo er im Bett lag und las. »Ich geh nicht wieder hin«, sagte sie. »Ich hab Angst.«

»Angst wovor? Genügen dir zwei Kinder nicht? Drei, wenn du mich mitrechnest?«

»Ich weiß nicht.« Es war eine Leselampe, und ihr Gesicht lag im Schatten. Er drehte die Lampe so, daß das Licht auf ihr Gesicht fallen sollte, doch ehe es ihr Gesicht erreichte, wandte sie sich ab und rannte fort. Er kam gerade noch dazu zurecht, daß ihm die Tür vor der Nase zugeschmettert wurde. »Blind! Blind!« rief sie hinter der Tür. »Geh weg! Geh weg!«

Er ging weg, aber er fand keinen Schlaf. Deshalb entfernte er nach einiger Zeit den Metallschirm von der Leselampe und brach das Fenster im Zimmer auf, in dem die Kinder schliefen. Die Tür, die von dort zu Annes Zimmer führte, war nicht verschlossen. Anne schlief. Der Mond ging gerade unter, und er konnte ihr Gesicht erkennen. Er hatte kein Geräusch gemacht, aber sie erwachte trotzdem und blickte, ohne sich zu rühren, zu ihm auf. »Er hat nichts gehabt, rein gar nichts! Das einzige, woran er sich von seiner Mutter erinnern kann, ist der Geschmack ihres Sorbets am Sonntagnachmittag. Er sagt, mein Mund schmeckt ebenso. Er sagt, mein Mund ist seine Mutter.« Sie fing an zu weinen. Sie rührte sich nicht, lag mit aufwärtsgewandtem Gesicht auf dem Kissen, die Arme unter dem Leintuch, und weinte. Roger saß auf dem Bettrand und berührte sie, und da kippte sie um, mit dem Gesicht auf seine Knie, und weinte.

Sie sprachen bis fast ins Morgengrauen hinein. »Ich weiß nicht, was ich tun soll. Weder mich noch sonstwen brächte Ehebruch in die Bude, in der er lebt. Lebt? Er hat nie gelebt. Er ist ...« Sie atmete ruhig, mit dem Gesicht nach unten, noch immer auf seinen Knien, und er streichelte ihre Schulter. »Würdest du mich wiederhaben wollen?«

»Ich weiß nicht.« Er streichelte ihre Schulter. »Doch. Doch. Ich würde dich wiederhaben wollen.«

Und damit belebte sich der Tipp-Markt wieder. In der gleichen Nacht zog er ruckartig an, sobald Anne sich in Schlaf geweint hatte, und der Markt blieb drei oder vier Tage fest, ohne nachts zu schließen, sogar nachdem Pinkie ihm gesagt hatte, das Telefon sei kaputt, und nachdem er entdeckt hatte, wo die Drähte durchgeschnitten worden waren, und nun weiß, wo er die Schere, die's getan hat, finden könnte, falls er das will. Er geht überhaupt nicht ins Dorf, auch nicht, wenn ihn jemand umsonst mitnehmen würde. Er kann den halben Vormittag damit zubringen, am Straßenrand zu sitzen und auf jemand zu warten, der vorbeifährt und ihm ein Päckchen Tabak oder Zucker oder sonstwas mitbringt. »Wenn ich ins Dorf ginge, wäre er vielleicht weg«, sagte er. Am fünften Tag brachte ihm Amos Crain seine Post. Es war an dem Tag, als es zu regnen begann. Für Anne war ein Brief dabei. »Offenbar braucht er meinen Rat hierfür nicht«, sagte er sich. »Vielleicht hat er's schon verkauft.« Er gab Anne den Brief. Sie las ihn. Einmal.

»Möchtest du ihn lesen?« fragte sie.

»Mir liegt nichts dran«, erwiderte er.

Doch der Tipp-Markt ist noch immer fest, so daß er am Nachmittag, als der Regen begann, das Licht anzünden mußte. Der Regen prasselte so laut aufs Haus nieder, daß er seine Finger (er benutzte nur zwei oder drei) beobachten konnte, wie sie die Tasten anschlugen, ohne daß er einen Laut hörte. Pinkie kam nicht, deshalb unterbrach er sich nach einem Weilchen und machte ein Frühstückstablett zurecht und brachte es hinauf und stellte es auf einen Stuhl vor Annes Tür. Er machte keine Pause, um selber zu essen.

Es war nach Anbruch der Dunkelheit, als sie zum erstenmal nach unten kam. Es regnete noch immer. Er sah, wie sie in einem Regenmantel und Plastikhut rasch an seiner Tür vorbeiging. Er fing sie ab, als sie die Haustür öffnete und als dabei der Regen hereinwehte. »Wohin gehst du?« fragte er.

Sie versuchte, ihren Arm loszureißen. »Laß mich in Ruhe!«

»Du kannst nicht so hinausgehen! Was ist los?«

»Laß mich in Ruhe! Bitte!« Sie versuchte, ihren Arm loszureißen und die Haustür aufzuziehen, die er festhielt.

»Du kannst es nicht! Was ist los? Ich tu's für dich! Was ist los?«

Aber sie sah ihn nur an und zerrte an ihrem Arm und am Türgriff. »Ich muß ins Dorf gehn. Bitte, Roger!«

»Das kannst du nicht! In der Nacht, und bei so einem Regen!«

»Bitte! Bitte!« Er hielt sie fest. »Bitte! Bitte!« Doch er hielt sie fest, und sie ließ die Tür los und ging wieder die Treppe hinauf. Und er kehrte an die Schreibmaschine zurück, zum Tipp-Markt, der noch immer auf vollen Touren lief.

Um Mitternacht ist er immer noch dabei. Diesmal ist Anne im Bademantel. Sie steht an der Tür, hält sich an der Tür fest. Ihr Haar hat sie gelöst. »Roger«, sagt sie. »Roger!«

Er geht zu ihr – rasch für einen dicken Mann; vielleicht glaubt er, sie sei krank. »Was? Was ist los?«

Sie geht an die Haustür und öffnet sie; wieder dringt der Regen ein. »Da!« sagt sie. »Da draußen!«

»Was?«

»Er ist da. Blair.«

Er zieht sie weg. Er schickt sie ins Büro, dann zieht er seinen Regenmantel an und nimmt den Schirm und geht hinaus. »Blair!« ruft er. »John!« Dann schiebt sich die Jalousie am Bürofenster in die Höhe, das Anne hochgezogen hat, nachdem sie die Lampe ans Fenster getragen und das Außenlicht angeschaltet hat, und da sieht er Blair, der im Regen steht, ohne Hut, in seinem blauen Kittel, als wäre ihm der von einem Tapezierer angeklatscht worden, und das Gesicht zu Annes Fenster aufgereckt.

Und da haben wir's nun wieder: den kahlen Ehemann, die ländliche Plutokratie, und diesen Draufgänger, den Heim-und-Herd-zerstörenden Dichter. Beide – da sie Künstler sind – Gentlemen: der eine will nicht, daß der andre naß wird, und der andre, dessen Gewissen es nicht zuläßt, daß er das Haus von innen her zerstört. Da sind wir also, und Roger versucht, einen von diesen grünseidnen, weiblichen Regenschirmen über sich und auch den Dichter zu halten, und zerrt den Dichter am Arm.

»Du verdammter Esel! Komm ins Haus!«

»Nein!« Sein Arm gibt ein wenig nach, als Roger daran zerrt, aber der Dichter selbst rührt sich nicht.

»Willst du ertrinken? Komm jetzt, Menschenskind!«

»Nein.«

Roger zerrt ihn am Arm, als zerrte er am Arm einer nassen Sägemehl-Puppe. Dann beginnt er zum Haus hinaufzurufen: »Anne! Anne!«

»Hat sie gesagt, ich soll reinkommen?« fragt der Dichter.

»Ich – ja. Ja. Komm ins Haus! Bist du verrückt?«

»Du lügst«, sagt der Dichter. »Laß mich in Ruhe!«

»Was willst du eigentlich?« fragt Roger. »Du kannst doch nicht hier so stehenbleiben?«

»Doch, das kann ich. Geh du ins Haus! Du wirst dich nur erkälten.«

Roger läuft ins Haus zurück; zuerst streiten sie sich noch, denn Roger möchte, daß der Dichter den Schirm behält, und der Dichter will das nicht. Roger läuft also ins Haus zurück. Anne steht in der Haustür. »Der Dummkopf!« sagt Roger. »Ich kann ihn nicht ...«

»Komm rein!« ruft Anne. »John! Bitte!« Doch der Dichter hat sich aus dem Lichtkegel entfernt und ist verschwunden. »John!« ruft Anne. Dann fing sie an zu lachen und sah Roger durch ihre offenen Haare hindurch an und fuhr sich mit den Händen übers Haar. »Er ... er ... hat so k-komisch ausgesehn. Er hat so k-k-ko ...« Dann lachte sie nicht mehr, und Roger mußte sie stützen. Er trug sie die Treppe hinauf und brachte sie zu Bett und blieb bei ihr sitzen, bis sie aufhören konnte zu weinen. Dann kehrte er in das Büro zurück. Die Lampe stand noch im Fenster, und als er sie bewegte, flog das Licht über den Rasen, und er sah Blair noch einmal. Er saß auf dem Boden, hatte den Rücken gegen einen Baum gelehnt und das Gesicht zum Regen aufgehoben, zu Annes Fenster hinauf. Roger stürzte wieder hinaus, aber als er hinkam, war Blair weg. Roger stand unter dem

Regenschirm und rief ihn ein Weilchen, doch er bekam keine Antwort. Vielleicht wollte er noch einmal versuchen, den Dichter zu überreden, seinen Schirm anzunehmen. Also wußte er doch nicht so viel über Dichter, wie er glaubte. Oder vielleicht dachte er an Pope. Pope hätte vielleicht einen Regenschirm gehabt.

Sie sahen den Dichter nie wieder. Das heißt, den da. Es geschah nämlich vor fast sechs Monaten, und sie wohnen noch immer dort. Doch den sahen sie nie mehr. Drei Tage drauf erhielt Anne einen Brief, der im Dorf auf der Post aufgegeben worden war. Es war eine Speisekarte aus dem Café Elite, oder vielleicht heißt es auch Palace. Es war schon signiert, von den Fliegen nämlich, die dort speisen, und der Dichter hatte auf die Rückseite geschrieben. Anne ließ es auf Rogers Schreibtisch liegen und ging hinaus, und dann las es Roger.

Anscheinend war es diesmal der große Treffer. Der, auf den Roger immer gewartet zu haben behauptete. Jedenfalls nahmen die Zeitungen (die, in denen keine Bilder sind) das Gedicht: sie stahlen es einer dem andern weg, während die Zinsen oder was es sonst war, das Geld verschlangen, das der Dichter nie dafür erhielt. Aber auch das war in Ordnung, denn mittlerweile war Blair gestorben.

Amos Crains Frau erzählte ihnen, der Dichter wäre abgereist. Und eine Woche drauf ging auch Anne. Sie fuhr nach Connecticut hinauf, um den Rest des Sommers bei ihrer Mutter und ihrem Vater zu verleben, wo ihre Kinder waren. Das letzte Geräusch, das sie hörte, als sie das Haus verließ, war die Schreibmaschine.

Doch erst zwei Wochen nachdem Anne weggegangen war, beendete Roger die Arbeit, schrieb er das letzte Wort. Zuerst wollte er auch das Gedicht hineinsetzen, das Gedicht auf der Speisekarte, das auch nicht von Freiheit handelte, aber dann unterließ er es. Das Gewissen (wie er es vielleicht nannte) versetzte ihm den lieben K.o.-Schlag, und Roger nahm ihn gefaßt hin, als der brave kleine Mann, der er war, und schickte das Gedicht an die Zeitschriften, damit die ihren Senf dazugaben, und packte die Papiere ein, die er beschrieben hatte, und schickte sie ebenfalls weg. Und was hatte er geschrieben? Von sich und von Anne und dem Dichter. Wort für Wort, immer zwischen den Wartepausen, wenn er herausfinden mußte, was er als nächstes niederzuschreiben hatte, natürlich hier und dort ein bißchen verändert, weil noch lebende Menschen kein guter Stoff sind: der interessanteste Stoff ist Klatsch, da er meistens nicht wahr ist.

Er packte die Blätter also zusammen und schickte sie weg, und sie schickten ihm das Geld. Es kam gerade zur rechten Zeit, denn der Winter stand vor der Tür, und er schuldete noch einen Restbetrag für Blairs Krankenhaus und Begräbnis. Er bezahlte es also, und mit dem übrigen Geld kaufte er Anne einen Pelzmantel und sich und den Kindern etwas Unterzeug.

Blair starb im September. Anne und die Kinder waren noch abwesend, als Roger das Telegramm erhielt, mit drei oder vier Tagen Verspätung, da der nächste Schub von ihnen noch nicht eingetroffen war. Hier ist er also, sitzt an seinem Schreibtisch in dem leeren Haus, hat die ganze Tipperei beendet und hält das Telegramm in der Hand. »Shelley«, sagt er. »Sein ganzes Leben war eine nicht sehr erfolgreiche Nachahmung. Sogar was das erforderliche Quantum Wasser betraf.«

Er erzählte Anne erst von dem Dichter, nachdem der Pelzmantel eingetroffen war. »Hast du gesehn, daß er ...«, fragte Anne.

»Ja. Er hatte ein schönes Zimmer, sonnig. Eine nette Krankenschwester. Der Doktor wollte zuerst nicht, daß er eine Schwester für sich allein bekäme. Der verdammte Metzger!«

Manchmal, wenn einer nachdenkt über so Leute, die den Dichtern und Künstlern und so weiter Steuern abverlangen, was ja angeblich bedeutet, daß der Mensch frei ist und einundzwanzig und in der Lage, in diesem schweren Existenzkampf selbst auf sich zu achten, dann scheint es, als erhielten sie Geld unter Vorspiegelung falscher Tatsachen. Jedenfalls folgt jetzt noch der Schluß, was sie als nächstes taten.

Er liest ihr das Buch vor, die Geschichte, und sie sagt nichts, bis er fertig ist. »Das war's also, was du getan hast«, sagt sie.

Er sieht sie ebenfalls nicht an; er ist emsig beschäftigt, die Seiten zu glätten, sie wieder glatt zu streichen. »'s ist dein Pelzmantel«, sagt er.

»Oh«, sagt sie. »Ja. Mein Pelzmantel.«

Der Pelzmantel kommt also. Und was tut sie da? Sie gab ihn weg. Ja. Gab ihn Mrs. Crain. Gab ihn ihr, als sie in der Küche stand und butterte, mit ins Gesicht fallendem Haar, und das Haar mit einem Handgelenk zurückstreichend, das wie ein magerer Schinken aussah. »Aber Miz Howes«, sagt sie. »Das kannich nich! Das kannich wirklich nich!«

»Sie müssen ihn annehmen«, sagte Anne. »Wir – ich habe ihn unter Vorspiegelung falscher Tatsachen bekommen. Ich verdiene ihn nicht. Sie stecken Korn in den Boden und ernten; ich nicht. Deshalb kann ich einen solchen Mantel nicht tragen.«

Und sie lassen ihn bei Mrs. Crain und kehren plaudernd nach Hause zurück. Nur, daß sie im hellen Tageslicht stehenbleiben und, während Mrs. Crain sie vom Fenster aus beobachtet, aus freien Stücken in den Clinch gehen. »Jetzt ist mir wohler«, sagt Anne.

»Mir auch«, sagt Roger. »Denn Blair war nicht da und hat Mrs. Crains Gesicht nicht gesehen, als du ihr den Mantel gabst. Keine Freiheit dabei, auch keine Gleichheit.«

Aber Anne hört nicht zu. »Und nicht denken zu müssen«, sagt sie, »daß er mich ... in die Felle von kleinen ermordeten Tieren kleidet ... Du hast ihn in deinem Buch drin, aber du hast es nicht zu Ende geschrieben, Roger. Das mit dem Pelzmantel hast du nicht gewußt, nicht wahr? Diesmal hat Gott dich besiegt, Roger.«

»Aye«, sagt Roger. »Gott besiegt mich wer weiß wie oft. Aber etwas mußt du zugeben: ihre Kinder sind größer als unsre, und nicht mal Mrs. Crain kann mein Unterzeug tragen. Damit wären wir also quitt.«

Klar. Damit waren sie quitt. Denn bald war Weihnachten, und dann kam der Frühling, und dann Sommer, der lange Sommer, die langen Tage.

Die Brosche

I

Das Telefon weckte ihn. Noch während des Erwachens beeilte er sich schon und tastete im Dunkeln nach Schlafrock und Pantoffeln, denn noch vor dem Erwachen wußte er, daß das Bett neben dem seinen noch leer war, und der Apparat stand unten, genau gegenüber von der Tür, hinter der seine Mutter seit nun fünf Jahren, halb von Kissen gestützt, im Bett lag, und er wußte beim Erwachen, daß er zu spät kommen würde, denn sie würde es schon gehört haben, wie sie eben alles hörte, was zu irgendeiner Stunde im Hause geschah.

Sie war eine Witwe, er das einzige Kind. Als er zur Universität mußte, kam sie mit; in einem Haus in Charlottesville führte sie ihm vier Jahre lang, bis er die Examen bestanden hatte, den Haushalt. Sie war die Tochter eines wohlhabenden Kaufmanns. Ihr Mann war ein Geschäftsreisender gewesen, der in einem Sommer mit Empfehlungsbriefen in das Städtchen gekommen war: der eine für den Pfarrer, der andre für ihren Vater. Drei Monate drauf waren der Geschäftsreisende und die Tochter verheiratet. Er hieß Boyd. Innerhalb eines Jahres gab er seine Tätigkeit auf, zog in das Haus seiner Frau und brachte seine Tage damit zu, mit Anwälten und Baumwollpflanzern vor dem Hotel zu sitzen: ein dunkler Mann mit einer galanten, forschen Art, vor Damen den Hut zu ziehen. Nach zwei Jahren wurde der Sohn geboren. Sechs Monate danach ging Boyd weg. Er reiste einfach ab und ließ für seine Frau nur einen Zettel da, auf dem er ihr mitteilte, er könne es nicht länger ertragen, abends im Bett zu liegen und zuzuschauen, wie sie die Bindfaden-Endchen von Paketen aus den Geschäften sparsam auf leere

Garnrollen wickelte. Seine Frau hörte nie wieder von ihm, lehnte es jedoch ab, daß ihr Vater die Ehe annullieren ließ und den Namen des Sohnes änderte.

Dann starb der Kaufmann und vermachte seinen gesamten Besitz der Tochter und dem Enkel, der zwar seit seinem siebenten oder achten Jahr bereits den Little-Lord-Anzügen entwachsen war, jedoch noch mit zwölf und sogar an Wochentagen Kleider trug, in denen er nicht wie ein Kind, sondern wie ein Liliputaner aussah; wahrscheinlich hätte er nie lange mit andern Kindern zusammen sein können, selbst wenn seine Mutter es geduldet hätte. Zur richtigen Zeit entdeckte die Mutter eine Knabenschule, in der ihr Junge ungestraft ein rundes Jackett und einen harten Herrenfilzhut tragen konnte, obwohl der Sohn, als sie dann alle beide nach Charlottesville zogen, nicht mehr wie ein Liliputaner aussah. Er sah jetzt wie eine Dante-Figur aus; ein wenig schmächtiger als sein Vater, aber mit einem Anklang an seines Vaters dunkle Schönheit: so eilte er mit abgewandtem Kopf (auch wenn seine Mutter nicht dabei war) an jungen Mädchen vorbei, nicht nur in den Straßen von Charlottesville, sondern auch in der kleinen, gottverlassenen Mississippi-Ortschaft, in die sie bald danach zurückkehrten, und mit einem Gesichtsausdruck, wie ihn junge Mönche oder Engel in Allegorien aus dem fünfzehnten Jahrhundert zeigen. Dann hatte seine Mutter den Schlaganfall, und bald kamen die Freundinnen der Mutter an ihr Bett mit Berichten über beinahe haargenau die junge Dame, von der vielleicht sogar die Mutter hätte erwarten können, daß ihr Sohn sich nicht nur für sie interessieren, sondern sie heiraten würde.

Sie hieß Amy und war die Tochter eines Zugführers, der bei einem Eisenbahnunglück umgekommen war. Sie lebte jetzt bei einer Tante, die eine Familienpension führte, und sie war eine temperamentvolle, dreiste kleine Person, deren späterer Ruf mehr auf Torheit und den Kastengeist der kleinen Südstaaten-Stadt als auf Schlechtigkeit zurückging und im Grunde sicherlich mehr Rauch als Feuer war, deren Name aber (obwohl sie immer Einladungen zu den weniger exklusiven Bällen erhielt) geringschätzig erwähnt wurde, besonders von den älteren Frauen, den Töchtern schäbig gewordener alter Häuser, jenem gleichend, in dem ihr zukünftiger Mann geboren war.

Der Sohn besaß daher bald einige Geschicklichkeit darin, das Haus zu betreten und an der Tür vorbeizuschlüpfen, hinter der seine Mutter, halb von Kissen gestützt, im Bett lag, und im Dunklen die Treppe zu seinem Zimmer hinaufzugehen. Doch eines Nachts glückte es ihm nicht. Als er das Haus betrat, war das Oberlicht über der Tür seiner Mutter dunkel, wie sonst auch, und selbst wenn es das nicht gewesen wäre, hätte er nicht wissen können, daß es der Nachmittag war, an dem die Freundinnen seiner Mutter vorgesprochen und ihr von Amy erzählt hatten, und daß seine Mutter fünf Stunden lang kerzengerade aufgerichtet im Dunkeln im Bett gesessen und die nicht erkennbare Tür angestarrt hatte. Sie hob die Stimme nicht. Sie rief seinen Namen nur einmal.

»Howard!«

Er öffnete die Tür. Als er es tat, flammte die Lampe neben ihrem Bett auf. Sie stand auf einem Tisch neben dem Bett; daneben stand eine Uhr mit stummem Zifferblatt; die Zeiger zum Stillstand zu bringen, war die erste Geste seiner Mutter gewesen, als sie vor zwei Jahren wieder in den Gebrauch ihrer Hände gekommen war. Er näherte sich dem Bett, von dem aus sie ihn beobachtete: ein dicke Frau mit einem wachsbleichen Gesicht und mit dunklen Augen unter dem völlig weißen Haar, die anscheinend weder eine Pupille noch eine Iris hatten. »Was ist?« fragte er. »Bist du krank?«

»Komm näher!« sagte sie. Er kam näher heran. Sie blickten einander an. Dann schien er es zu wissen; vielleicht hatte er es erwartet.

»Ich weiß, wer mit dir gesprochen hat«, sagte er. »Die verdammten alten Aasgeier!«

»Freut mich zu hören, daß es sich um Aas handelt«, sagte sie. »Nun kann ich ruhig schlafen, weil ich weiß, daß du sie nicht in unser Haus bringen wirst!«

»Nur weiter! Sag doch, in dein Haus!«

»Nicht nötig. Einfach in ein Haus, in dem eine Dame lebt.« Sie blickten einander im gleichmäßigen Licht der Lampe an, die den stumpfen Schimmer von Krankenzimmerlampen hatte. »Du bist ein Mann. Ich mache dir keine Vorwürfe. Ich bin nicht einmal erstaunt. Ich möchte dich nur warnen, ehe du dich lächerlich machst. Verwechsle das Haus nicht mit dem Stall!«

»Mit dem – ha!« sagte er. Er trat zurück und riß die Tür auf, in einer Art, die an seines Vaters forsches, theatralisches Gehaben erinnerte. »Mit deiner Erlaubnis!« sagte er. Er schloß die Tür nicht. Sie lehnte bolzengerade in den Kissen, blickte in den dunklen Korridor hinaus und hörte, wie er zum Telefon ging, das Mädchen anrief und es bat, ihn morgen zu heiraten. Dann erschien er wieder in der Tür. »Mit deiner Erlaubnis«, sagte er nochmals und schloß mit der Forschheit, die an seinen Vater erinnerte, die Tür. Nach einer Weile löschte seine Mutter das Licht. Da war schon das Tageslicht im Zimmer.

Sie heirateten jedoch nicht am nächsten Tag. »Ich habe Angst«, gestand Amy. »Ich habe Angst vor deiner Mutter. Was sagt sie über mich?«

»Ich weiß es nicht. Ich spreche nie mit ihr über dich.«

»Sagst du ihr nicht, daß du mich liebst?«

»Ist das wichtig? Laß uns nur heiraten!«

»Und mit ihr im gleichen Haus leben?« Sie blickten einander an. »Wirst du eine Stellung annehmen, damit wir ein eigenes Haus bewohnen können?«

»Wozu? Ich habe genug Geld. Und es ist ein großes Haus.«

»Ihr Haus. Ihr Geld.«

»Eines Tages ist es meins – unsres! Bitte!«

»Komm! Woll'n wieder tanzen!« Es war im Salon der Familienpension, wo sie ihm das Tanzen beizubringen versuchte, jedoch ohne viel Erfolg. Die Musik bedeutete ihm nichts; das bißchen Talent, das er haben mochte, wurde zerstört durch den Lärm an sich oder vielleicht auch durch den Kontakt mit ihrem Körper. Aber er führte sie zu den Tänzen im Country-Club; man wußte, daß sie verlobt waren. Doch sie überschlug noch immer einzelne Tänze, um mit andern Männern in den geparkten Wagen am dunklen Rasen zu sitzen. Er versuchte ihr deswegen Vorwürfe zu machen, auch wegen des Trinkens.

»Dann setz dich wenigstens mit mir zum Trinken hin!« sagte er.

»Wir sind verlobt – da macht's keinen Spaß.«

»Nein«, sagte er, gefügig wie immer, wenn sie ihm etwas abschlug; doch dann blieb er plötzlich stehen und sah sie an. »Was macht keinen Spaß mit mir?« Sie trat ein wenig zurück, weil er sie bei der Schulter gepackt hatte. »Was macht keinen Spaß mit mir?«

»Au!« rief sie. »Du tust mir weh!«

»Das weiß ich. Was macht keinen Spaß mit mir?«

Dann kam ein anderes Paar in die Nähe, und er ließ sie los. Eine Stunde später, während einer Pause, zerrte er sie kreischend und zappelnd aus einem dunklen Wagen und über die jetzt leere Tanzfläche, die von Anstandsdamen wie von einem Theaterpublikum umringt war, zog einen Stuhl nach vorn, legte sie sich übers Knie und versohlte sie. Als der Tag anbrach, waren sie zwanzig Meilen weit zu einer andern Stadt gefahren und getraut worden.

Am gleichen Morgen sagte Amy zu Mrs. Boyd »Mutter« – zum ersten- und (bis auf eine andere Gelegenheit, als es ihr vielleicht vor lauter Überraschung oder vielleicht vor Triumph entschlüpfte) letztenmal, obwohl Mrs. Boyd sie am gleichen Tag feierlich mit einer Brosche beschenkte: einem antiken, plumpen Ding, jedoch wertvoll. Amy nahm sie mit in ihr Zimmer hinauf, und er sah ihr zu, wie sie die Brosche betrachtete: völlig kalt, völlig unergründlich. Dann legte sie sie in ein Schubfach. Sie hielt sie mit zwei Fingern über dem offenen Schubfach und ließ sie fallen und fuhr dann mit den beiden Fingern über ihre Hüfte.

»Du wirst sie manchmal tragen müssen«, meinte Howard.

»Oh, das tue ich! Ich werde ihr meine Dankbarkeit beweisen. Nur keine Angst!« Bald darauf schien es ihm, als hätte sie Vergnügen daran, sie zu tragen. Das heißt, sie begann sie sehr oft zu tragen. Da begriff er, daß es nicht Freude an der Brosche, sondern eine rachsüchtige Verdrehtheit war; einmal trug sie sie eine ganze Woche lang auf dem Brustlatz eines baumwollnen Hauskittels, einer Schürze. Doch sie trug sie immer so, daß Mrs. Boyd sie sehen konnte, und immer, wenn sie und Howard sich angekleidet hatten, um auszugehen, und ins Zimmer der Mutter traten, um gute Nacht zu wünschen.

Sie wohnten im oberen Stock, wo ihnen nach einem Jahr ein Kind geboren wurde. Sie trugen das Kind hinunter, damit Mrs. Boyd es sehen konnte. Sie wandte den Kopf auf dem Kissen um und blickte das Kind ein einziges Mal an. »Oh«, sagte sie, »ich habe Amys Vater nie gesehen. Nicht, daß ich wüßte. Aber schließlich bin ich auch nie oft mit der Bahn gefahren.«

»Die alte ... die alte ...«, rief Amy zitternd und klammerte sich bei Howard an. »Weshalb haßt sie mich so? Was hab ich ihr je getan? Laß uns ausziehn! Du kannst arbeiten!«

»Nein. Sie lebt ja nicht ewig.«

»Doch, das wird sie! Sie wird ewig leben, bloß, um mich zu hassen.«

»Nein«, sagte Howard. Im nächsten Jahr starb das Kind. Wieder versuchte Amy, ihn zum Ausziehen zu bewegen.

»Irgendwohin. Es ist mir egal, wie wir uns durchschlagen müssen.«

»Nein. Ich kann sie nicht so hilflos im Bett liegen lassen.

Du mußt anfangen, wieder auszugehen. Und zu tanzen. Dann ist's nicht so schlimm.«

»Ja«, sagte sie etwas ruhiger. »Ich muß. So kann ich's nicht aushalten.«

Der eine sagte »du«, die andre sagte »ich«. Keins von beiden sagte »wir«. Samstag abends kleidete sich Amy also an, und Howard nahm Mantel und Schal um, manchmal auch, wenn er bereits in Hemdsärmeln war, und so gingen sie hinunter und blieben vor Mrs. Boyds Tür stehen, und dann half Howard seiner Frau in den Wagen und sah ihr nach, wie sie wegfuhr. Dann kehrte er ins Haus zurück und ging, mit den Schuhen in der Hand, auf Zehenspitzen treppauf, wie er es immer gemacht hatte, bevor sie verheiratet waren – am hellen Oberlicht vorbei. Kurz vor Mitternacht glitt er, nun wieder in Mantel und Schal, die Treppe hinunter und an dem noch hellen Oberlicht vorbei und wartete auf der Veranda, bis Amy vorfuhr. Dann gingen sie ins Haus, schauten in Mrs. Boyds Zimmer und sagten ihr gute Nacht.

Eines Nachts war es ein Uhr, ehe sie zurückkehrte. Er hatte eine Stunde lang in Pantoffeln und Schlafanzug auf der Veranda gewartet; es war im November. Das Oberlicht über Mrs. Boyds Tür war dunkel, und sie blieben nicht stehen.

»Ein paar Spaßvögel haben die Uhr zurückgestellt«, erzählte sie ihm. Sie blickte ihn nicht an, zerrte sich die Kleider herunter und schleuderte die Brosche zusammen mit ihrem andern Schmuck auf den Frisiertisch. »Ich hatte gehofft, du wärst nicht so dumm, draußen zu bleiben und auf mich zu warten.«

»Wenn sie nächstesmal die Uhr zurückstellen, bin ich vielleicht nicht so dumm!«

Sie hielt inne, stand plötzlich völlig bewegungslos da und sah ihn über die Schulter hinweg an. »Ist das dein Ernst?« fragte sie. Er sah sie nicht an. Er hörte und spürte, wie sie näher kam und neben ihm stand. Dann berührte sie seine Schulter. »Howard?« sagte sie. Er rührte sich nicht. Da klammerte sie sich wild an ihn, warf sich ihm auf die Knie, rief verzweifelt: »Was wird aus uns?« und stieß sich mit wilder Hemmungslosigkeit gegen ihn: »Was ist los? Was ist los?« Er hielt sie, beruhigte sie, doch nachdem sie jeder im Bett lagen (sie schliefen schon in zwei Betten), hörte und spürte er dann, wie sie über den Zwischenraum glitt und sich wieder mit der wilden Unbeherrschtheit nicht einer Frau, sondern eines Kindes im Dunkeln gegen ihn warf, ihn umschlang, ihm zuflüsterte: »Du *sollst* mir ja nicht trauen, Howard! Du kannst! Du kannst! Du *sollst* doch nicht!«

»Ja«, sagte er. »Ich weiß. Es ist gut. Es ist gut!« Deshalb legte er von da an kurz vor zwölf seinen Mantel und seinen Schal um, stahl sich die Treppe hinunter und am hellen Oberlicht vorbei, öffnete und schloß die Haustür geräuschvoll und öffnete dann die Tür zum Zimmer seiner Mutter, wo seine Mutter aufrecht in den Kissen saß, während das aufgeschlagene Buch mit den Seiten nach unten auf ihren Knien lag.

»Schon zurück?« pflegte sie dann zu fragen.

»Ja. Amy ist nach oben gegangen. Möchtest du noch etwas?«

»Nein. Gute Nacht!«

»Gute Nacht!«

Dann ging er hinauf und zu Bett, und nach einiger Zeit schlief er (manchmal) ein. Doch davor dachte er manchmal, nahm es manchmal mit in den Schlaf hinein und sagte sich mit dem stillen und fatalistischen Pessimismus des hilflosen Intelligenten: *Aber so kann es nicht weitergehen. Eines Nachts wird etwas passieren; sie wird Amy ertappen. Und ich weiß, was sie dann tun wird. Aber was werde ich tun?* Er glaubte, daß er es wußte. Das heißt, die oberste Schicht seines Denkens versicherte ihm, daß er es wüßte, doch das nahm er nicht ernst; die Intelligenz wieder: es nicht zu vergraben, nicht davor zu fliehen, sondern es einfach nicht ernst zu nehmen, die Intelligenz, die aus der Hilflosigkeit spricht.

Denn kein Mensch weiß jemals, was er in irgendeiner Situation, in irgendeinem Zusammentreffen von Umständen tun wird: die Weisen, die andern, ziehen vielleicht ihre Schlüsse, doch nie man selbst. Am nächsten Morgen lag Amy stets im zweiten Bett, und dann, bei Tageslicht, war es fort. Doch hin und wieder kehrte es sogar bei Tageslicht zurück, und aus dem Abstand seiner Gehirntätigkeit betrachtete er sein Leben, dieses mangelhafte Ganze, dessen Drittel sie beide geschaffen hatten, doch dessen Mangel sie beide nicht auffüllen konnten, und sagte sich: *Ja. Ich weiß, was sie tun wird, und ich weiß, was Amy mich zu tun bitten wird, und ich weiß, daß ich das nicht tun werde.* Aber was werde ich tun? – jedoch nicht lange, sondern nun sagte er sich, daß es bisher noch nicht passiert sei und daß es ohnehin bis zum Samstag sechs lange Tage wären: jetzt ganz Hilflosigkeit, nicht einmal mehr Verstand.

II

So kam es also, daß, als er vom Schrillen des Telefons geweckt wurde, er bereits wußte, das Bett neben dem seinen würde leer sein, geradeso wie er wußte, daß, einerlei, wie schnell er das Telefon erreichte, es bereits zu spät sein würde. Er nahm sich nicht einmal die Zeit für die Pantoffeln; er lief die jetzt eisigen Treppenstufen hinunter und sah, wie das Oberlicht über der Tür seiner Mutter hell wurde, während er daran vorbeilief und zum Telefon ging und den Hörer abnahm: »Oh, Howard, es tut mir so leid – hier spricht Martha Ross –, es tut mir so leid, daß ich euch störe, aber ich wußte, daß Amy sich sorgen würde. Ich hab sie im Wagen gefunden, willst du ihr das bitte sagen? Im Wagen, als wir nach Haus kamen.«

»Ja«, sagte er. »Im Wagen.«

»In unserm Wagen. Nachdem sie den Wagenschlüssel

verloren hatte und wir sie nach Hause brachten, bis an die Straßenecke. Wir versuchten sie zu überreden, mit uns nach Haus zu kommen und Eier auf Schinken zu essen, aber sie ...« Dann brach die Stimme ab. Er drückte den kalten Hörer an sein Ohr und hörte vom andern Ende der Leitung, wie sich das Schweigen mit einer Art Bestürzung anfüllte, wie ein angehaltener Atemzug: etwas Instinktives und Weibliches, ein Selbstschutz. Doch die Unterbrechung selbst war kaum eine Unterbrechung: fast unmittelbar danach sprach die Stimme weiter, obwohl jetzt völlig verändert, ausdruckslos, gewandt, reserviert: »Amy ist wohl im Bett?«

»Ja. Sie ist im Bett.«

»Oh, es tut mir so leid, euch gestört zu haben, dich aus dem Bett geholt zu haben! Doch ich wußte, daß sie sich deswegen sorgen würde, weil sie deiner Mutter gehörte, das Erbstück! Aber wenn sie sie natürlich noch nicht vermißt hat, brauchst du's ihr nicht zu sagen.« Die Leitung summte, verhalten. »Daß ich angerufen habe und so weiter.« Die Leitung summte. »Hello? Howard?«

»Ja«, sagte er. »Ich werd's heut nacht nicht mehr sagen. Du kannst sie ja morgen früh anrufen.«

»Ja, das will ich gern. Tut mir zu leid, euch gestört zu haben. Hoffentlich habe ich deine Mutter nicht geweckt?«

Er legte den Hörer auf. Er fror. Er spürte, wie sich seine nackten Zehen auf dem eisigen Fußboden krümmten, während er dastand und auf die stumme Tür blickte, hinter der seine Mutter aufsitzen würde, von Kissen gestützt, mit ihrem wachsbleichen Gesicht und den dunklen, unergründlichen Augen und dem Haar, das, wie Amy fand, verregneter Baumwolle glich, daneben die Uhr, deren Zeiger sie selbst an jenem Nachmittag vor fünf Jahren, als sie sich zum erstenmal wieder bewegen konnte, um zehn Minuten vor vier angehalten hatte. Als er die Tür öffnete, sah er, daß alles seiner Vorstellung entsprach, beinah sogar bis auf die Lage ihrer Hände.

»Sie ist noch nicht im Haus«, sagte Mrs. Boyd.

»Doch. Sie ist im Bett. Du weißt ja, wann wir nach Hause kamen. Sie hat nur einen ihrer Ringe bei Martha Ross liegen lassen, und deshalb rief Martha eben an.«

Doch offenbar hatte sie ihm nicht einmal zugehört. »Du schwörst also, daß sie in dieser Minute im Haus ist?«

»Ja. Natürlich ist sie das. Sie schläft, sage ich dir.«

»Dann schick sie herunter, damit sie mir gute Nacht wünscht.«

»Unsinn! Natürlich tu ich das nicht!«

Sie blickten einander über das Fußteil des Bettes hinweg an.

»Du weigerst dich?«

»Ja.«

Sie blickten einander noch einen Moment an. Dann begann er sich abzuwenden; er konnte spüren, wie sie ihn beobachtete. »Dann sag mir etwas anderes! Was sie verloren hat, war die Brosche.«

Auch darauf gab er keine Antwort. Er sah nur wieder zu ihr hin, als er die Tür schloß: sie beide so merkwürdig ähnliche, erbitterte und unversöhnliche Feinde in der heftigen, nahen Antipathie des Blutes. Er ging hinaus.

Er kehrte ins Schlafzimmer zurück und schaltete das Licht an und fand seine Pantoffeln und ging zum Kamin und schüttete etwas Kohle auf die Glut und stocherte und schürte sie an, bis Flammen aufschlugen. Die Uhr auf dem Kaminsims zeigte auf zwanzig vor eins. Bald hatte er ein schönes Feuer; er zitterte nicht mehr. Er legte sich wieder ins Bett und schaltete das Licht aus, so daß nur noch der Feuerschein pulste und auf den Möbeln und zwischen den Fläschchen und Spiegeln des Frisiertisches glomm, und auch im kleineren Spiegel über seiner Kommode, auf dem die drei silbernen Rahmen standen, die zwei größeren mit Fotografien von ihm und Amy, und der kleinere zwischen ihnen ohne ein Bild. Er lag einfach da. Er dachte überhaupt nicht. Er hatte nur ein einziges Mal ruhig gedacht: *Jetzt ist es also geschehen. Jetzt werde ich wohl wissen oder herausfinden, was ich tun werde,* und dann nichts mehr, selbst das nicht noch einmal denkend.

Das Haus schien noch immer – wie von einem hartnäckigen Echo – angefüllt vom schrillen Rufen des Telefons. Dann begann er die Uhr auf dem Kaminsims wahrzunehmen, ein ständiges Wiederholen, kalt, nicht laut. Er schaltete das Licht an und griff nach dem Buch, das aufgeschlagen und mit der offenen Seite nach unten auf dem Tisch neben seinem Bett lag, doch er merkte, daß er wegen des Geräuschs, das die Uhr machte, seine Gedanken nicht auf die Worte richten konnte, deshalb stand er auf und ging zum Kamin. Die Zeiger deuteten jetzt auf halb drei. Er hielt das Uhrwerk an und drehte das Zifferblatt zur Wand und holte sich sein Buch ans Feuer und merkte, daß er sich jetzt auf die Worte, auf den Sinn konzentrieren konnte, und las weiter, nun nicht mehr von der Zeit gestört. Deshalb hätte er nicht genau sagen können, wann es war, als er merkte, daß er nicht mehr las, sondern daß sein Kopf in die Höhe gefahren war. Er hatte kein Geräusch gehört, doch er wußte, daß Amy im Haus war. Er wußte nicht, wieso er es wußte: er saß einfach da und hielt den Atem an, unbeweglich, das friedliche Buch erhoben und reglos, und wartete. Dann hörte er Amy sagen: »Ich bin's, Mutter.«

Sie hat ›Mutter‹ gesagt, dachte er und bewegte sich noch nicht. *Sie hat sie wieder ›Mutter‹ genannt.* Er rührte sich jetzt und legte das Buch vorsichtig hin, ohne die Seite zu verschlagen, doch als er das Zimmer durchquerte, ging er ganz normal und ohne einen Versuch, seine Schritte zu dämpfen, bis an die Tür und öffnete sie und sah, wie Amy gerade aus Mrs. Boyds Zimmer herauskam. Sie begann die Treppe hinaufzusteigen, ging auch ganz normal, und ihre harten Absätze hallten scharf und unnatürlich laut durch das nächtliche Haus. ›Sie muß sich gebückt und ihre Schuhe wieder angezogen haben, als Mutter sie rief‹, dachte er. Sie hatte ihn noch nicht gesehen, ging gleichmäßig weiter, und ihr Gesicht hob sich im trüben Treppenhauslicht undeutlich und blütenhaft vom Kragen ihres Pelzmantels ab und warf schon auf ihn, den Wartenden, eine Art rosigen und kristallenen Dufthauchs der eisigen Nacht voraus, aus der sie soeben aufgetaucht war. Dann sah sie ihn bei der obersten Treppenstufe stehen. Nur eine Sekunde lang, einen Augenblick stand sie ganz still, obwohl sie sich schon wieder bewegte, ehe man es eine Unterbrechung hätte nennen können, und sprach schon, während sie an ihm, der beiseite trat, vorbei und ins Schlafzimmer ging: »Ist es sehr spät? Ich war bei den Rosses. Sie haben mich an der Ecke abgesetzt; ich hab meinen Schlüssel draußen im Klub verloren. Vielleicht war's der Wagen, der sie geweckt hat.«

»Nein. Sie war schon wach. Es war das Telefon.«

Sie ging weiter, zum Feuer, und breitete ihre Hände davor aus, noch im Mantel; sie schien seine Worte nicht gehört zu haben; ihr Gesicht glühte rosig im Feuerschein, ihre Person strahlte den Geruch von Kälte aus, den frostigen Dufthauch, der ihr bereits auf der Treppe vorausgeeilt war: »Ich dacht's mir. Ihre Lampe brannte schon. Sowie ich die Haustür aufmachte, wußte ich, daß wir verratzt sind. Ich war noch nicht mal richtig im Haus, da rief sie schon: ›Amy?‹, und ich sagte: ›Ja, ich bin's, Mutter‹, und sie sagte: ›Komm bitte her‹, und da war sie mit ihren Augen, die keine Ränder haben, und mit ihrem Haar, das aussieht, als hätt's jemand mitten aus'm vorjährigen Baumwollballen herausgerupft, und sie sagte: ›Du begreifst natürlich, daß du dieses Haus sofort verlassen mußt. Gute Nacht.‹«

»Ja«, sagte er. »Sie ist seit etwa halb eins wach. Aber ich konnte auch nichts weiter tun, als darauf bestehen, du wärest schon im Bett und schliefst – und auf einen Glückszufall hoffen.«

»Hat sie denn überhaupt noch nicht geschlafen?«

»Nein. Es war das Telefon, wie ich schon sagte. Ungefähr um halb eins.«

Sie hatte die Hände noch immer vor dem Feuer ausgebreitet und sah über ihre Pelzschulter hinweg auf ihn, mit rosigem Gesicht und mit Augen, die gleichzeitig strahlend und schwer waren, wie Frauenaugen nach der Lust, und in einem gewissen nachlässigen und komplizenhaften Mitgefühl. »Das Telefon? Bei uns? Um halb eins? Was für eine geradezu widerliche ... na, egal!« Sie drehte sich jetzt um, stand ihm gegenüber, als hätte sie nur darauf gewartet, warm zu werden, im üppigen Mantel, der sich über dem zarten Geglitzer ihres Kleides öffnete; etwas wie echte Schönheit umgab sie jetzt: es war nicht das Gesicht, dessen makelloses Doppel jeden Monat aus der Titelseite von tausend Zeitschriften hervorschaut, auch nicht die Figur, diese Formen absichtlich zwitterhafter Provokation, zu denen endlose Zelluloidstreifen den weiblichen Körper einer ganzen Rasse gepreßt hatten; es war etwas völlig Weibliches nach dem bewährten, uralten Muster – primitiv selbstbewußt und skrupellos –, als sie auf ihn zuschritt und schon die Arme hob. »Ja, das nenn ich auch Glück!« sagte sie, schlang die Arme um ihn und bog den Oberkörper zurück, damit sie ihm ins Gesicht schauen konnte, sie selber mit triumphierendem Gesicht, und der Geruch jetzt, nachdem der eisige Frosthauch aufgetaut war, ganz warmer Frauenduft. »Sie sagte: ›Sofort! Jetzt!‹ Wir können also gehen. Begreifst du's? Verstehst du? Wir können jetzt ausziehn! Laß ihr das Geld! Soll sie alles behalten! Das macht uns nichts aus. Du kannst Arbeit finden; mir ist's egal, wo und wie wir anfangs leben müssen. Du brauchst jetzt nicht länger hierzubleiben, hier bei ihr. Sie hat – wie nennt man's doch? – dich deiner Pflicht entbunden! Nur daß ich den Wagenschlüssel verloren habe! Aber egal: wir können laufen. Ja, laufen! Ohne irgend etwas; ohne etwas von ihr mitzunehmen, so wie wir herkamen.«

»Jetzt?« fragte er. »Heute nacht?«

»Ja! Sie hat gesagt: ›Sofort!‹ Also muß es noch in dieser Nacht sein.«

»Nein«, sagte er. Das war alles. Kein Hinweis, welche Frage er beantwortet, welche er zurückgewiesen hatte. Aber andrerseits brauchte er es auch nicht, denn sie hielt ihn noch umschlungen. Nur der Ausdruck in ihrem Gesicht hatte sich verändert: er erlosch noch nicht und war auch nicht einmal erschrocken: er war einfach ungläubig geworden, wie das Nicht-glauben-Können eines Kindes. »Soll das heißen, daß du noch immer nicht gehen willst? Daß du sie noch immer nicht verlassen willst? Daß du mich heute nacht einfach ins Hotel bringen und morgen wieder herkommen willst? Oder etwa, daß du nicht mal heute nacht bei mir im Hotel bleiben willst? Daß du mich hinbringen und dort lassen willst, und dann willst du ...« Sie hielt ihn umschlungen und blickte ihn an; sie begann mit den Worten: »Halt! Halt! Es muß doch ein Grund dasein, irgendwas ... Halt!« rief sie. »Halt! Du hast vom Telefon gesprochen. Um halb eins.« Sie blickte ihn noch immer an; ihre Hände wurden hart, ihre Pupillen nadelspitzenklein, ihr Gesicht war ergrimmt. »Das ist es! Das ist der Grund! Wer war's, der wegen mir hier angerufen hat? Sag's mir! Ich verlange es! Ich werd's dir erklären! Sag's mir! Ich verlange es! Ich werd's dir erklären! Sag's mir!«

»Martha Ross war es. Sie sagte, sie hätte dich gerade an der Straßenecke abgesetzt.«

»Das war gelogen!« rief sie sofort, unmittelbar darauf, wartete kaum den Namen ab. »Das war gelogen! Sie hatten mich nach Hause gebracht, aber es war noch früh, und deshalb beschloß ich, zu ihnen zu fahren und bei ihnen Eier auf Schinken zu essen. Deshalb rief ich Frank zu, noch ehe er gewendet hatte, und fuhr mit ihnen mit. Frank kann's beweisen! Sie hat gelogen! Eben, in dieser Minute, haben sie mich an der Ecke abgesetzt!«

Sie blickte ihn an. Sie starrten einander einen langen, reglosen Augenblick an. Dann fragte er: »Und wo ist dann die Brosche?«

»Die Brosche?« fragte sie. »Was für eine Brosche?« Doch er hatte schon gesehen, daß sich ihre Hand unter dem Mantel aufwärtsschob; außerdem konnte er ihr Gesicht sehen und beobachten, daß sie den Mund aufriß wie ein Kind, das außer Atem gerät, bevor sie mit wilder und doch unbeweglicher Hemmungslosigkeit zu weinen begann, so daß sie zwischen dem Weinen und dem erstickten Schluchzen eines Kindes in völliger und verzweifelter Ergebung rief: »O Howard! Ich wollte dir das nicht antun! Ich wollte es nicht! Ich wollte es nicht!«

»Laß nur«, sagte er. »Sei jetzt leise! Sei leise, Amy! Sie hört dich sonst!«

»All right. Ich will's versuchen.« Doch sie sah ihn noch immer mit dem verzerrten und seltsam starren Gesicht unter einer unglaublichen Tränenflut an, als wären nicht nur die Augen, sondern auch sämtliche Poren auf einmal übergequollen; jetzt sprach auch sie unmittelbar aus ihren Gedanken heraus, ohne die Ursache oder die Umstände zu erwähnen, und nichts mehr von Trotz oder Abstreiten: »Wenn du's nicht entdeckt hättest, wärst du dann mit mir gekommen?«

»Nein. Selbst dann nicht. Ich will sie nicht verlassen. Ich will's nicht, ehe sie tot ist. Oder dieses Haus. Ich will's nicht. Ich kann's nicht. Ich ...« Sie blickten einander an; sie starrte ihn an, als sähe sie in seinen Pupillen nicht sich selbst widergespiegelt, sondern das pergamentfarbene Gesicht im unteren Zimmer – das aufgetürmte, schmutzig weiße Haar, die grimmigen, unversöhnlichen Augen – ihr eigenes Bild ausgelöscht durch etwas, das über bloße Blindheit hinausging: durch eine entschlossene, unüberwindliche und gekreuzigte Natur.

»Ja«, sagte sie. Irgendwo förderte sie ein Chiffon-Fähnchen zutage und begann ihre Augen damit zu betupfen, behutsam, selbst jetzt noch instinktiv vorsichtig mit dem streifigen Maskara. »Sie hat uns besiegt! Sie hat da in ihrem Bett gelegen und uns besiegt!« Sie drehte sich um und ging zum Schrank und holte einen Handkoffer hervor und stellte die Kristalldinge vom Frisiertisch hinein und öffnete ein Schubfach. »Ich kann heute nacht nicht alles mitnehmen. Ich muß wohl . . .«

Er rührte sich nun auch; aus der Kommode, auf welcher der kleine, leere Bilderrahmen stand, holte er seine Brieftasche und nahm die Geldscheine heraus und kam wieder zu ihr und gab ihr das Geld. »Ich glaube nicht, daß es sehr viel ist. Aber bis morgen brauchst du ja kein Geld.«

»Nein«, sagte sie. »Du kannst mir dann auch meine übrigen Sachen schicken!«

»Ja«, sagte er. Sie faltete und glättete die Scheine in ihrer Hand; sie sah ihn nicht an. Er wußte nicht, wohin sie sah, nur, daß es nicht das Geld war. »Hast du keine Geldtasche oder so etwas, wohin du sie stecken könntest?«

»Doch«, sagte sie. Aber sie hörte nicht auf, die Scheine zu falten und zu glätten, sah sie noch immer nicht an, wurde ihrer anscheinend nicht gewahr, als hätten sie keinen Wert und als hätte sie sie nur gedankenlos aufgehoben, ohne ihrer gewahr zu werden. »Ja«, sagte sie. »Sie hat uns besiegt. Sie lag da in dem Bett, aus dem sie sich nie erheben wird, bis sie eines Tages ins Haus kommen und sie hinaustragen, und nahm die Brosche und hat uns beide besiegt.« Dann fing sie an zu weinen. Sie weinte jetzt ebenso ruhig, wie sie vorher gesprochen hatte. »Mein kleines Baby«, sagte sie. »Mein liebes kleines Baby!«

Er sagte jetzt nicht einmal mehr: »Sei leise!« Er wartete nur, bis sie ihre Augen wieder getrocknet hatte, fast lebhaft, sich aufrüttelnd, sah ihn mit einem Ausdruck an, der fast ein Lächeln war, und ihr Gesicht, das Make-up, das gepflegte Party-Gesicht war abgehärmt und streifig und vom müden und friedlichen Nachspiel ihrer Tränen überhaucht. »Well«, sagte sie, »es ist spät.« Sie bückte sich, doch er kam ihr zuvor und nahm den Handkoffer; zusammen gingen sie die Treppe hinunter; sie konnten das helle Oberlicht über Mrs. Boyds Tür sehen.

»Zu schade, daß du nicht den Wagen hast«, sagte er.

»Ja. Ich habe den Schlüssel im Klub verloren. Aber ich habe die Garage angerufen. Sie bringen ihn morgen früh.«

Sie blieben im Flur unten stehen, während er telefonierte und ein Taxi bestellte. Dann warteten sie und sprachen hin und wieder leise miteinander. »Du solltest lieber gleich zu Bett gehen!«

»Ja. Ich bin müde. Ich habe tüchtig getanzt.«

»Wie war die Musik? War sie gut?«

»Ja. Ich weiß es nicht. Wahrscheinlich. Wenn man selber tanzt, merkt man es selten, ob die Musik gut ist.«

»Ja, das kann ich mir denken.« Dann kam das Taxi. Sie gingen hinaus, er im Schlafanzug und Morgenrock; die Erde war gefroren und steinhart, der Himmel eisig und funkelnd. Er half ihr in den Wagen.

»Jetzt lauf rasch zurück ins Haus!« sagte sie. »Du hast nicht mal deinen Mantel angezogen!«

»Ja. Ich schicke dir deine Sachen früh ins Hotel.«

»Nicht allzu früh! Lauf jetzt!« Sie hatte sich schon zurückgelehnt und in den Mantel gehüllt. Er hatte schon bemerkt, daß irgendwann, schon in einem bestimmten Augenblick im Schlafzimmer oben, der warme Frauenduft wieder erstarrt war, und daß sie jetzt wieder den feinen, eisigen Frosthauch ausströmte – schwach, unbeständig und hoffnungsleer; der Wagen fuhr ab; er blickte sich nicht nach ihm um. Als er die Haustür schloß, rief seine Mutter seinen Namen. Aber er hielt weder inne, noch warf er auch nur einen Blick auf die Tür. Er ging einfach die Treppe hinauf – hinaus aus dem Bereich der toten, eintönigen, herrischen Stimme ohne Schlaf. Das Feuer war heruntergebrannt: eine starke, rosige Glut war es, friedlich ruhig und warm vom

Spiegel und dem polierten Holz widergespiegelt. Das Buch lag noch aufgeschlagen auf dem Stuhl, mit der offenen Seite nach unten. Er hob es auf und ging zum Tisch zwischen den beiden Betten und suchte und fand die Zellophan-Hülle, die einst Pfeifenreiniger enthalten hatte und die er als Lesezeichen benutzte, und bezeichnete die Stelle und legte das Buch hin. Es war die Taschenbuchausgabe von *Green Mansions* in der Modern Library. Er hatte das Buch in seinen Jünglingsjahren entdeckt und es seither immer wieder gelesen. Damals hatte er nur den Teil mit der Wanderung der drei Menschen gelesen, die auf der Suche nach Riolama waren, dem Lande, das nicht existierte – hatte sich diesen Teil ausgewählt und heimlich gelesen, wie ein normaler Junge es mit den normalen und konventionellen Erotica und Obszönitäten macht, hatte mit Rima den kahlen Berg zur Höhle hinauf erklommen, ohne damals zu wissen, daß es das Höhlen-Symbol war, das er suchte, entkam ihr schließlich dank des gleichen Verlangens und Bedürfnisses, zu fliehen und zu entkommen, das auch Rima hatte, und folgte ihr, weiter, an der Höhle vorbei, dorthin, wo sie im kalten und unbekümmerten Mondschein verharrte – nicht einmal auf ihn wartete, unbeständig wie eine Zündholzflamme und ebenso schwach. In seiner Unschuld hatte er damals mit einer Art inbrünstiger und verzweifelnder Freude geglaubt, das Geheimnis um sie sei nicht Geheimnis, da es körperlich war: daß sie physisch unzugänglich, unvollständig war; und wie es junge Menschen tun, hatte er so mit dem, was er in Büchern las, in stiller Verzweiflung entschuldigt und gerechtfertigt, was er selbst nicht durch eigenes Verschulden war (wie er glaubte). Aber nach seiner Heirat las er nicht wieder in dem Buch, bis das Kind starb und die Samstagsnächte begannen. Und wie er einst die Wanderung nach Riolama herausgesucht hatte, so mied er sie jetzt. Er las jetzt nur die Stelle, wo Abel (der einzige Mann auf Erden, der wußte, daß er allein war) in den unwegsamen und verbotenen Wald wanderte, der voller

Vogellaut war. Dann trat er an die Kommode und zog wieder das Schubfach auf, in dem er die Brieftasche aufbewahrte, und stand einen Augenblick da, die Hand noch auf der Kante des Schubfachs. »Ja«, sagte er ruhig, laut, »die ganze Zeit hat es anscheinend recht gehabt mit dem, was ich tun werde.«

Das Badezimmer war am Ende des Korridors, war später ans Haus angebaut worden, und war auch warm, weil er das elektrische Öfchen für Amy brennen gelassen hatte, und dann hatten sie es vergessen. Hier bewahrte er auch seinen Whisky auf. Nach dem Schlaganfall seiner Mutter hatte er zu trinken begonnen, am Anfang dessen, was er für seine Freiheit gehalten hatte, und seit dem Tode des Kindes hatte er ein Fäßchen Maiswhisky im Badezimmer stehen. Obwohl das Badezimmer abgesondert vom eigentlichen Haus lag und durch die ganze Tiefe vom Zimmer seiner Mutter getrennt war, stopfte er trotzdem Handtücher um und unter die Tür und entfernte sie dann und kehrte ins Schlafzimmer zurück und holte die Daunendecke von Amys Bett und ging ins Badezimmer und verstopfte die Tür wieder und hängte die Daunendecke davor. Doch selbst das befriedigte ihn noch nicht. Er stand da, nachdenklich, grübelnd, ein wenig schwammig (er hatte sich nie mehr irgendwie Bewegung gemacht, seit er seine Versuche, tanzen zu lernen, aufgegeben hatte, und jetzt, bei der ständigen Trinkerei, hatte sein Körper kaum noch etwas von dem jungen italienischen Novizen von einst an sich), die Pistole schlaff in der Hand. Er begann sich umzuschauen. Sein Blick fiel auf die Badematte, die zusammengefaltet auf dem Rand der Badewanne hing. Er wickelte seine Hand mitsamt der Pistole in die Matte und zielte auf die hintere Wand und schoß: der Knall war dumpf und mißtönend, aber nicht laut. Doch selbst jetzt stand er da und lauschte, als erwarte er trotz dieser Entfernung etwas zu hören. Aber er hörte nichts; nicht einmal, als er die Tür wieder freigelegt hatte und leise den Korridor entlang und dann die Treppenstufen so weit hinuntergegangen war, bis er das dunkle Oberlicht über der Tür seiner Mutter deutlich erkennen konnte. Und abermals hielt er nicht inne. Er kehrte um, ging leise die Treppe hinauf und vernahm die kalte und hilflose Überlegung, ohne darauf zu achten: *Gleich deinem Vater kannst du anscheinend mit keiner von beiden leben, doch im Gegensatz zu deinem Vater kannst du anscheinend nicht ohne beide leben;* und sagte sich ruhig: »Ja, anscheinend hatte es recht. Anscheinend hat es uns besser gekannt als ich«, und er schloß die Badezimmertür wieder zu und stopfte die Handtücher sorgfältig drumherum und darüber. Doch diesmal hängte er die Daunendecke nicht auf. Er zog sie über sich, kauerte, duckte sich hinein, den Lauf der Pistole wie eine Pfeife zwischen den Zähnen, preßte die dicke, weiche Daunendecke um seinen Kopf, beeilte sich, jetzt mit hastigen Bewegungen, denn er begann schon zu ersticken.

Meine Großmutter Millard und General Bedford Forrest und die Schlacht am Harrykin Creek

I

Es war immer gleich nach dem Abendbrot, ehe wir vom Tisch aufstanden. Zuerst – von dem Tage an, als die Nachricht kam, die Yankees hätten Memphis eingenommen – machten wir's drei Abende hintereinander. Doch danach, als wir es immer besser und immer schneller konnten, war Omi mit einmal die Woche zufrieden. Und nachdem Base Melisandre schließlich aus Memphis entwischt war und bei uns wohnte, war's nur noch einmal im Monat, und als das Regiment in Virginien Vater nicht zum Oberst gewählt hatte und er nach Hause kam und drei Monate blieb, während er die Ernte einbrachte und seinen Ärger überwand und eine Kavallerie-Truppe für General Forrests Kommando aufstellte – da ließen wir's überhaupt sein. Das heißt, wir haben's ein einziges Mal gemacht, als Vater auch dabei war und zusah, und an dem Abend hörten Ringo und ich ihn in der Bibliothek lachen, das erste Mal, daß er lachte, seit er nach Hause gekommen war, lachte, bis nach etwa einer halben Minute Omi rauskam und die Röcke hochhielt und die Treppe raufsegelte. Deshalb machten wir's überhaupt nicht mehr, bis Vater seine Truppe aufgestellt hatte und wieder fort war.

Omi legte also ihre Serviette neben den Teller. Dann sprach sie mit Ringo, der hinter ihrem Stuhl stand, und sagte, ohne auch nur den Kopf umzudrehen:

»Geh und rufe Joby und Lucius!«

Und Ringo ging durch die Küche, ohne auch nur stehenzubleiben. Er sagte bloß zu Louvinia, die ihm den Rücken zudrehte: »Jetzt also! Obacht!« und ging weiter bis zur Hütte und kam nicht nur mit Joby und Lucius und der brennenden Laterne zurück, sondern auch mit Philadelphia, obwohl Philadelphia nichts andres zu tun hatte, als dazustehen und zuzuschauen und uns dann in den Obstgarten zu folgen und wieder zurück ins Haus, bis Omi sagte, für diesmal sei's fertig und sie und Lucius könnten wieder heim und ins Bett gehen. Und wir holten den großen Koffer vom Boden (wir hatten's mittlerweile schon so oft gemacht, daß wir nicht mal mehr die Laterne brauchten, um auf den Boden zu gehen und den Koffer zu holen), und mein Amt war's, jeden Montagvormittag mit einer in Hühnerfett getauchten Feder das Schloß zu schmieren, und Louvinia brachte unter dem einen Arm die noch nicht abgewaschenen Bestecke vom Abendbrot in einer Abwaschschüssel an und unter dem andern die Küchenuhr, und sie stellte die Uhr und die Abwaschschüssel auf den Eßtisch und zog aus der Schürzentasche ein Paar von Omis zusammengewickelten Strümpfen und gab sie Omi, und Omi rollte sie auseinander und holte aus der Zehenspitze einen zusammengefalteten Lappen und machte ihn auf und nahm den Kofferschlüssel draus hervor und steckte sich ihre Uhr von der Brust und wickelte sie in den Lappen und tat den Lappen wieder in den Strumpf und rollte die Strümpfe wieder zu einem Ball zusammen und legte den Ball in den Koffer. Und dann – während Base Melisandre und Philadelphia zuschauten (und auch Vater, das eine Mal, als er da war) – stand Omi mit hochgehobenen, etwa acht Zoll voneinander entfernten Händen und ein bißchen geducktem Kopf (damit sie über die Brille weg das Zifferblatt beobachten konnte) vor der Küchenuhr, bis der große Zeiger bei der nächsten Stundenziffer angelangt war.

Wir andern paßten auf ihre Hände auf. Sie sagte kein Wort mehr. Das war nicht nötig. Es kam weiter nichts als das eine laute Zusammenklatschen ihrer Handflächen, wenn der Zeiger bei der Stundenziffer angelangt war; manchmal rührten wir uns schon, noch ehe sie die Hände zusammenschlug, wir alle mit Ausnahme von Philadelphia. Omi ließ sie überhaupt nicht mithelfen, wegen Lucius nämlich, obwohl Lucius fast die ganze Grube ausgebuddelt hatte und auch jedesmal den Koffer tragen half. Doch Philadelphia mußte dabei sein. Omi brauchte es ihr bloß ein einziges Mal zu sagen: »Ich möchte, daß auch die Frauen von allen Freigelassenen dabei sind. Ich möchte, daß ihr Freigelassenen alle zuschaut, was wir andern, die wir nicht frei sind, tun müssen, um es zu bleiben.«

Das hatte vor etwa acht Monaten begonnen. Sogar mir fiel's auf, daß mit Lucius was los war. Dann merkte ich, daß Ringo es schon beobachtet hatte und daß er wußte, was es war, und als daher Louvinia endlich hinging und es Omi erzählte, da war's nicht so, als ob Lucius seiner Mutter gedroht hätte, es Omi ja nicht zu erzählen, sondern als ob er jemand, einerlei wen, richtig gezwungen hätte, es ihr zu erzählen. Er hatte es mehr als einmal gesagt, wahrscheinlich das erste Mal eines Abends in der Hütte, und danach anderswo und zu andern Leuten, sogar zu Negern von den andern Plantagen. Damals war Memphis schon gefallen, auch New Orleans, und was uns am Fluß noch blieb, das war Vicksburg, und obwohl wir's damals nicht glaubten, sollten wir auch das nicht mehr lange haben. Dann kam Louvinia eines Morgens ins Zimmer, wo Omi gerade die abgetragene Militärhose von Vater, die er aus Virginien mitgebracht hatte, so weit abschnitt, daß sie mir paßte, und sie erzählte Omi, Lucius sage immerzu, die Yankees hätten bald ganz Mississippi und auch den Yoknapatawpha-Distrikt, und dann wären alle Nigger frei, und wenn das passierte, liefe er auf Nimmerwiedersehn fort. Lucius hatte am Vormittag im Garten gearbeitet. Omi ging nach draußen, auf die Hofveranda, und hielt noch die Hose und die Nähnadel in der Hand. Sie schob nicht mal die Brille hoch. Sie sagte: »Du, Lucius!« Bloß einmal. Und Lucius kam mit der Hacke aus dem Garten, und Omi sah über die Brille weg auf ihn runter, wie sie bei allem, was sie machte, über die Brille wegsah, ob sie nun las oder nähte oder das Zifferblatt anstarrte, bis der Augenblick kam, in dem das Silber vergraben wurde.

»Du kannst jetzt gehen«, sagte sie. »Du brauchst nicht auf die Yankees zu warten.«

»Gehn?« sagte Lucius. »Ich bin nicht frei.«

»Du bist seit fast drei Minuten frei«, sagte Omi. »Geh!« Lucius blinzelte mit den Augen, bis man hätte zehn zählen können. »Wohin denn?« fragte er.

»Das kann ich dir nicht sagen«, sagte Omi. »Ich bin nicht frei. Mir scheint, du hast das ganze Yankee-Land, in dem du dich tummeln kannst.«

Lucius blinzelte mit den Augen. Jetzt sah er Omi nicht mehr an. »War das alles, was Sie von mir wollten?« fragte er.

»Ja«, sagte Omi. Also ging er wieder in den Garten. Und seither haben wir von ihm nichts mehr über Frei-Sein gehört. Das heißt, es war ihm nicht mehr so anzumerken bei dem, was er machte, und wenn er doch mal davon sprach, so fand selbst Louvinia, es sei nicht der Mühe wert, Omi damit zu belästigen. Sondern Omi war's, die immer wieder davon sprach, besonders zu Philadelphia und besonders an den Abenden, wenn wir wie Rennpferde am Startpfosten dastanden und auf Omis Hände aufpaßten, bis sie zusammenklatschten.

Jeder einzelne von uns wußte genau, was er zu tun hatte. Ich mußte nach oben gehen und Omis goldene Hutnadel und ihren Schirm mit der silbernen Krücke und den Sonntagshut mit der Feder holen, denn die Ohrringe und die Brosche hatte sie schon längst nach Richmond geschickt; und dann in Vaters Zimmer, um die Bürsten mit dem Silberrücken zu holen, und, seit sie bei uns wohnte, auch in Base Melisandres Zimmer, um deren Sachen zu holen, denn das eine Mal, als Omi ihr erlaubte, uns zu helfen, schleppte Base Melisandre all ihre Kleider nach unten. Ringo ging in den Salon und holte die Leuchter und Omis Zimbel und das Medaillon von Vaters Mutter in Carolina. Und dann liefen wir wieder ins Eßzimmer, wo Louvinia und Lucius das Büfett fast abgeräumt hatten, und Omi stand noch immer da und starrte auf das Zifferblatt und jetzt auch auf den Koffer, und ihre Hände warteten wieder drauf, zusammenzuklatschen, und dann klatschten sie zusammen, und Ringo und ich machten bei der Kellertreppe halt, aber nur so lange, um die Spaten zu packen, und rannten weiter, in den Obstgarten, und warfen Buschwerk und Gras und die überquer gelegten Stöcke beiseite, damit die Grube offen und bereit lag, wenn wir sie kommen sahen: zuerst Louvinia mit der Laterne, dann Joby und Lucius mit dem Koffer und Omi, die nebenher ging, und hinterdrein folgten Base Melisandre und Philadelphia (und das eine Mal auch Vater, der mitging und lachte). Und am allerersten Abend lag die Küchenuhr nicht im Koffer. Omi trug sie in der Hand, und während Louvinia ihr die Laterne hielt, damit Omi den Zeiger beobachten konnte, ließ Omi uns den Koffer in die Grube senken und die Erde drüber schaufeln und glätten und Buschwerk und Gras draufpacken und dann den Koffer wieder ausgraben und ins Haus zurücktragen. Und eines Abends schien's so, als hätten wir den ganzen Winter und auch noch den ganzen Sommer den Koffer vom Boden geholt und das Silber reingelegt und ihn zur Grube getragen und die Grube aufgemacht und dann die Grube wieder bedeckt und uns umgedreht und den Koffer wieder ins Haus getragen und das Silber ausgepackt und dort hingestellt, wo wir's hergeholt hatten – an dem Abend also war's, und ich weiß nicht, wer von uns zuerst dran gedacht hat, vielleicht wir alle gleichzeitig. Jedenfalls hatte der Uhrzeiger vier Stundenzahlen überschritten, ehe Omis Hände auch nur zusammenklatschten, damit Ringo und ich losrannten und die Grube aufmachten. Und dann kamen sie mit dem Koffer an, und Ringo und ich hatten den letzten Arm voll Buschwerk und

Stöcke nicht erst hingelegt, um's uns zu ersparen, daß wir uns bücken und sie gleich wieder aufheben müßten, und aus demselben Grunde hatte Lucius sein Koffer-Ende gar nicht erst ganz runtergelassen, und ich glaube, Louvinia war die einzige, die wußte, was als nächstes passieren würde, denn Ringo und ich wußten ja nicht, daß die Küchenuhr noch immer auf dem Eßtisch stand. Dann sprach Omi. Es war das erste Mal, daß wir sie je sprechen hörten, nachdem sie zu Ringo gesagt hatte: »Geh und rufe Joby und Lucius!« und ehe sie sonst etwa eine halbe Stunde später zu uns beiden sagte: »Wascht euch die Füße und geht zu Bett!«

Es klang nicht laut und war nicht viel: »Vergrabt ihn!« Und wir ließen den Koffer in die Grube runter, und Joby und Lucius schaufelten die Erde drüber, und selbst dann machten Ringo und ich noch nichts mit dem Buschwerk, bis Omi wieder sprach, und auch wieder nicht laut: »Weiter! Versteckt die Grube!« Und wir legten das Buschwerk drauf, und Omi sagte: »Holt ihn raus!« Und wir holten den Koffer raus und trugen ihn ins Haus zurück und brachten alle Sachen dorthin, wo wir sie hergeholt hatten – und dann sah ich, daß die Küchenuhr noch immer auf dem Eßtisch stand! Und wir standen alle da und paßten auf Omis Hände auf, bis sie wieder zusammenklatschten, und diesmal wurde der Koffer schneller vollgepackt und in den Obstgarten getragen und in die Grube runtergelassen, als wir's je fertiggebracht hatten.

II

Und dann, als die Zeit kam, daß das Silber wirklich hätte vergraben werden müssen, da war's zu spät. Nachdem alles vorbei war und Base Melisandre und Vetter Philip endlich verheiratet waren und Vater genug gelacht hatte, sagte Vater, so ginge es eben immer, wenn eine heterogene Gruppe von Menschen, die einfach in einem unkomplizierten Freiheitsdrang sich zusammengefunden hatten, sich mit einer tyrannischen Maschinerie einließen. Er sagte, die ersten Schlachten würden sie stets verlieren, und wenn der Gegner ihnen an Zahl und Stärke überlegen wäre, könnte ein Außenstehender wohl annehmen, daß sie sie alle verlieren würden. Aber das würden sie nicht. Sie könnten nicht besiegt werden; wenn sie die Freiheit nur glühend genug und so rückhaltlos begehrten, um alles andre dafür zu opfern – Wohlbehagen und Bequemlichkeit und ein sattes Gemüt und dergleichen, bis das, was ihnen verblieb, ausreichte, einerlei, wie wenig es war –, dann würde die Freiheit selbst schließlich die Maschinerie besiegen, ebenso wie eine passive Gewalt, etwa Dürre oder Wassersnot, sie abdrosseln könnte. Und viel später, nach zwei weiteren Jahren, als wir wußten, daß wir den Krieg verlieren würden, sagte er immer noch dasselbe. Er sagte: »Ich werd's nicht erleben, aber ihr. Ihr werdet's im nächsten Krieg erleben, und in allen Kriegen, die die Amerikaner von da an führen werden. Und Männer aus dem Süden werden in der vordersten Front aller Schlachten stehen und einige davon sogar leiten, und denen, die uns besiegten, werden sie helfen, jene Freiheit zu verteidigen, die sie uns entrissen zu haben glaubten.« Und so geschah es: dreißig Jahre später nämlich befehligte General Wheeler, den Vater einen Abtrünnigen genannt haben würde, in Kuba, und der alte General Early hat ihn im Büro des Richmonder Redakteurs tatsächlich einen Abtrünnigen genannt und obendrein einen Muttermörder und dabei gesagt: »Ich wünschte, ich hätte so gelebt, daß ich, wenn mein Stündlein kommt, Robert Lee wiedersehen dürfte. Da's aber nicht so ist, will ich's wenigstens genießen, dem Teufel zuzuschauen, wie er Joe Wheeler den Blauen Rock vom Buckel brennt!«

Es blieb uns keine Zeit. Wir wußten nicht mal, daß Yankees in Jefferson, und erst recht nicht, daß welche innerhalb einer Meile vom Sartoris-Gut[6] waren. Viele können's nicht gewesen sein. Damals gab's noch keine Eisenbahn und keinen

Fluß, der groß genug für große Schiffe war, und in Jefferson war nichts, was sie hätten gebrauchen können, denn es war noch, bevor Vater Zeit gehabt hatte, sie so sehr zu belästigen, daß General Grant einen öffentlichen Aufruf erließ und eine Belohnung für seine Gefangennahme aussetzte. Wir hatten uns also an den Krieg gewöhnt. Wir glaubten, er habe sich, wie eine Eisenbahnlinie oder ein Flußlauf, endgültig eingespielt und festgelegt und finde östlich der Bahnlinie von Memphis und südlich längs des Flusses bis Vicksburg statt. Wir hatten Geschichten von Yankee-Plünderungen gehört, und die meisten Leute in der Umgebung von Jefferson hielten sich ebenfalls bereit, ihr Silber schnell zu vergraben, obwohl ich nicht glaube, daß irgend jemand sich so darauf drillte wie wir. Von all unsern Bekannten war aber keiner, der auch nur mit einer Familie verwandt gewesen wäre, bei der geplündert worden war, und deshalb vermute ich, daß selbst Lucius bis zu jenem Morgen nie einen Yankee erwartet hatte.

Es war ungefähr elf Uhr. Der Tisch war schon fürs Mittagessen gedeckt, und jeder fing an, ein bißchen zu trödeln, damit man's auch bestimmt hörte, wenn Louvinia auf die Hofveranda ging und die Glocke läutete – als Ab Snopes in größter Hast angeprescht kam, und wie üblich auf einem fremden Pferd. Er gehörte zu Vaters Truppe. Nicht als Soldat; er nannte sich Vaters Pferde-Hauptmann, und weiß der Himmel, was er sich dabei dachte, obwohl wir's uns ziemlich gut vorstellen konnten, und jedenfalls wußte keiner von uns, was er in Jefferson machte, da doch die Truppe bei General Bragg in Tennessee sein sollte, und wahrscheinlich wußte kein Mensch weder hier noch dort die eindeutige Wahrheit, wie er zu dem Pferd gekommen war, auf dem er jetzt durch den Garten und mitten durch eins von Omis Blumenbeeten galoppierte, weil er, glaub ich, dachte, er könne es wagen, da er ja eine Botschaft brachte, und dann ums Haus rum und auf die Rückseite, weil er wußte, daß er,

Botschaft hin oder her, lieber nicht vor Omis Vordertür kommen sollte, solange er so schrie und auf einem fremden, ausgepumpten Gaul mit dem Brandzeichen der US-Armee saß, das man dreihundert Meter weit erkennen konnte, und zu Omi raufbrüllte, General Forrest sei zwar in Jefferson, doch ein ganzes Regiment Yankee-Kavallerie sei keine halbe Meile von uns auf der Landstraße.

Es blieb uns also keine Zeit. Hinterher gab Vater zu, daß Omis Fehler weder in der Strategie noch in der Taktik läge, selbst wenn sie jemand anders nachgeahmt habe. Denn er sagte, die Zeit sei vorbei, als Originalität noch ein Merkmal militärischen Erfolges gewesen sei. Es war einfach zu schnell passiert. Ich holte Joby und Lucius und Philadelphia, denn Ringo war von Omi schon mit einem Gläsertuch auf die Landstraße geschickt worden, damit er uns winken sollte, sobald sie in Sicht kämen. Dann schickte sie mich ans Vorderfenster, von wo aus ich Ringo beobachten konnte. Als Ab Snopes sein neues Yankee-Pferd versteckt hatte und wiederkam, bot er sich an, nach oben zu gehen und die Sachen runterzuholen. Omi hatte uns schon vor langer Zeit mal gesagt, Ab Snopes nie irgendwo im Haus rumgehen zu lassen, ohne daß einer von uns bei ihm sei. Sie sagte, sie hätte tausendmal lieber Yankees im Haus, weil Yankees wenigstens so viel Taktgefühl hätten – und wenn's auch bloß vernünftige Überlegung wär –, ihr nicht einen Löffel oder Leuchter zu stehlen und gleich zu versuchen, ihn an einen ihrer nächsten Nachbarn weiterzuverkaufen, wie es Ab Snopes wahrscheinlich tun würde. Sie antwortete ihm nicht mal. Sie sagte nur: »Stellen Sie sich dort an die Tür und verhalten Sie sich ruhig!« Also ging Base Melisandre schließlich doch nach oben, und Omi und Philadelphia gingen in den Salon, um die Leuchter und das Medaillon und die Zimbel zu holen, und nicht nur, daß ihr Philadelphia half, einerlei, ob sie frei war oder nicht, sondern Omi verzichtete sogar auf die Küchenuhr.

Es passierte eben alles auf einmal. In der einen Sekunde saß Ringo noch auf dem Torpfosten und spähte die Landstraße entlang. In der nächsten Sekunde stand er schon oben drauf und winkte mit dem Gläsertuch, und dann rannte ich nach hinten ins Eßzimmer, und ich erinnere mich noch an das Weiße in Jobys und Lucius' und Philadelphias Augen und an Base Melisandres Augen, als sie sich ans Büfett lehnte und den Handrücken auf den Mund preßte, und an Omi und Louvinia und Ab Snopes, die sich über den Koffer weg anstarrten, und ich hörte Louvinias Stimme, die sogar noch lauter als meine war:

»Miz Cawmpson! Miz Cawmpson!«

»Was?« rief Omi. »Was? Mrs. Compson?« Dann fiel's uns allen ein. Es war damals gewesen, als vor über einem Jahr der erste Yankee-Spähtrupp nach Jefferson gekommen war. Da war der Krieg noch neu, und ich glaube, General Compson war der einzige Soldat in Jefferson, von dem sie je gehört hatten. Jedenfalls fragte der Offizier einen auf dem Platz, wo der General Compson wohne, und der alte Doktor Holston schickte seinen Nigger-Boy durch Seitengassen und Hintergärten, um Mrs. Compson noch rechtzeitig zu warnen, und die Geschichte lautete dann, der Yankee-Offizier habe ein paar von seinen Leuten in das leere Haus geschickt und sei selber außen herum auf den Hof geritten, wo die alte Tante Roxanne vor dem Örtchen stand, hinter dessen verschlossener Tür Mrs. Compson vollständig angezogen, sogar mit Hut und Sonnenschirm auf dem Korbkoffer saß, der ihr Silberzeug und die Bestecke enthielt. »Missie drin!« rief Roxanne. »Fort! Fort!« Und die Geschichte lautete weiter, der Yankee-Offizier habe »Verzeihung!« gesagt und den Hut gelüftet und sogar sein Pferd ein paar Schritte rückwärts machen lassen, ehe er umgekehrt sei und seine Leute zusammengerufen habe und fortgeritten sei. »Das Häuschen!« rief Omi.

»Teufel noch mal, Miz Millard«, sagte Ab Snopes. Und

Omi sagte überhaupt nichts. Es war nicht so, als ob sie ihn nicht gehört hätte, denn sie sah ihm grad ins Gesicht. Es war, als ob sie ihn nicht beachtete, ja als ob sie es sogar selbst gesagt haben könnte. Und daran sieht man, wie's damals zuging: es blieb uns einfach keine Zeit mehr. »Teufel noch mal«, sagte Ab Snopes, »ganz Nord-Mississippi kennt die Geschichte jetzt! 's gibt keine weiße Dame zwischen hier und Memphis, die nicht in dieser Minute auf einem Silberkoffer im Abtritt sitzt!«

»Dann ist's also höchste Zeit«, sagte Omi. »Beeilt euch!«

»Halt!« rief Ab Snopes. »Halt! Sogar die Yankees haben's mittlerweile aufgeschnappt!«

»Dann wollen wir hoffen, das hier sind andre Yankees«, sagte Omi. »Beeilt euch!«

»Aber Miz Millard«, schrie Ab Snopes. »Halt! Halt!«

Doch da hörten wir schon Ringo unten am Tor brüllen, und ich erinnere mich an Joby und Lucius und Philadelphia und Louvinia und das Ballongeschaukel von Base Melisandres Reifröcken, als sie über den Hof rannten, zwischen sich den Koffer; ich erinnere mich, wie Joby und Lucius den Koffer in das enge, hohe, dünnwandige Schilderhäuschen zwängten, und wie Louvinia Base Melisandre hineinstieß und die Türe hinter ihr zuschlug, und wie wir Ringo jetzt ganz laut brüllen hörten, fast schon am Haus, und dann stand ich wieder am Vorderfenster und sah sie alle, wie sie um die Hausecke fegten: ein zappelnder Klumpen von sechs Männern in blauer Uniform, die schnell ritten, und doch lag in der Gangart der Pferde etwas Eigentümliches, als ob sie nicht nur zu Gespannen aneinandergekoppelt, sondern an eine einzige Wagendeichsel geschirrt wären, und danach kam Ringo zu Fuß und hinter allen der siebente Reiter, mit bloßem Kopf und in den Steigbügeln stehend und den Säbel über dem Kopf schwingend. Dann war ich wieder auf der Hinterveranda und stand neben Omi und über dem Gebrodel von Pferden und Männern im Hof, und sie hatte sich getäuscht. Es schien, als ob dies nicht nur die gleichen Yankees wären, die im vorigen Jahr bei Mrs. Compson waren, sondern als ob ihnen jemand ganz genau erzählt hätte, wo *unser* Häuschen war. Die Pferde waren paarweise aneinandergekoppelt, aber nicht an eine Wagendeichsel, sondern an einen Pfahl, fast einen Stamm, der sieben Meter lang war und zwischen den drei Gespannen von Sattel zu Sattel aufgehängt war; und ich erinnere mich an die Gesichter, unrasiert und bleich und nicht so sehr spähend als vielmehr ausgelassen lustig, wie sie da einen Augenblick zu uns heraufschauten, ehe die Männer absprangen und den Pfahl losbanden und die Pferde beiseite stießen und den Pfahl aufhoben, auf jeder Seite drei Männer, und mit ihm über den Hof zu laufen begannen, als der letzte Reiter ums Haus bog, in Grau (ein Offizier: es war Vetter Philip, aber das wußten wir damals natürlich noch nicht, und es sollte noch allerhand Aufruhr und Verwirrung geben, ehe er endlich unser Vetter Philip wurde, und auch das wußten wir natürlich nicht), den Säbel noch immer hoch erhoben und nun nicht bloß im Steigbügel stehend, sondern fast längelang auf dem Pferdehals liegend. Die sechs Yankees sahen ihn überhaupt nicht. Wir hatten Vater immer zugeschaut, wenn er auf dem Weideland seine Truppe einexerzierte und sie in vollem Galopp von der Kolonne zur Front wechseln ließ, und man hatte seine Stimme sogar trotz des Lärms der galoppierenden Hufe gehört, aber sie war kein bißchen lauter gewesen als jetzt die Stimme von Omi. »Dort drin ist eine Dame!« rief sie. Aber die Yankees hörten sie genausowenig, wie sie bisher Vetter Philip gesehen hatten, die ganze Gesellschaft, alle sechs Mann, die mit dem Pfahl drauflosrannten, und Vetter Philip hoch zu Roß, der sich mit erhobenem Säbel weit über sie vorbeugte – und so stürmten sie weiter über den Hof, bis die Pfahlspitze gegen die Türe des Häuschens stieß. Es kippte nicht einfach um: es explodierte. In der einen Sekunde stand es noch da, hoch und schmal und dünnwandig, und in der nächsten Sekunde war es verschwunden, und statt dessen war's ein Gebrodel von brüllenden Männern in Blau, die umherflitzten und vor Vetter Philips Pferd und seinem blitzenden Säbel auswichen, bis sie eine Gelegenheit erwischten, umzukehren und auszureißen. Dann gab's ein Krachen von Brettern und Schindeln, und mitten drin saß Base Melisandre neben dem Koffer, umrahmt von ihren Reifröcken, mit geschlossenen Augen und weit offenem Mund, und schrie noch immer, und nach einem Weilchen drang der schwache Knall von Pistolenschüssen vom Bach unten zu uns herauf und klang ebensowenig nach Krieg wie Knabenspiel mit Feuerfröschen.

Hinter uns rief Ab Snopes: »Ich hab's Ihnen sagen wollen, Sie sollten warten! Ich hab's Ihnen sagen wollen, daß auch die Yankees es aufgeschnappt haben!«

Nachdem Joby und Lucius und Ringo und ich den Koffer richtig in der Grube versenkt und die Spatenspuren verwischt hatten, entdeckte ich Vetter Philip in der Laube. Sein Säbel mit dem Gürtel stand gegen die Wand gelehnt, was aber aus seinem Hut geworden war, das wußte vermutlich nicht mal er selber. Er hatte auch die Uniform ausgezogen und wischte sie mit dem Taschentuch ab und schaute, mit dem einen Auge um den Türpfosten schielend, aufs Haus. Als ich kam, richtete er sich auf, und ich glaubte zuerst, er sähe mich an. Dann wurde ich unsicher, was er denn eigentlich ansah. »Das schöne Mädchen«, sagte er. »Hol mir einen Kamm!«

»Sie werden im Haus erwartet«, sagte ich. Base Melisandre ging es jetzt besser. Louvinia und Philadelphia hatten beide helfen müssen, sie ins Haus zu schaffen, und schließlich auch noch Omi, doch dann kam Louvinia mit dem Holunderwein, ehe Omi Zeit gehabt hatte, ihn bei ihr zu bestellen, und nun saßen Omi und Base Melisandre im Salon und warteten.

»Deine Schwester!« sagte Vetter Philip. »... auch noch einen Handspiegel.«

»Nein, sir«, sagte ich. »Sie ist bloß unsre Base. Aus Memphis. Omi sagt ...« Denn er kannte Omi nicht. Es war allerhand von ihr, überhaupt mal auf jemand zu warten. Aber er ließ mich gar nicht ausreden.

»Das schöne, zarte Mädchen!« sagte er. »Und schick mir einen Nigger mit einer Schüssel voll Wasser und einem Handtuch!« Ich ging ins Haus zurück. Als ich mich umschaute, sah ich sein Auge nicht mehr um den Türpfosten schielen. »Und eine Kleiderbürste!« rief er mir nach.

Omi wartete nicht sehr lange. Sie stand an der Vordertür. »Was ist noch?« fragte sie. Ich erzählte es ihr. »Glaubt der junge Mann, wir geben hier am hellichten Tage einen Ball? Bestelle ihm, ich hätte gesagt, er soll herkommen und sich auf der Hofveranda waschen wie wir! Louvinia trägt das Mittagessen auf, und wir sind schon spät dran.« Aber Omi kannte auch Vetter Philip nicht. Ich erzählte es ihr noch mal. Sie sah mich an. »Was hat er gesagt?«

»Er hat überhaupt nichts gesagt«, erwiderte ich. »Bloß: ›Das schöne Mädchen!‹«

»Zu mir hat er auch nix andres gesagt«, erzählte Ringo. Ich hatte nicht gehört, daß er dazugekommen war. »Nur noch wegen Wasser und Seife. Und: ›Das schöne Mädchen!‹«

»Hat er einen von euch angeschaut, als er es sagte?« fragte Omi.

»Nein«, sagte Ringo. »Hab nur eine Minute geglaubt, er hätt's getan.«

Jetzt sah Omi mich und Ringo gleichzeitig an. »Hah!« rief sie, und später, als ich älter war, entdeckte ich, daß Omi auch schon Vetter Philip kannte, daß sie bloß einen von denen anzusehen brauchte und sofort alle andern Melisandre-Basen und Philip-Vettern kannte, ohne lange hinzusehen. »Manchmal finde ich, daß Kugeln das so ungefähr am wenigsten gefährliche von allem herumfliegenden Zeug sind, besonders im Krieg. – Meinetwegen«, sagte sie. »Bring ihm seine Seife und sein Wasser! Aber beeil dich!«

Wir taten es. Diesmal sagte er nicht bloß: »Das schöne Mädchen!« Er sagte es zweimal hintereinander. Er zog die Jacke aus und gab sie Ringo. »Bürste sie gut aus«, sagte er. »Deine Schwester, sagtest du wohl?«

»Nein, stimmt nicht«, sagte ich.

»Einerlei«, sagte er. »Ich brauche einen Strauß. Den ich in der Hand tragen kann.«

»Die Blumen da gehören Omi«, sagte ich.

»Einerlei«, sagte er. Er krempelte sich die Ärmel hoch und fing an, sich zu waschen. »Einen kleinen Strauß. Etwa ein Dutzend Blüten! Nimm etwas Rötliches!«

Ich ging und holte die Blumen. Ich weiß nicht, ob Omi noch in der Vordertüre stand. Vielleicht nicht mehr. Jedenfalls sagte sie nie etwas darüber. Ich pflückte also die Blumen, die Ab Snopes' Yankee-Pferd schon umgetrampelt hatte, und wischte die Erde ab und zupfte sie zurecht, und ging wieder in die Laube, wo Ringo den Handspiegel hielt, während Vetter Philip sich das Haar kämmte. Dann zog er die Uniformjacke an und schnallte sich den Säbel wieder um und streckte erst den einen und dann den andern Fuß vor, damit Ringo ihm die Stiefel mit dem Handtuch abputzen sollte; und Ringo sah es. Ich hätte es überhaupt nicht gesagt, denn fürs Mittagessen war es jetzt schon viel später als sonst geworden, und wenn auch kein einziger Yankee gekommen wäre. »Sie haben sich an den Yankees die Reithose zerrissen«, sagte Ringo.

Ich mußte also wieder ins Haus. Omi stand im Flur. Diesmal sagte sie bloß: »Ja?« Es klang beinah ruhig.

»Er hat sich bloß die Reithose zerrissen«, sagte ich. Und sie wußte mehr über Vetter Philip, als selbst Ringo an ihm entdecken konnte, nachdem er ihn gemustert hatte. Sie hatte die Nadel schon eingefädelt am Oberteil ihres Kleides stekken. Und ich ging wieder in die Laube, und dann gingen wir zum Haus und zur Vordertür, und ich wartete, daß er vor mir den Flur betreten sollte, aber er tat's nicht, er stand bloß da und hielt den Strauß in der einen Hand und den Hut in der andern – nicht sehr alt, sah jedenfalls im Augenblick nicht sehr viel älter als Ringo und ich aus, trotz all seiner Tressen und Schärpen und Säbel und Stiefel und Sporen, sah nach nur zwei Jahren genau wie all unsre Soldaten und wie auch die meisten andern Leute aus: als ob's jetzt schon so lange her wäre, seit er sich mal richtig hatte satt essen können, daß sogar sein Gedächtnis und sein Gaumen es vergessen hatten und nur noch sein Körper sich dran erinnerte –, stand da mit seinem Strauß und dem ›Schönes-Mädchen-Ausdruck‹ im Gesicht, als könnt er sonst überhaupt nichts sehen, selbst wenn er hingeschaut hätte.

»Nein«, sagte er, »melde mich! Eigentlich sollte mich ein Nigger anmelden. Aber einerlei.« Er nannte seinen vollen Namen, alle drei Namen, zweimal hintereinander, als glaubte er, ich könnte sie vergessen, ehe ich den Salon betrat.

»Gehn Sie rein!« sagte ich. »Sie warten doch auf Sie! Sie haben schon auf Sie gewartet, noch ehe Sie merkten, daß Sie sich die Hose zerrissen hatten!«

»Melde mich!« sagte er. Er wiederholte seine drei Namen noch einmal. »Aus Tennessee. Leutnant in Savages Bataillon unter Forrests Kommando in der provisorischen Armee, Department West.«

Ich tat's also. Wir gingen durch den Flur und in den Salon, wo Omi zwischen Base Melisandres Stuhl und dem Tisch stand, auf dem die Karaffe mit Holunderwein und drei saubere Gläser und sogar ein Teller mit Teekuchen bereitgestellt waren, die Louvinia aus Maismehl und Sirup zu machen gelernt hatte, und auch an der Salontür blieb er wieder stehen, und ich wußte, daß er Base Melisandre eine Minute lang überhaupt nicht sehen konnte, obschon er die ganze Zeit auf nichts andres als sie geblickt hatte.

»Leutnant Philip St.-Just Backhouse[7]«, sagte ich.

Ich rief es laut, weil er's mir dreimal vorgesagt hatte, damit ich's bestimmt richtig verstand, und ich wollte es ihm gern recht machen, weil er, auch wenn wir seinetwegen eine gute Stunde später zum Mittagessen kamen, uns wenigstens das Silber gerettet hatte. »... aus Tennessee«, fuhr ich fort, »Leutnant in Savages Bataillon unter Forrests Kommando in der provisorischen Armee, Department West.«

Während man etwa bis fünf zählen konnte, blieb alles still. Dann schrie Base Melisandre los. Sie saß kerzengerade auf dem Stuhl, genauso wie sie am Morgen in den Trümmern aus Brettern und Schindeln auf dem Hinterhof gesessen hatte, mit geschlossenen Augen und weit offenem Mund – und schrie.

III

Wir mußten also noch mal eine halbe Stunde aufs Essen warten. Aber diesmal war niemand außer Vetter Philip nötig, um Base Melisandre nach oben zu schaffen. Er mußte weiter nichts tun, als noch mal mit ihr zu sprechen versuchen. Und dann kam Omi wieder nach unten und sagte: »Also wenn wir's nicht aufgeben und das Mittagessen einfach Abendbrot nennen wollen, dann sollten wir lieber reingehen und es wenigstens in den nächsten anderthalb Stunden essen.« Wir gingen also rein. Ab Snopes wartete schon im Eßzimmer. Ich glaube, er hat am längsten von allen gewartet, denn schließlich ist Base Melisandre nicht seine Verwandte. Ringo rückte Omi den Stuhl zurecht, und wir setzten uns. Manches war kalt. Das andere hatte so lange auf dem Herd gestanden, daß es egal war, ob's kalt war oder nicht. Aber Vetter Philip schien es nichts auszumachen. Und vielleicht brauchte sein Gedächtnis doch nicht sehr lange, um sich zu erinnern, wie es gewesen war, als er sich noch richtig hatte satt essen können, aber daß sein Gaumen es gespürt hat, das glaub ich nicht. Er saß da und aß, als ob er mindestens eine Woche lang überhaupt kein Essen, einerlei was, zu sehen bekommen hätte, und als ob er erwartete, daß jeder Bissen, den er bereits auf der Gabel hatte, verschwinden könnte, ehe er ihn in den Mund gesteckt hatte. Und dann fing er an, die Gabel auf halbem Weg zum Mund stille zu halten und dazusitzen und auf Base Melisandres leeren Platz zu blicken und zu lachen. Das heißt, ich weiß nicht, wie man's sonst hätte nennen sollen, wenn nicht lachen. Bis ich schließlich sagte: »Weshalb ändern Sie Ihren Namen nicht?«

Da hörte auch Omi zu essen auf. Sie sah mich über ihre Brille weg an. Dann hob sie beide Hände auf und schob die Brille höher auf die Nase, bis sie mich durch die Brillengläser ansehen konnte. Dann schob sie die Brille noch höher, bis an ihr Stirnhaar, und sah mich an. »Das ist das erste vernünftige Wort, das ich seit heute früh um elf in diesem Hause gehört habe«, sagte sie. »Es ist so vernünftig und einfach, daß ich vermute, nur ein Kind konnte darauf verfallen.« Sie sah mich an. »Und weshalb nicht?«

Er lachte wieder. Das heißt, sein Gesicht tat wieder so, und er machte auch wieder das gleiche Geräusch. »Mein Großvater war mit General Marion am King's Mountain und in ganz Carolina. Mein Onkel wurde wegen der korrupten und verräterischen Machenschaften von Kneipenwirten und republikanischen Abolitionisten nicht zum Gouverneur von Tennessee gewählt, und mein Vater fiel bei Chapultepec. Nach alledem gehört der Name, den sie trugen, nicht mir allein, daß ich ihn ändern könnte. Selbst mein Leben gehört nicht mir, solange meine Heimat blutig und geschändet unter des Eindringlings eiserner Ferse liegt.« Dann hörte er auf zu lachen – oder was sonst er getan haben mochte. Dann sah sein Gesicht verwundert aus. Dann hörte es auf, verwundert auszusehen: die Verwunderung wich daraus, zuerst unmerklich und allmählich rascher, aber nicht sehr viel rascher, sondern so, wie die Hitze aus einem Stück Eisen auf dem Schmiede-Amboß entweicht – bis sein Gesicht nur noch erstaunt und ruhig und fast friedlich aussah. ». . . falls ich es nicht in der Schlacht verliere«, sagte er.

»Das können Sie nicht gut, solange Sie hiersitzen«, sagte Omi.

»Nein«, sagte er. Aber ich glaube nicht, daß er sie gehört hat – höchstens mit den Ohren. Er stand auf. Sogar Ab Snopes blickte ihn jetzt an und hielt sein Messer mit einem Büschel Gemüse auf der Klinge auf halbem Weg zu seinem Munde still. »Ja«, sagte Vetter Philip. Sein Gesicht zeigte sogar wieder den ›Schönes-Mädchen-Ausdruck‹. »Ja«, sagte er. Er dankte Omi fürs Essen. Das heißt, vermutlich hatte er seinem Mund befohlen, es zu sagen. Es klang nur nicht sehr verständlich, aber ich glaube, darauf kam's ihm auch gar nicht an. Er verbeugte sich. Er blickte weder auf Omi noch auf sonst jemand. Er sagte wieder: »Ja.« Dann ging er raus. Ringo und ich folgten ihm bis an die Vordertür und sahen ihm zu, wie er sein Pferd bestieg und eine Minute dasaß, mit unbedecktem Kopf, und zu den Fenstern im oberen Stock aufsah. Es war Omis Zimmer, zu dem er schaute, und meins und Ringos lag gleich daneben. Aber Base Melisandre hätte ihn nicht sehen können, selbst wenn sie in einem von beiden gewesen wäre, weil sie auf der andern Seite des Hauses in ihrem Bett lag und Philadelphia ihr wahrscheinlich noch immer Tücher in kaltem Wasser auswrang, um sie ihr auf die Stirn zu legen. Er saß jetzt zu Pferd. Er ritt auch gut: leicht und elegant und gut im Sattel drin und die Zehenspitzen nach innen und vom Knöchel bis zum Knie senkrecht, wie Vater es mich gelehrt hatte. Auch das Pferd war gut.

»'s ist ein verdammt gutes Pferd«, sagte ich.

»Bekommst Seife«, sagte Ringo.

Aber ich schaute rasch den Flur entlang, ob ich Omi hören konnte und ob sie noch im Eßzimmer mit Ab Snopes sprach.

»Sie ist noch drin«, sagte ich.

»Hah«, sagte Ringo. »Ich hab für einen Fluch Seife in den Mund bekommen, selbst als ich viel weiter weg war!«

Dann gab Vetter Philip dem Pferd die Sporen und war fort. Oder wenigstens glaubten es Ringo und ich. Vor zwei

Stunden hatte keiner von uns auch nur von ihm gehört; Base Melisandre hatte ihn zweimal gesehen und jedesmal schreiend mit geschlossenen Augen dagesessen. Doch als wir älter waren, begriffen Ringo und ich, daß Vetter Philip wahrscheinlich der einzige von uns allen war, der wirklich einen Augenblick lang glaubte, er habe ein für allemal Abschied genommen, und daß nicht nur Omi und Louvinia es besser wußten, sondern auch Base Melisandre, einerlei, wie verheerend sein Familienname sein mochte.

Wir gingen wieder ins Eßzimmer. Dann begriff ich, daß Ab Snopes drauf gewartet hatte, daß wir wiederkommen sollten. Dann merkten wir beide, daß er Omi was fragen wollte, denn keiner wollte gern mit Omi allein sein, wenn er sie was fragen mußte und nicht wußte, ob es schlimm würde. Wir kannten Ab jetzt seit über einem Jahr. Ich hätte wissen sollen, was es war, denn Omi wußte es schon. Er stand auf. »Gut, Miz Millard«, sagte er. »Ich glaube, von jetzt an sind Sie sicher, weil ja Bed Forrest und seine Leute mitten in Jefferson sitzen. Aber bis sich alles noch ein bißchen mehr beruhigt hat, will ich die Pferde mal lieber noch ein, zwei Tage länger auf Ihrem Anwesen lassen.«

»Was für Pferde?« sagte Omi. Sie und Ab sahen einander nicht bloß an. Sie beobachteten sich beide.

»Die frisch eingefangenen Pferde von heute früh«, sagte Ab.

»Was für Pferde?« sagte Omi. Da sagte es Ab:

»Meine Pferde.« Er beobachtete sie.

»Warum?« sagte Omi. Doch Ab wußte, was sie damit meinte.

»Ich bin hier der einzige erwachsene Mann«, sagte er. Dann sagte er: »Ich hab sie zuerst gesehen. Die Yankees waren hinter mir her, ehe ...« Dann sagte er und sprach jetzt schnell (seine Augen waren eine Sekunde lang glasig geworden, aber jetzt glänzten sie wieder und sahen zwischen den krausen, lehmfarbenen Stoppeln seines Gesichts wie zwei

Scherben auf einem abgetretenen Türvorleger aus): »Kriegsbeute! Ich hab sie hergebracht! Ich hab sie hier reingelockt! 's war ein militärischer Hinterhalt von mir! Und als der einzige anwesende konföderierte Militärsoldat von Rang...«

»Sie sind kein Soldat«, sagte Omi. »Sie haben es selber bei Oberst Sartoris ausbedungen, während ich zuhörte. Sie haben ihm selber gesagt, Sie wollten sein selbständiger Pferde-Hauptmann sein, und weiter nichts.«

»Und 's ist genau das, was ich jetzt tun will!« sagte er. »Hab ich nicht alle sechs in meinem Besitz befindlichen Pferde hierhergebracht, genau, als ob ich sie am Seil hergeführt hätte?«

»Hah«, sagte Omi. »Eine Kriegsbeute oder irgendeine andre Beute gehört weder Mann noch Frau, bis man sie mit nach Haus nehmen und einsperren und ihr getrost den Rükken kehren kann. Sie hatten nicht mal Zeit, auch nur mit dem einen nach Hause zu reiten, auf dem Sie selbst gesessen haben. Sie stürmten durch's erste offene Tor, das Ihnen in den Weg kam, einerlei, wem's gehörte.«

»Nur daß es das falsche war«, sagte er. Seine Augen sahen nicht mehr wie Porzellan aus. Sie sahen nach gar nichts aus. Aber vermutlich würde sein Gesicht immer noch wie ein abgetretener alter Türvorleger aussehen, auch wenn er ganz weiß geworden wäre. »Dann soll ich wohl gar zu Fuß in die Stadt zurücklaufen?« sagte er. »Die Frau, die einem nicht mal ...« Seine Stimme brach ab. Er und Omi blickten sich an.

»Sagen Sie es ja nicht«, sagte Omi.

»Nein«, sagte er. Er sagte es nicht. »... ein Mann mit sieben Pferden wird ihm wohl kein Maultier leihen.«

»Nein«, sagte Omi. »Aber zu laufen brauchen Sie nicht.«

Wir gingen alle zur Koppel. Vermutlich wußte selbst Ab Snopes bis jetzt noch nicht, daß Omi entdeckt hatte, wo er das erste Pferd versteckt zu haben glaubte, und daß sie es mit den sechs andern in die Koppel hatte bringen lassen.

Zwar hatte er schon Sattel und Zaum bei sich. Aber es war zu spät. Sechs von den Pferden liefen frei in der Koppel herum. Das siebente war gleich hinterm Gatter mit einem Stück Pflugleine angebunden. Es war nicht das Pferd, auf dem Ab hergeritten war, denn das hatte eine Blässe gehabt. Ab kannte Omi auch lange genug. Er hätt's wissen sollen. Vielleicht hat er's auch gewußt. Aber wenigstens machte er einen Versuch. Er öffnete das Gatter.

»Tja«, sagte er, »die Zeit vergeht. Da werd ich mal lieber ...«

»Halt«, sagte Omi. Dann betrachteten wir das Pferd, das an den Zaun gebunden war. Auf den ersten Blick schien es das beste von den sieben zu sein. Man mußte es richtig anschauen, um zu erkennen, daß sein linkes Vorderbein ein bißchen krumm war, vielleicht, weil es zu jung und unter einer zu großen Belastung überanstrengt worden war. »Nehmen Sie das hier«, sagte Omi.

»Das ist nicht meins«, sagte Ab. »Das ist eins von Ihren. Ich will bloß ...«

»Nehmen Sie das hier«, sagte Omi. Ab sah sie an. Man hätte mindestens bis zehn zählen können.

»Verdammt noch mal, Miz Millard«, sagte er.

»Ich hab Ihnen oft genug gesagt, daß hier nicht geflucht wird«, sagte Omi.

»Ja«, sagte Ab. Dann sagte er wieder: »Verflucht noch mal!« Er ging in die Koppel und rammte dem angebundenen Pferd das Gebiß ins Maul und knallte den Sattel drauf und riß das Stück Pflugleine ab und warf's über den Zaun und stieg auf, und Omi stand da, bis er aus der Koppel geritten war, und Ringo machte das Gatter zu, und zum erstenmal bemerkte ich jetzt das Vorhängeschloß mit der Kette von der Räucherkammertür, und Ringo schloß es zu und gab Omi den Schlüssel, und Ab saß eine Minute stumm auf dem Pferd und blickte auf sie runter. »Also dann guten Tag«, sagte er. »Wegen der Sache der Konföderierten hoff ich bloß, daß Bed Forrest niemals mit Ihnen Streit bekommt – wo er doch all die Pferde hat!« Dann sagte er's noch mal, und diesmal vielleicht frecher, weil er jetzt auf einem Pferd saß, das schon aufs Tor zielte: »Sonst lassen Sie ihm verdammt sicher bloß ein Trüppchen Infanterie übrig, noch eh er zweimal ausspucken kann!«

Dann war auch er fort. Abgesehen davon, daß Base Melisandre hin und wieder zu hören war und daß die sechs Pferde mit dem US-Brandzeichen auf den Hinterschenkeln in unsrer Koppel standen, hätte es ebensogut nie passiert sein können. Wenigstens glaubten Ringo und ich, damit sei's nun vorbei. Hin und wieder kam mal Philadelphia mit dem Wasserkrug nach unten, um mehr kaltes Wasser für Base Melisandres Kompressen zu holen, aber wir glaubten, selbst das würde sich nach einiger Zeit geben und aufhören. Dann kam Philadelphia wieder nach unten und ins Zimmer, wo Omi eine Yankee-Hose kürzer machte, die Vater letztes Mal zu Hause getragen hatte und die nun für Ringo zurechtgeschnitten wurde. Philadelphia sagte gar nichts. Sie stand bloß in der Tür, bis Omi sagte: »Ja? Was ist jetzt los?«

»Sie möchte das Banjo«, sagte Philadelphia.

»Was?« rief Omi. »Meine Zimbel? Die kann sie nicht spielen. Geh wieder nach oben!«

Aber Philadelphia rührte sich nicht. »Dürft ich Mammi bitten, daß sie mir hilft?«

»Nein«, sagte Omi. »Louvinia ruht jetzt. Sie hat reichlich genug von allem gehabt, und mehr duld ich nicht. Geh wieder nach oben! Gib ihr noch etwas mehr Wein, wenn dir nichts Besseres einfällt!« Und sie sagte Ringo und mir, wir sollten woanders hingehn, irgendwohin, doch selbst auf dem Hof konnte man Base Melisandre hören, die mit Philadelphia redete. Und mal hörten wir sogar Omi, obwohl's noch immer vor allem Base Melisandre war, die redete und zu Omi sagte, sie habe ihr schon verziehen und es sei nichts geschehen und sie wolle jetzt weiter nichts als Frieden. Und nach einer Weile kam Louvinia aus der Hütte, ohne daß auch nur einer sie gerufen hätte, und sie ging nach oben, und dann sah es so aus, als ob wir auch das Abendbrot nicht rechtzeitig essen würden. Doch endlich kam Philadelphia nach unten und kochte und brachte Base Melisandres Essen auf einem Tablett nach oben, und dann hörten wir zu essen auf; wir konnten Louvinia oben hören, die jetzt in Omis Zimmer war, und sie kam nach unten und stellte das nicht angerührte Essen auf den Tisch und stand neben Omis Stuhl und hatte den Schlüssel zum Koffer in der Hand.

»Gut«, sagte Omi. »Geht und ruft Joby und Lucius!« Wir holten die Laterne und die Schaufeln. Wir gingen in den Obstgarten und entfernten das Buschwerk und gruben den Koffer aus und holten die Zimbel hervor und vergruben den Koffer wieder und legten Buschwerk drüber und brachten den Schlüssel wieder zu Omi ins Haus. Und Ringo und ich konnten sie von unserm Zimmer aus hören, und Omi hatte recht gehabt. Wir hörten sie lange, und Omi hatte bestimmt recht gehabt; nur daß sie es bloß immer halb so schlimm ausdrückte. Nach einem Weilchen ging der Mond auf, und wir konnten von unserm Fenster aus in den Garten runtersehen und auf Base Melisandre, die auf der Bank saß, und das Mondlicht glitzerte auf der Perlmuttereinlage an der Zimbel, und Philadelphia kauerte am Gartentor auf der Schwelle und hatte sich die Schürze über den Kopf geschlagen. Vielleicht schlief sie. Es war schon spät. Aber ich kann mir nicht vorstellen, wie sie's fertigbrachte.

Daher konnten wir auch Omi nicht hören, bis sie mitten im Zimmer stand; sie hatte einen Schal über dem Nachthemd und trug eine Kerze. »Jetzt habe ich es aber auch bald satt«, sagte sie. »Geh und wecke Lucius und sage ihm, er soll das Maultier satteln«, sagte sie zu Ringo. »Bring mir Feder und Tinte und ein Blatt Papier!« Ich holte es ihr. Sie setzte sich nicht hin. Sie stand an der Kommode, während ich ihr die Kerze hielt, und schrieb gleichmäßig und ruhig und nicht mal sehr viel, und sie unterzeichnete mit ihrem Namen und ließ das Blatt offen liegen, damit es trocknete, bis Lucius kam. »Ab Snopes hat erzählt, daß Mr. Forrest in Jefferson ist«, sagte sie zu Lucius. »Such ihn! Sage ihm, daß ich ihn morgen vor dem Frühstück hier erwarte, und er soll den Jungen mitbringen!« Sie hatte General Forrest schon in Memphis gekannt, bevor er General wurde. Er machte Geschäfte mit Großvater Millards Warenhandlung, und manchmal kam er heraus und saß bei Großvater auf der Vorderveranda, und manchmal aß er bei ihnen. »Du kannst ihm bestellen, ich hätte sechs erbeutete Pferde für ihn«, sagte sie. »Und mach dir nichts aus Patter-rollers[8] und Soldaten! Du hast doch meine Unterschrift auf dem Papier!«

»Die machen mir auch nicht bange«, sagte Lucius. »Aber wenn nun die Yankees . . .«

»Hah!« sagte Omi. »Hah, das hab ich ganz vergessen! Du wartest ja auf die Yankees, nicht wahr? Aber die sechs heute früh mußten sich, scheint's, zu sehr anstrengen, um sich die Freiheit zu bewahren, als daß sie auch noch lange drüber reden konnten, nicht wahr? – Geh jetzt«, sagte sie. »Glaubst du, ein Yankee wagt es, etwas zu mißachten, was ein Südstaaten-Soldat und sogar ein Patter-roller nicht mißachten würde? – Und ihr beiden geht mir zu Bett«, sagte sie.

Wir legten uns hin, beide auf Ringos Strohsack. Wir hörten das Maultier, als Lucius fortritt. Dann hörten wir das Maultier und wußten nicht, daß wir inzwischen geschlafen hatten, denn das Maultier kam schon zurück, und der Mond war im Westen untergegangen, und Base Melisandre und Philadelphia waren aus dem Garten weggegangen, woandershin, wo Philadelphia besser schlafen konnte, anstatt auf einer viereckigen Schwelle mit der Schürze über dem Kopf, oder wenigstens irgendwo anders, wo es ruhiger war. Und wir hörten, wie Lucius die Treppe raufstolperte, aber Omi hörten wir überhaupt nicht, denn sie stand schon oben an der Treppe und sprach in das Gepolter, das Lucius offensichtlich nicht machen wollte. »Sprich lauter«, sagte sie. »Ich schlafe nicht, aber ich kann's auch nicht von den Lippen ablesen. Nicht im Stockdunkeln.«

»General Forrest schickt seine gehorsamsten Komplimente«, sagte Lucius, »und er kann nicht zum Frühstück kommen, weil er um die Zeit General Smith bei Tallahatchie Crossing verprügeln muß. Aber wenn er damit fertig ist und nicht zu weit weg in der verkehrten Richtung, dann wär's ihm eine Ehre, die Einladung fürs nächstemal anzunehmen, sobald er wieder in die Nähe kommt. Und er hat gefragt, was für'n Junge?«

Während man ungefähr bis fünf zählen konnte, sagte Omi überhaupt nichts. Dann sagte sie: »Was?«

»Er hat gesagt: ›Was für'n Junge‹«, sagte Lucius.

Und dann hätte man bis zehn zählen können. Wir hörten weiter nichts als Lucius' Atem. Dann fragte Omi: »Hast du das Maultier trockengerieben?«

»Ja, Ma'am«, sagte Lucius.

»Hast du's wieder auf die Weide getrieben?«

»Ja, Ma'am«, sagte Lucius.

»Dann geh zu Bett«, sagte Omi. »Und ihr auch«, sagte sie.

General Forrest fand aber raus, was für einen Jungen Omi gemeint hatte. Diesmal wußten wir auch wieder nicht, daß wir inzwischen geschlafen hatten, und jetzt war's auch kein Maultier. Die Sonne ging gerade auf. Als wir Omi hörten und ans Fenster jachterten, da war's mit gestern nicht zu vergleichen. Jetzt waren draußen mindestens ihrer fünfzig, alle in Grau, alles voll von Männern auf Pferden, und Vetter Philip vorneweg, zu Pferd, und fast auf genau der gleichen Stelle, wo er gestern gehalten hatte, und blickte zu Omis Fenster rauf und sah's auch diesmal nicht und auch sonst nichts andres. Er hatte jetzt einen Hut. Er drückte ihn fest ans Herz, und er hatte sich nicht rasiert, und gestern hatte er jünger als Ringo ausgesehen, weil Ringo immer ungefähr zehn Jahre älter als ich aussah. Aber jetzt, als der erste Sonnenstrahl einen feinen weichen Flaum aus den goldenen Stoppeln in seinem Gesicht machte, sah er sogar jünger als ich aus, und er war hager im Gesicht und abgezehrt, als ob er letzte Nacht überhaupt nicht geschlafen hätte, und noch was andres stand in seinem Gesicht: nicht nur, als ob er letzte Nacht überhaupt nicht geschlafen hätte, sondern als ob er zum Kuckuck auch heute nacht nicht schlafen wollte, soweit es nach ihm ging. »Goodbye!« sagte er. »Goodbye!« und riß sein Pferd herum und gab ihm dabei die Sporen und schwenkte den Hut hoch über den Kopf, so, wie er's gestern mit dem Säbel getan hatte, und die ganze Schar machte kehrt und ritt über Blumenbeete und Rasen und alles, und die Zufahrt runter zum Tor, während Omi noch immer im Nachthemd an ihrem Fenster stand, und ihre Stimme klang lauter als die Stimme von einem Mann, egal, wer's sein mochte und was er tun mochte: »Backhouse! Backhouse! Heda, Backhouse!«

Wir frühstückten also sehr früh. Omi schickte Ringo im Nachthemd fort, damit er Louvinia und Lucius wecken ging. Daher hatte Lucius das Maultier schon gesattelt, noch ehe Louvinia Feuer gemacht hatte. Diesmal schrieb Omi gar nicht erst einen Brief. »Reite nach Tallahatchie Crossing!« sagte sie zu Lucius. »Setz dich dort hin und warte auf ihn, wenn's nötig sein sollte.«

»Und wenn sie nun schon mit der Schlacht angefangen haben?« fragte Lucius.

»Und wenn schon!« sagte Omi. »Was geht das dich oder mich an? Du suchst mir Bedford Forrest! Sag ihm, es sei wichtig, und es dauere nicht lange. Aber ohne ihn kommst du mir nicht wieder unter die Augen!«

Lucius ritt fort. Er blieb vier Tage lang weg. Er war nicht mal rechtzeitig zur Hochzeit zurück, da er erst am vierten Tag bei Sonnenuntergang mit zwei Soldaten in einem von General Forrests Fourage-Wagen zurückkam, und das Maultier war an die hintere Wagenklappe angebunden. Er wußte nicht mal, wo er gewesen war, und die Schlacht hatte er überhaupt nicht eingeholt. »Hab nicht mal was von ihr zu hören bekommen«, erzählte er Joby und Louvinia und Philadelphia und Ringo und mir. »Wenn der Krieg immer so weit und so schnell marschieren tut, dann versteh ich nicht, wieso die Soldaten überhaupt Zeit für die Schlacht haben.«

Aber da war es schon alles vorbei. Am zweiten Tag war's gewesen, am Tage, nach dem Lucius fortgeritten war. Diesmal war's gleich nach dem Mittagessen, und mittlerweile hatten wir uns schon an Soldaten gewöhnt. Doch die hier waren anders, bloß ihrer fünf, und noch nie hatten wir bloß so wenige gesehen, und wir hatten uns allmählich Soldaten als etwas vorgestellt, das entweder im Hof vom Pferd springt und wieder aufsitzt oder in vollem Galopp über Omis Blumenbeete heran- und fortprescht. Die hier waren lauter Offiziere, und vermutlich hatte ich wohl doch nicht viele Soldaten gesehen, denn so viel Tressen hab ich noch nie gesehen. Sie kamen im Trab die Zufahrt rauf, wie Herren, die bloß einen Ausritt machen, und hielten an, ohne auch nur ein einziges Blumenbeet zu zertrampeln, und General Forrest stieg ab und kam den Gartenweg entlang, wo Omi ihn auf der Vorderveranda erwartete: ein großer, verstaubter Mann mit einem Bart, der war so schwarz, daß er fast blau aussah, und Augen wie eine schläfrige Eule, und zog schon den Hut. »Ah, Miss Rosie«, sagte er.

»Nennen Sie mich nicht Rosie«, sagte Omi. »Treten Sie näher! Bitten Sie Ihre Herren, abzusitzen und näher zu treten!«

»Sie wollen dort warten«, sagte General Forrest. »Wir sind etwas in Eile. Meine Pläne haben ...« Dann waren wir in der Bibliothek. Er wollte sich nicht setzen. Er sah furchtbar müde aus, aber da war noch was andres, das machte ihn sehr viel lebendiger und nicht bloß müde. »Also, Miss Rosie«, sagte er, »ich ...«

»Nennen Sie mich nicht Rosie«, sagte Omi. »Können Sie nicht wenigstens Rosa sagen?«

»Jawohl«, sagte er. Aber er konnt's nicht. Das heißt, er tat's nicht. »Ich glaube, wir haben jetzt beide genug von der Geschichte. Der Junge ...«

»Hah«, sagte Omi. »Vorgestern abend haben Sie noch gefragt: was für ein Junge. Wo ist er jetzt? Ich hatte Ihnen bestellen lassen, Sie sollen ihn mitbringen.«

»Unter Arrest«, sagte General Forrest. Es klang bedeutend anders als bloß müde. »Ich habe vier Tage damit zugebracht, Smith dort hinzudrängen, wo ich ihn haben wollte. Von da an hätt auch der Kleine hier die Schlacht schlagen können.« Er sprach manchmal ungepflegt, aber wenn einer Schlachten schlug wie er, dann machte es vielleicht selbst Omi nichts aus, wie er sprach. »Ich will Sie nicht mit Einzelheiten belästigen. Der Junge kannte sie auch nicht. Er sollte nichts weiter tun als genau das, was ich ihm gesagt hatte. Fehlte nur noch, daß ich ihm eine Skizze auf den Rockschoß gezeichnet hätte, was er zu tun hatte, genau das und nicht mehr und nicht weniger, angefangen von der Zeit, wo er losritt, bis zu dem Moment, wo ich ihn wiedersah: nämlich Kontakt nehmen und sich dann zurückziehen. Ich hab ihm gerade die richtige Zahl Leute zugeteilt, so daß er nichts andres als nur das tun konnte. Hab ihm genau gesagt, wie schnell er sich zurückziehen soll und wieviel Getöse er dabei vollführen soll und sogar, wie er das Getöse machen soll. Aber was glauben Sie, was er getan hat?«

»Das kann ich Ihnen erzählen«, sagte Omi. »Er saß gestern früh um fünf auf dem Pferd – hinter ihm war mein ganzer Hof voll von seinen Leuten – und rief ›Goodbye‹ zu meinem Fenster rauf.«

»Er teilte seine Leute und schickte die Hälfte in den Wald, damit sie Lärm machen sollten, und nahm die andre Hälfte, die aus beinah kompletten Idioten bestand, und ritt mit ihnen eine Säbelattacke gegen den Vorposten des Feindes. Er ließ nicht feuern. Er trieb sie nur mit dem Säbel auf Smiths Hauptmacht zurück und schüchterte Smith so ein,

daß der seine ganze Kavallerie aufstellte und sich in ihrem Schutz davonmachte, und jetzt weiß ich nicht, ob ich dabei bin, ihn zu schnappen, oder ob er dabei ist, mich zu schnappen. Gestern abend endlich erwischte mein Profos den Jungen. Er war umgekehrt und hatte die andern dreißig Mann seiner Kompanie geholt und war schon wieder zwanzig Meilen voraus, wo er noch was zu finden versuchte, das er attackieren könnte. ›Wollen Sie ins Gras beißen?‹ hab ich ihn gefragt. ›Nicht unbedingt‹, hat er gesagt, ›das heißt, 's ist mir ziemlich einerlei, so oder so.‹ – ›Mir auch‹, hab ich ihm geantwortet, ›aber Sie haben das Leben meiner Leute aufs Spiel gesetzt.‹ – ›Dafür haben sie sich doch freiwillig gemeldet‹, sagt er. ›Sie haben sich bei einem Heer gemeldet, dessen Ziel es ist, jeden einzelnen Mann nur nutzbringend einzusetzen. Oder finden Sie vielleicht, ich ginge nicht geschickt genug mit Menschenfleisch um?‹ – ›Kann ich nicht beurteilen‹, sagt er. ›Seit vorgestern hab ich nicht mehr viel drüber nachgedacht, wie Sie oder sonst jemand den Krieg führen.‹ – ›Und was haben Sie vorgestern gemacht, daß sich Ihre Neigungen und Gewohnheiten so ändern konnten?‹ fragt ich ihn. ›Zum Teil gekämpft‹, sagt er, ›und den Feind zerstreut.‹ – ›Wo?‹ hab ich gefragt. ›Ein paar Meilen außerhalb von Jefferson auf der Besitzung einer Dame‹, sagt er. ›Der eine Nigger nannte sie Omi, genau wie der weiße Junge. Die andern nannten sie Miss Rosie.‹«
Diesmal sagte Omi nichts. Sie wartete bloß.

»Weiter«, sagte sie.

»›Ich versuche immer noch, Schlachten zu gewinnen‹, sagte ich zu ihm, ›selbst wenn Sie's seit vorgestern nicht mehr wollen. Ich werde Sie nach Jackson zu Johnston schikken‹, sagte ich. ›Er wird Sie in Vicksburg einsperren, und dort können Sie dann Tag und Nacht Ihre privaten Attakken reiten, falls Sie Lust haben.‹ – ›Das tun Sie *nicht*, verdammt!‹ sagt er. Und ich sagte – bitte um Verzeihung –: ›Das tu ich *doch*, verdammt!‹« Und Omi sagte überhaupt nichts. Es war wie vorgestern mit Ab Snopes: nicht, als ob sie's nicht gehört hätte, aber als ob's im Augenblick nicht darauf ankäme und als ob jetzt nicht die Zeit wäre, sich um solche Dinge zu kümmern.

»Und haben Sie's getan?« fragte sie.

»Ich kann's nicht. Das weiß er. Man kann einen Mann nicht bestrafen, weil er einen Feind von vierfacher Übermacht in die Flucht geschlagen hat. Was sollte ich wohl drüben in Tennessee sagen, wo wir beide leben, ganz zu schweigen von seinem Onkel, dem Mann, den sie vor sechs Jahren beim Wahlkampf um den Gouverneursposten brachten und der jetzt zu Braggs persönlichem Stab gehört und seine Nase jedesmal über Braggs Schulter steckt, sobald der eine Depesche öffnet oder die Feder in die Hand nimmt? Und ich will immer noch Schlachten gewinnen. Aber ich kann's nicht. Wegen des Mädchens. Wegen des einen einzigen jungen Mädchens, das nichts unter der Sonne gegen ihn hat, ausgenommen, daß sie's anscheinend nicht ertragen kann, seinen Familiennamen zu hören, und bloß, weil er das Pech gehabt hat, sie vor einem Pack plündernder Feinde und aus einer Lage zu retten, die jedermann außer ihr zu vergessen bemüht ist. Und deswegen soll nun jede Schlacht, die ich vorhabe, von jetzt an von der Gnade eines zweiundzwanzigjährigen Grünschnabels abhängen (bitte wiederum um Verzeihung), der sich entschließen könnte, eine Privat-Attacke zu führen, sobald er nur zwei Mann in Grauröcken herbeirufen kann, die sich in der gleichen Richtung bewegen.« Er schwieg. Er blickte Omi an.

»Und jetzt?« sagte er.

»Jetzt sind Sie also bei der Sache angelangt«, sagte Omi. »Ja, was nun, Mr. Forrest?«

»Tja, einfach Schluß machen mit dem Unsinn. Ich erzählte Ihnen doch, daß ich den Jungen erwischt und in festem Gewahrsam habe, mit einer Wache mit Bajonett. Doch da wird's keine Schwierigkeiten mehr geben. Mir kam's noch gestern früh so vor, als hätt er den Verstand verloren. Aber vermutlich hat er, seit ihn gestern abend der Profos schnappte, wenigstens so viel davon wiedergefunden, um einzusehen, daß ich mich noch immer als seinen Vorgesetzten betrachte, selbst wenn er's nicht tut. Es ist also jetzt nichts weiter erforderlich, als daß Sie energisch auftreten. Sehr energisch. Jetzt. Sie sind ihre Großmutter. Sie lebt in Ihrem Haus. Und es hat allen Anschein, als ob sie noch eine ganze Zeitlang in Ihrem Haus leben wird, ehe sie nach Memphis und zu dem Onkel, oder wer er sonst sein mag, zurückkehren kann, der sich ihr Vormund nennt. Also einfach energisch auftreten! Zwingen Sie sie! Mr. Millard hätt's längst getan, wenn er hiergewesen wäre. Und ich weiß auch, wann. Vor etwa zwei Tagen schon.«

Omi wartete, bis er fertig war. Sie stand mit verschränkten Armen da und hielt die Ellbogen umklammert. »Ist das alles, was ich tun soll?« fragte sie.

»Ja«, sagte General Forrest. »Wenn sie nicht gleich von Anfang an auf Sie hören will, könnte vielleicht ich als sein Vorgesetzter . . .«

Omi sagte nicht mal: »Hah!« Sie schickte mich nicht mal zu ihr. Sie blieb nicht mal im Flur stehen und rief sie. Sie ging selber nach oben, und wir standen da, und ich dachte, vielleicht bringt sie auch die Zimbel mit, und ich dachte, wenn ich General Forrest wäre, dann würd ich umkehren und Vetter Philip holen und ihn zwingen, sich in die Bibliothek zu setzen – vielleicht bis zum Abendbrot –, während Base Melisandre die Zimbel spielt und dazu singt. Dann konnte er Vetter Philip wieder mitnehmen und den Krieg beenden, ohne sich weiter Sorgen zu machen.

Sie brachte die Zimbel nicht mit. Sie brachte bloß Base Melisandre. Sie kam ins Zimmer, und Omi trat wieder auf die Seite und hatte die Arme verschränkt und hielt die Ellbogen umklammert. »Da ist sie«, sagte Omi. »Sagen Sie's ihr! – Das ist Mr. Bedford Forrest«, sagte sie zu Base

Melisandre. »Sagen Sie's ihr!« wiederholte sie zu General Forrest.

Er kam nicht zu Worte. Als Base Melisandre zu uns zog, wollte sie Ringo und mir immer vorlesen. Es war nicht so besonders. Das heißt, was sie uns durchaus vorlesen wollte, war nicht so übel, selbst wenn's meistens nur von Damen handelte, die aus dem Fenster schauten und irgendwas spielten (vielleicht waren's Zimbeln), während jemand anders fort war, irgendwo, und kämpfte. Sondern es war die Art, wie sie's vorlas. Als Omi sagte: »Das ist Mr. Forrest«, sah Base Melisandres Gesicht genauso aus, wie ihre Stimme immer geklungen hatte, wenn sie uns vorlas. Sie trat zwei Schritte vor, knickste tief, so daß sich ihre Reifröcke hinter ihr spreizten, und richtete sich wieder auf. »General Forrest«, sagte sie, »ich bin mit einem Waffengefährten des Herrn Generals bekannt. Würde der Herr General ihm bitte die aufrichtigsten Wünsche für Siege in der Schlacht und Erfolg in der Liebe übermitteln – und zwar von einer, die ihn nie wiedersehen wird?« Dann knickste sie wieder und spreizte die Reifröcke nach rückwärts und erhob sich und trat zwei Schritte zurück und drehte sich um und ging aus der Bibliothek.

Nach einem Weilchen sagte Omi: »Und nun, Mr. Forrest?«

General Forrest begann zu husten. Er hob mit der einen Hand seinen Rockschoß und steckte die andre in die Hosentasche, als ob er mindestens eine Muskete hervorziehen wollte, holte sein Taschentuch und hustete ein Weilchen hinein. Es war nicht sehr sauber. Es sah ungefähr so aus wie das, mit dem Vetter Philip vorgestern in der Laube seine Jacke hatte abputzen wollen. Dann steckte er das Taschentuch wieder ein. Er sagte auch nicht »Hah!« Sondern er sagte: »Kann ich die Landstraße nach Holly Branch erreichen, ohne daß ich durch Jefferson muß?«

Nun rührte sich Omi. »Mach den Schreibtisch auf!« sagte sie. »Lege ein Blatt Briefpapier hin!« Ich tat's. Und ich erinnere mich, wie ich auf der einen Seite des Schreibtisches stand und General Forrest auf der andern, und wie wir zusahen, wie Omis Hand gleichmäßig und nicht sehr langsam die Feder übers Papier führte, denn sie brauchte nie sehr lange, um etwas zu sagen, einerlei, was es war, ob sie es nun aussprach oder niederschrieb. Doch bekam ich's damals noch nicht zu sehen, sondern erst später, als es eingerahmt und unter Glas über Base Melisandres und Vetter Philips Kaminsims hing: der feine, gleichmäßige schräge Strich von Omis Handschrift, und darunter General Forrests spitzige Unterschrift, die einem Angriff zusammengezogener Kavallerie auffallend ähnlich sah.

Leutnant P. S. Backhouse, Kompanie D, Kavallerieregiment Tennessee, wurde heute zum Rang eines Generalmajors befördert; er fiel während eines Angriffs auf den Feind. An seiner Stelle wird hiermit Philip St.-Just Backus zum Leutnant der Kavallerie in der Kompanie D des Kavallerieregiments Tennessee ernannt. N. B. Forrest, General

Ich bekam's damals noch nicht zu sehen. General Forrest hob es auf. »Jetzt muß ich also eine Schlacht liefern«, sagte er. »Noch ein Blatt Papier, mein Sohn!« Ich legte ihm eins auf den Schreibtisch.

»Eine Schlacht?« sagte Omi.

»Wegen Johnston«, sagte er. »Verdammt noch mal, Miss Rosie, können denn auch Sie nicht begreifen, daß ich nur ein schwacher Sterblicher bin, der versucht, ein militärisches Kommando gewissen festgelegten und unverletzlichen Regeln entsprechend zu führen, einerlei, wie töricht die Sache überlegenen Außenseitern erscheinen mag?«

»Schön«, sagte Omi. »Sie hatten schon eine. Ich war Augenzeuge.«

»Ich auch«, sagte General Forrest. »Hah«, sagte er. »Die Schlacht von Sartoris.«

»Nein«, sagte Omi. »Nicht in meinem Haus.«

»Unten am Creek haben sie wie verrückt geschossen«, sagte ich.

»An was für einem Creek?« fragte er.

Also erzählte ich's ihm. Er fließt durch unser Weideland. Er heißt Hurricane Creek, aber nicht mal die Weißen nennen ihn so. Omi ausgenommen. Auch General Forrest tat's nicht, als er sich an den Schreibtisch setzte und den Bericht für General Johnston in Jackson schrieb.

Eine Einheit meines Kommandos mit einem Sonderauftrag griff heute, am 28. ult. April 1862, am Harrykin Creek[9] *einen Truppenteil des Feindes an & brachte ihn zum Weichen & trieb ihn auseinander.* *N. B. Forrest, General*

Ich hab's gesehen. Ich sah, wie er's schrieb. Dann stand er auf und steckte die zusammengefalteten Blätter in seine Tasche und ging schon auf den Tisch zu, auf dem sein Hut lag.

»Halt!« sagte Omi. »Leg noch ein Blatt Papier hin«, sagte sie. »Kommen Sie wieder her!«

General Forrest drehte sich um und blieb stehen. »Noch eins?« sagte er.

»Ja«, sagte Omi. »Einen Urlaubsschein, einen Freipaß, oder wie Ihre vielbeschäftigte Armeebehörde sowas nennen mag. Damit John Sartoris wenigstens so lange nach Hause kommen kann ...« (sie sagte es selbst und sah mich dabei scharf an und fing sogar noch mal von vorne an und wiederholte es teilweise, um ganz sicher zu sein, daß kein Irrtum bestehen blieb), »... wieder nach Hause kommen kann, um den Brautvater für die verdammte Braut zu spielen.«

IV

Und das war alles. Der Tag kam, und Omi weckte Ringo und mich vor Sonnenaufgang, und wir aßen von unsern Tellern, was es an Frühstück gab, auf der Hoftreppe. Und wir gruben den Koffer aus und brachten ihn ins Haus und polierten das Silber, und Ringo und ich schleppten Judasbaum- und Hartriegelzweige vom Weideland heran, und Omi schnitt die Blumen ab, allesamt, schnitt sie selbst, und Base Melisandre und Philadelphia trugen bloß die Körbe; so viel, bis das Haus so voll Blumen war, daß Ringo und ich meinten, wir könnten sie sogar schon jedesmal riechen, wenn wir wieder übers Weideland kamen. Natürlich rochen wir was, nämlich das Essen – den letzten Schinken aus der Räucherkammer und die Hühner und das Mehl, das Omi aufgespart hatte, und den letzten Zucker, den sie ebenso wie die Flasche Champagner für den Tag aufgespart hatte, an dem sich der Norden ergeben würde –, das Essen, das Louvinia zwei Tage lang gekocht hatte, und es erinnerte uns, wenn wir in die Nähe des Hauses kamen, jedesmal dran, was dort vor sich ging und daß drin all die Blumen waren. Als ob wir das Essen hätten vergessen können! Und sie kleideten Base Melisandre an, und wir, Ringo in seiner neuen blauen Hose und ich in meiner grauen, die nicht ganz so neu war, standen am Spätnachmittag auf der Veranda – Omi und Base Melisandre und Louvinia und Philadelphia und Ringo und ich – und sahen zu, wie sie durchs Tor kamen. General Forrest war nicht dabei. Ringo und ich hatten gedacht, vielleicht käme er, wenn auch bloß, um Vetter Philip herzubringen. Dann dachten wir, daß General Forrest ihn vielleicht, weil Vater ja sowieso kam, von Vater herbringen lassen würde, Vetter Philip vielleicht mit Handschellen an Vater gefesselt und die Wache mit dem Bajonett hinterdrein, oder vielleicht auch bloß mit Handschellen an den Soldaten gefesselt, bis er und Base Melisandre getraut wurden und Vater ihm die Fesseln abnahm.

Aber General Forrest war nicht dabei, und Vetter Philip war an niemand gefesselt, und kein Bajonett und nicht mal ein Soldat war da, weil's alles Offiziere waren. Und wir standen im Salon, und die selbstgemachten Kerzen brannten im

Sonnenschein in den funkelnden Leuchtern (die Philadelphia und Ringo und ich ebenso wie alles andre Silber geputzt hatten, weil Omi und Louvinia beide genug mit Kochen zu tun hatten, und sogar Base Melisandre putzte ein bißchen dran herum, doch die Sachen, die sie geputzt hatte, konnte Louvinia, fast ohne hinzusehen, herausfinden und gab sie Philadelphia, damit die sie noch mal putzte), und Base Melisandre steckte in dem Kleid, das überhaupt nicht für sie hatte geändert werden müssen, denn Mutter war, als sie starb, nicht viel älter als Base Melisandre gewesen, und sogar Omi konnte es noch über sich zuknöpfen, genau wie an dem Tage, als *sie* darin geheiratet hatte, und der Kaplan und Vater und Vetter Philip und die vier andern waren in ihrem Grau und der Tresse und mit den Säbeln, und Base Melisandres Gesicht war jetzt all right, und Vetter Philips auch, nur daß es den ›Schönes-Mädchen-Ausdruck‹ trug, und keiner von uns hat ihn jemals anders gesehen. Dann aßen wir, und Ringo und ich jedenfalls hatten schon seit drei Tagen drauf gewartet, und wir aßen also, und dann war auch das vorbei und wurde jeden Tag ein bißchen blasser, bis sich der Gaumen nicht mehr dran erinnerte und nur noch der Mund wässerte, wenn wir uns laut die Namen der Gerichte hersagten, bis uns auch der Mund immer weniger und weniger und weniger wässerte und irgendwas nötig war, das wir mal zu essen hofften, wenn sie eines Tages mit dem Krieg fertig waren, was uns dann den Mund wieder wässerig machte.

Und das war alles. Der letzte Lärm von Rädern und von Hufen verhallte, Philadelphia kam aus dem Salon und trug die Leuchter und blies im Gehen die Kerzen aus, und Louvinia stellte die Küchenuhr auf den Tisch und sammelte das letzte schmutzige Silber vom Abendbrot in die Abwaschschüssel, und es war gerade, als wenn nie was gewesen wäre. »So«, sagte Omi. Sie rührte sich nicht, sondern stützte nur die Unterarme ein bißchen auf den Tisch, was wir noch nie bei ihr gesehen hatten. Sie sprach mit Ringo, ohne den Kopf umzudrehen: »Geh und rufe Joby und Lucius!« Und sogar, als wir den Koffer anbrachten und vor die Wand stellten und den Deckel aufschlugen, rührte sie sich noch nicht. Nicht mal Louvinia blickte sie an. »Legt auch die Küchenuhr in den Koffer«, sagte sie. »Ich glaube, heute abend wollen wir's uns schenken, auf Zeit zu drillen.«

Goldenes Land

I

Wäre er dreißig gewesen, hätte er nicht die zwei Aspirintabletten und das halbe Glas unverdünnten Gin gebraucht, ehe er das Geprickel der Dusche auf seinem Körper ertragen konnte und seine Hände fürs Rasieren in der Gewalt hatte. Doch hätte er sich's andrerseits damals, als er dreißig war, nicht leisten können, jeden Abend so viel zu trinken, wie er jetzt trank; bestimmt hätte er es nicht in der Gesellschaft von solchen Männern und Frauen getan, wie jetzt, mit achtundvierzig Jahren, jeden Abend, wenn er auch während der allerletzten Stunden, die – lauter als die Trommeln und Saxophone – angefüllt waren mit zersplitterndem Glas und schrillen Schreien von betrunkenen Frauen, Stunden, in denen er sein Quantum überschritten hatte, sowohl in bezug auf die Menge des genossenen Alkohols wie auf die Zahl und Summe der bezahlten Schecks – wenn er auch während der allerletzten Stunden wußte, daß er sechs oder acht Stunden später erwachen würde aus einem Zustand, der kein Schlaf, sondern jene traumlose Alkohol-Benommenheit war, aus welcher der geblähte und ausschweifende Tumult der vergangenen Nacht gleichsam ohne Pause für Ruhe oder Kräftigung hinübersterben würde in die vertrauten Umrisse seines Schlafzimmers: das Fußende des Bettes, wie es sich vom Frühlicht abhob, das durch die von Bougainvillea-Ranken umrahmten Fenster hereinfiel, die seinen schmerzenden und fast unerträglichen Augen einen Ausblick gewährten, den man das Monument von beinahe fünfundzwanzigjährigem Fleiß und Begehren, von Schlauheit und Glück und sogar Standhaftigkeit hätte nennen können: die gegenüberliegende Talflanke, mit weißen Villen betupft, die halb versteckt in importierten Olivenhainen lagen oder wie die Fassaden östlicher Tempel von einem weiträumigen Fries düsterer Zypressensäulen besäumt waren und deren Besitzer Namen und Gesichter und sogar Stimmen hatten, die in den hintersten Winkeln der Vereinigten Staaten und Amerikas und der ganzen Welt geläufig und bekannt waren, wo Einsteins und Rousseaus und Äskulaps Namen nie erklangen.

Es war ihm nicht übel, als er erwachte. Er war nie krank vom Trinken, wenn er erwachte, und wurde auch nie krank davon, nicht nur, weil er dafür viel zu lange und zu regelmäßig getrunken hatte, sondern weil er selbst nach den dreißig Jahren Verweichlichung noch immer zäh war; er kam an jenem Tag vor vierunddreißig Jahren aus einer zu zähen Familie, als er, vierzehnjährig, auf dem Bremsbalken eines nach Westen fahrenden Güterzuges aus der kleinen, öden Nebraska-Stadt floh, die von seines Vaters Lebensgeschichte und Dasein durchtränkt und nach ihm benannt worden war, gewiß eine Stadt, doch nur in dem Sinne, daß jeder Schatten größer ist als der Gegenstand, der ihn wirft. Sie war noch Grenze, sogar wie er sie als Fünf- und Sechsjähriger in Erinnerung hatte, der projizierte und vergrößerte Schatten eines kleinen Vorpostens von mit Grassoden gedeckten Höhlenwohnungen in der ungeheuren Öde der Ebenen, wo sein Vater, auch ein Ira Ewing, der erste gewesen war, der versucht hatte, ihnen Weizen abzuringen während der sechs Tage zwischen den beiden andern Tagen, an denen er im Frühling und Sommer im Freien und im Winter und Herbst im stinkenden Halbdunkel einer eingeschneiten Höhlenwohnung predigte. Der zweite Ira Ewing hatte seitdem einen weiten Weg zurückgelegt: von dem unfruchtbaren und baumlosen Ort, dem er auf einem Nachtgüterzug entflohen war, zu jenem, in dem er jetzt in einem Hunderttausend-Dollar-Haus lag und wartete, bis er wußte, daß er aufstehen und zum Badezimmer gehen und die zwei

Aspirintabletten in den Mund stecken könne. Sie – sein Vater und seine Mutter – hatten versucht, es ihm zu erklären: etwas über Seelenstärke und den Willen, durchzuhalten. Mit vierzehn konnte er ihnen weder mit Logik und Vernunft antworten noch ihnen erklären, was er wollte: er konnte nur fliehen. Er floh auch nicht vor seines Vaters Strenge und Zorn. Er entfloh dem Schauplatz: der baumlosen Unendlichkeit, in deren trostloser Mitte er die Summe von seines Vaters und seiner Mutter toter Jugend und ihres verschleuderten Lebens als eine winzige, einsame Stelle zu sehen schien, der die Natur gestattete, sich für den Moment einer Jahreszeit mit kurzlebigem und kargem Weizen zu begrünen, ehe sie alles (nicht einmal versprechend, nicht einmal drohend) in erbarmungsloser und fast übermütiger Prophezeiung vom endgültigen Untergang allen Lebens mit dem uranfänglichen und unüberwindlichen Schnee aus der Welt wischte. Und es war nicht einmal das, wovor er floh, weil er ja nicht floh: es war nur, daß Abwesenheit und Fortgehen das einzige Argument waren, das vierzehn Jahre mit einiger Hoffnung auf Erfolg gegen Erwachsene anzuwenden wußten. Die folgenden zehn Jahre lebte er halb als Tramp, halb als Gelegenheitsarbeiter, während er sich die pazifische Küste entlang nach Los Angeles hinabtreiben ließ; mit dreißig Jahren war er verheiratet, mit einem Mädchen aus Los Angeles, der Tochter eines Schreiners, und war Vater eines Sohnes und einer Tochter und hatte auf dem Immobilienmarkt festen Fuß gefaßt; mit achtundvierzig verbrauchte er jährlich fünfzigtausend Dollar und besaß ein Geschäft, das er ohne Hilfe aufgebaut und unversehrt durch das Jahr 1929 gesteuert hatte; seinen Kindern hatte er Luxus und Vorteile geboten, die sich sein eigener Vater als Tatsachen nicht nur nicht hätte vorstellen können, sondern die er auch in der Theorie völlig verurteilt haben würde – mit Recht, wie es sich erwies, wie es die Zeitung bewies, welche der Filipino-Fahrer (der ihn jeden Morgen ins Haus führte und auskleidete und ins Bett brachte) aus seiner Manteltasche genommen und auf den Lesetisch gelegt hatte. Beim Tode seines Vaters vor zwanzig Jahren war er zum erstenmal nach Nebraska zurückgekehrt und hatte seine Mutter mitgenommen und jetzt in einem eigenen Haus untergebracht, das nur deshalb weniger luxuriös war, weil sie (mit einer Art verschämter und wohlüberlegter Standhaftigkeit, die er nicht bemerkte) alles ablehnte, was eleganter oder bequemer war. Es war das Haus, in dem sie zuerst alle gewohnt hatten, obzwar er und seine Frau und die Kinder noch innerhalb des gleichen Jahres umgezogen waren. Vor drei Jahren waren sie wieder umgezogen, in das Haus, in dem er jetzt wach lag, in einem vornehmen Wohnviertel von Beverley Hills; doch hatte er es nicht ein einziges Mal in den neunzehn Jahren unterlassen (nicht einmal in den letzten fünf Jahren, als es, um sich vormittags überhaupt zu bewegen, eine furchtbare Beanspruchung des Charakters oder der Widerstandskraft erforderte, die ihm vom älteren Ira vermacht worden waren und die den andern Ira in den Stand gesetzt hatten, auf der Nebraska-Ebene haltzumachen und eine Höhle für seine Frau auszubuddeln, in der sie Kinder gebären konnte, während er Weizen pflanzte), auf seinem Wege zum Büro (das heißt mit zwanzig Meilen Umweg) die Fahrt zu unterbrechen und zehn Minuten bei ihr zu verbringen. Sie lebte in so restloser äußerer Bequemlichkeit und Ruhe, wie er sie nur ersinnen konnte. Er hatte ihre Verhältnisse so gut geordnet, daß sie sich nicht einmal mit Geld, mit Bargeld befassen mußte, um zu leben; er hatte ihr einen Kredit beim nächsten Kaufmann und Metzger eröffnet, so daß der japanische Gärtner, der täglich kam, um ihre Blumen zu begießen und zu pflegen, die Einkäufe für sie erledigen konnte; die Rechnungen bekam sie gar nicht zu Gesicht. Und der einzige Grund, weshalb sie keine Bedienung hatte, war der, daß sie selbst mit siebzig offenbar noch eigensinnig an der alten Gewohnheit festhielt, selber zu kochen und den Haushalt zu besorgen.

Es hatte also den Anschein, daß er recht gehabt hatte. Vielleicht gab es Zeiten, wenn er so wie jetzt im Bett lag und auf die Energie wartete, um aufstehen und die zwei Aspirin und den Gin nehmen zu können (Vormittage vielleicht, die Abenden folgten, wenn er mehr als sonst getrunken hatte und wenn selbst die sechs oder sieben Stunden Vergessenheit nicht gereicht hatten, um ihn zwischen Realität und Illusion unterscheiden zu lassen), Zeiten, in denen etwas von dem alten, strengen, starken Campbelliten-Blut[10], das der ältere Ira ihm vermacht haben mußte, hätte bewirken können, daß er seinen Vater sah oder spürte oder sich vorstellte, wie er von irgendwoher auf ihn niederblickte, auf ihn, den Verlorenen Sohn, und was er erreicht hatte. Wenn dem so wäre, dann mochte der ältere Ira, als er die letzten beiden Vormittage auf die beiden Sensationsblättchen niederblickte, die der Filipino aus dem Mantel seines Herrn geholt und auf den Lesetisch gelegt hatte, bestimmt das alte Blut genutzt und seine Rache eingeheimst haben – nicht nur für den Nachmittag damals vor vierunddreißig Jahren, sondern für die ganzen vierunddreißig Jahre.

Als er sich – seine Energie, seinen Körper – endlich zusammenraffte und aus dem Bett stieg, stieß er gegen die Zeitung, so daß sie zu Boden fiel und offen vor seinen Füßen lag, doch er blickte sie nicht an. Er stand einfach da, groß, im seidenen Schlafanzug, schmächtig, wo sein Vater infolge der Jahre harter Arbeit und unaufhörlichen Kampfes mit der unberechenbaren und unerbittlichen Erde hager gewesen war (selbst jetzt besaß er trotz des Lebens, das er geführt hatte, kaum einen Bauch), und blickte auf nichts, während zu seinen Füßen die schwarze Schlagzeile über einer Reihe von fünf oder sechs sensationellen Fotos kreischte, auf denen seine Tochter teils zurückstarrte, teils lange, bleiche Schienbeine zur Schau stellte: *April Lalear deckt heimliche Orgien auf.* Als er sich endlich in Bewegung setzte, trat er auf die Zeitung und ging auf bloßen Füßen ins Badezimmer; jetzt waren es seine zitternden und zuckenden Hände, die er beobachtete, während er die zwei Tabletten auf das Glasbord schüttete und das Wasserglas ins Gestell stieß und den Stöpsel von der Ginflasche entfernte und seine Knöchel gegen die Wand stemmte, um den Gin ins Glas zu gießen. Doch auf die Zeitung blickte er nicht, auch nicht, als er, nun rasiert, wieder ins Schlafzimmer und zum Bett ging, neben dem seine Pantoffeln standen, und die Zeitung mit dem Fuß beiseite schob, um in die Pantoffeln zu schlüpfen. Vielleicht, nein, bestimmt brauchte er es nicht. Das Verhör hatte jetzt eben den dritten sensationellen Tag erreicht, und daher war ihm das Gesicht seiner Tochter – hart, blond und undurchdringlich – schon seit zwei Tagen aus jeder Zeitung, die er aufschlug, in die Augen gesprungen; bestimmt vergaß er sie nie, selbst nicht, während er schlief, und erwachte mit dem Bewußtsein seiner Erinnerung an sie, wie er in den verblassenden, betrunkenen Tumult des Abends acht Stunden vorher hineinwachte – ohne irgendeine Pause dazwischen für Ruhe oder Vergessen.

Trotzdem – als er in einem rostfarbenen Rollkragensweater unter dem grauen Flanellanzug die spanische Treppe hinunterstieg, war er äußerlich ruhig und selbstsicher. Das zierliche Eisengeländer und die Marmorstufen schwangen sich in einer Spirale zum fliesenbelegten, scheunengroßen Wohnraum hinunter, hinter dem er seine Frau und seinen Sohn auf der Frühstücksterrasse sprechen hören konnte. Der Sohn hieß Voyd. Er und seine Frau hatten den beiden Kindern nach einem sozusagen gegenseitigen verachtungsvollen Waffenstillstand Namen gegeben: seine Frau nannte den Jungen Voyd – aus welchem Grunde, das erfuhr er nie; er seinerseits nannte das Mädchen (das Kind, dessen Frauengesicht, mit dem Namen April Lalear darunter oder darüber, er in jeder Zeitung sah, die er seit jetzt zwei Tagen anrührte) Samantha, nach seiner Mutter. Er konnte sie miteinander sprechen hören – die Frau, zwischen der und ihm seit jetzt zehn Jahren nichts außer der bloßen Höflichkeit bestanden hatte, und selbst davon nicht immer sehr viel; und den Sohn, der eines Nachmittags vor zwei Jahren von einem Wagen, dessen Insassen er nicht sah, betrunken und besinnungslos an der Tür abgeliefert wurde, es ihm überlassend, ihn auszukleiden und zu Bett zu bringen, wobei er entdeckte, daß der Sohn anstelle von Unterzeug einen Büstenhalter und einen Damenschlüpfer trug. Ein paar Minuten drauf kam Voyds Mutter, die vielleicht die Schläge gehört hatte, herbeigerannt und sah, wie ihr Mann den noch immer besinnungslosen Sohn mit feuchten Handtüchern schlug, die ein Diener immer eins nach dem andern in ein Becken mit Eiswasser tauchte. Er schlug den Sohn übermäßig, mit erbarmungsloser und bewußter Heftigkeit. Ob er versuchte, den Sohn nüchtern zu machen, oder ob er ihn einfach schlug, wußte er möglicherweise selber nicht. Seine Frau zog jedenfalls voreilig letzteren Schluß. In seiner irrsinnigen Enttäuschung versuchte er ihr von der Damenwäsche zu erzählen, aber sie weigerte sich, ihm zuzuhören, und griff ihn ihrerseits mit der Wut einer Megäre an. Seit jenem Tag hatte es der Sohn so eingerichtet, daß er seinem Vater nur in Gegenwart der Mutter begegnete (was übrigens weder der Sohn noch die Mutter besonders schwierig fanden) und wobei der Sohn dann seinem Vater mit einer Mischung aus kriecherischer Bosheit und gehässiger Unverschämtheit entgegentrat, die halb kätzisch und halb weibisch war.

Er ging auf die Terrasse hinaus; die Stimmen verstummten. Die Sonne sickerte durch den leichten, hohen, weichen, fast nebligen Dunst Kaliforniens und fiel mit einer Art trügerischer Mattigkeit auf die Terrasse. Die Terrasse mit ihren sonnengetränkten Terrakotta-Fliesen stieß gegen eine zerklüftete und schroffe Steilwand, die kahl und doch ohne Erde war und auf der oder gegen die ein dichter Teppich aus Blumen in wildem, üppigem, vieltausendfarbigem Widerspruch blühte, als lebten sie, anstatt verwurzelt zu sein und sich aus dem Erdreich zu nähren, nur von der Luft und wären von jemand, der später wiederkommen und sie wegnehmen würde, einfach als Ganzes gegen die nicht nährende Lavawand gelehnt worden. Der Sohn, Voyd, der bis auf seine strohfarbenen Shorts offenbar nackt war und dessen sonnengebräunter Körper leise nach dem Enthaarungsmittel roch, das er auf den Armen, der Brust und den Beinen benutzte, lag in einem Korbsessel, die Füße in Strandsandalen aus Stroh, eine offene Zeitung quer auf den braunen Schenkeln. Die Zeitung war die gediegenste der Stadt, doch auch sie zeigte eine schwarze Schlagzeile, die über die halbe Seite reichte; und auch ohne innezuhalten, sogar ohne zu wissen, daß er hingeschaut hatte, sah Ira dort ebenfalls den Namen, den er erkannte. Er ging weiter, zu seinem Platz hinüber; der Filipino, der ihn jeden Abend zu Bett brachte und der jetzt eine weiße Dienerjacke trug, rückte ihm seinen Stuhl zurecht. Neben dem Glas Orangensaft und der Kaffeetasse lag ein ordentlicher Stoß Post, zuoberst ein Telegramm. Er setzte sich und nahm das Telegramm auf; er hatte seine Frau noch nicht angesehen, bis sie sagte:

»Mrs. Ewing hat angerufen. Sie sagt, du möchtest auf deinem Weg zur Stadt bei ihr halten.«

Er erstarrte; seine Hände, die das Telegramm öffneten, erstarrten. Noch immer ein wenig in die Sonne blinzelnd, schaute er in das Gesicht ihm gegenüber auf der andern Seite des Tisches, das glatte, ausdruckslose Make-up, die dünnen Lippen und die dünnen Nüstern und die blaßblauen, unversöhnlichen Augen, das makellose platinfarbene Haar, das aussah, als wäre es aus einem Buch Silberfolie, wie sie die Fenstermaler benutzen, mit einem Pinsel auf ihren Schädel übertragen worden. »Was?« fragte er. »Sie hat angerufen? Hier?«

»Warum nicht? Habe ich je etwas dagegen gehabt, wenn eine deiner Frauen hier angerufen hat?«

Das ungeöffnete Telegramm zerknitterte plötzlich in seiner

Hand. »Du weißt, was ich meine«, sagte er schroff. »Sie hat mich noch nie im Leben angerufen. Sie hatte es nicht nötig. Und nicht wegen so einer Bitte. Wann habe ich je versäumt, auf meinem Weg zur Stadt zu ihr zu gehen?«

»Wie kann ich das wissen?« sagte sie. »Oder bist du das gleiche Muster von Sohn, das du als Gatte warst und als Vater zu sein scheinst?« Ihre Stimme war noch nicht schrill, noch nicht einmal sehr laut, und niemand hätte sagen können, wie schnell ihr Atem ging, weil sie so still saß, so starr unter ihrem makellosen und unwahrscheinlichen Haar, während sie ihn mit ihrer blassen und wütenden Unversöhnlichkeit anstarrte. Sie sahen einander beide über den eleganten Tisch hinweg an – zwei Menschen, die sich einmal vor zwanzig Jahren genauso plötzlich und instinktiv und ohne zu überlegen im Kummer einander zugewandt hatten, die es selbst vor zehn Jahren vielleicht noch getan haben mochten.

»Du weißt, was ich meine«, sagte er wieder schroff und unterdrückte ebenfalls das Zittern, das er sicher auf die Trinkerei des vergangenen Abends zurückführte, auf den genossenen Alkohol. »Sie liest keine Zeitungen. Sie nimmt sie nicht mal in die Hand. Hast du sie ihr geschickt?«

»Ich?« fragte sie. »Was hätte ich geschickt?«

»Zum Teufel!« schrie er. »Eine Zeitung! Hast du sie ihr geschickt? Lüge mich nicht an!«

»Und wenn ich's getan hätte?« rief sie. »Wer ist sie denn, daß sie's nicht erfahren darf? Wer ist sie, daß du sie davor schützt? Hast du dir die geringste Mühe gegeben, mich davor zu schützen, es nicht zu erfahren? Hast du dir die geringste Mühe gegeben, zu verhindern, daß es geschah? Warum hast du nicht all die Jahre daran gedacht, als du zu betrunken, zu vollgelaufen mit Alkohol warst, um zu wissen oder zu bemerken oder dich zu bekümmern, was Samantha war ...«

»Miss April Lalear, vom Film, bitte sehr!« warf Voyd ein. Sie schenkten ihm keine Beachtung; sie funkelten einander über den Tisch hinweg an.

»Oh«, sagte er ruhig und steif, und seine Lippen bewegten sich kaum, »ich soll also auch daran die Schuld tragen, ja? Ich habe eine Hure aus meiner Tochter gemacht, ja? Vielleicht wirst du mir nächstens noch weismachen, daß ich aus meinem Sohn einen warmen ...«

»Still!« schrie sie. Sie keuchte jetzt; sie funkelten einander über den Tisch hinweg an – eine fünf Fuß breite, unabänderliche Schranke.

»Aber, aber!« sagte Voyd. »Misch dich doch nicht in die Karriere der jungen Dame! Nach all den Jahren, wenn sie da endlich eine Rolle gefunden zu haben scheint, die sie ...« Er brach ab; sein Vater hatte sich umgedreht und sah ihn an. Voyd lag in seinem Sessel und blickte seinen Vater mit einer verschleierten Unverschämtheit an, die beinah weibisch war. Plötzlich wurde sein Ausdruck völlig weibisch; mit einem unterdrückten Schrei schwenkte er seine Beine hoch, um aufzuspringen und auszureißen, aber es war zu spät; Ira stand über ihm und packte ihn mit der einen Hand nicht bei der Kehle, sondern im Gesicht, so daß Voyds Mund in seines Vaters harter, bebender Hand aufbrach und sabberte. Dann sprang die Mutter vor und versuchte, Iras zupackende Hand wegzureißen, doch er schleuderte sie weg, und als sie wieder vorsprang, packte er sie und hielt sie, auch ringend, mit der andern Hand.

»Los!« rief er. »Sag es!« Aber Voyd konnte nichts sagen, weil seine Kinnbacken von seines Vaters Hand aufgesperrt wurden oder, wahrscheinlicher noch, von seiner eigenen Angst. Sein Körper steckte jetzt nicht mehr im Sessel, sondern krümmte sich und schlug um sich und stieß sabbernde, ächzende Schreckenslaute aus, während sein Vater mit der einen Hand ihn und mit der andern seine kreischende Mutter hielt. Dann schleuderte Ira den Sohn von sich, auf die Terrasse; Voyd überschlug sich und sprang auf die Füße, duckte sich, wich gegen die Balkontüren zurück und warf den einen Arm vor sein Gesicht, während er seinen Vater beschimpfte. Dann war er fort. Ira sah seine Frau an, hielt auch sie nun still; auch sie keuchte, und die geschickte Landkarte ihres Make-up hob sich reliefartig wie eine Papiermaske ab, die glatt zurechtgestutzt und auf ihren Schädel geklebt worden war. Er gab sie frei.

»Du Säufer!« rief sie. »Du verkommener Säufer! Und da willst du dich wundern, daß deine Kinder ...«

»Ja«, sagte er ruhig. »Das ist erledigt. Darum geht es jetzt nicht. Das ist alles vorbei. Es geht jetzt darum, was getan werden muß. Mein Vater hat es gewußt. Er hat es einmal getan!« Er sprach mit trockener, leichter, freundlicher Stimme: so auffallend war es, daß sie dastand, noch keuchend, aber ruhig dastand und ihn ansah. »Ich erinnere mich. Ich war etwa zehn. Wir hatten Ratten in der Scheune. Wir hatten alles versucht. Terrier. Gift. Dann sagte Vater eines Tages: ›Komm!‹ Wir gingen zur Scheune und verstopften alle Ritzen und Löcher. Dann steckten wir sie in Brand. Was hältst du davon?« Dann war auch sie fort. Er stand einen Augenblick da und blinzelte ein wenig; seine Augäpfel pochten unter dem Anprall des sanften, unveränderlichen Lichts und der wilden, unschuldigen Blütenfülle leise und gleichmäßig in seinem Schädel. »Philip!« rief er. Der Filipino mit seinem braunen, ausdruckslosen Gesicht erschien mit einer Kanne heißen Kaffees und stellte sie neben die leere Tasse und das in Eis gebettete Glas Orangensaft. »Hol was zu trinken!« sagte Ira. Der Filipino sah ihn an, dann machte er sich am Tisch zu schaffen, verschob die Tasse und stellte die Kanne hin und rückte die Tasse wieder anderswohin, während Ira ihn beobachtete. »Hast du nicht gehört?« fragte Ira. Der Filipino richtete sich auf und sah ihn an.

»Sie haben befohlen, Ihnen nichts zu geben, ehe Sie Ihren Orangensaft und Ihren Kaffee getrunken haben.«

»Willst du mir jetzt was zu trinken holen?« brüllte Ira ihn an.

»Jawohl, sir«, antwortete der Filipino. Er ging. Ira sah

ihm nach; es war schon einmal passiert: er wußte genau, daß der Brandy nicht auftauchen würde, ehe er Orangensaft und Kaffee ausgetrunken hatte, obwohl er nicht wußte, wo der Filipino eigentlich lauerte und ihn beobachtete. Er setzte sich wieder hin und öffnete das zerknitterte Telegramm und las es, in der Hand das Glas mit dem Orangensaft. Es kam von seinem Sekretär: *Traf Abmachung bevor ich gestern abend Story freigab stop Dreißig Prozent Titelseite stop Traf Verabredung für Sie Gericht heute nachmittag stop Wollen Sie Büro kommen oder anrufen.* Er las das Telegramm noch einmal, das Glas mit dem Orangensaft immer noch in der Hand. Dann stellte er es weg und stand auf und hob die Zeitung auf, die Voyd weggeschleudert hatte, und las die halbe Schlagzeile. *»Lalear Tochter einer angesehenen hier ansässigen Familie.* Gibt zu, daß ihr richtiger Name Samantha Ewing ist, Tochter von Ira Ewing, hiesigem Grundstücksmakler.« Er las es ruhig; dann sagte er ruhig, aber laut:

»Der Japs war's, der ihr die Zeitung gezeigt hat! Der verdammte Gärtner!« Er kehrte an den Tisch zurück. Nach einiger Zeit kam der Filipino mit dem Brandy-Soda; er trug jetzt eine Jacke aus leuchtendem, imitiertem Tweed und sagte ihm, der Wagen sei bereit.

II

Seine Mutter wohnte in Glendale; es war das Haus, das er bezogen hatte, als er heiratete, und das er später kaufte und in dem sein Sohn und seine Tochter geboren wurden – ein Bungalow am Ende einer Sackgasse aus Pfefferbäumen und blühenden Sträuchern und Rankgewächsen, die der Japaner pflegte. Hinten lehnte es sich an einen kahlen Hügel, der zu einem Friedhof mit Marmor und Zypressen zurechtgestutzt und -gestriegelt war: dramatisch wie ein Bühnenbild war er, und gekrönt von einer Lichtreklame aus roten Glühbirnen, die im Nebel des San-Fernando-Tals wie ein breiter, mysteriöser Rubin glühte, als läge gleich hinter dem Hügelkamm nicht der Himmel, sondern die Hölle. Neben der stattlichen Länge seines Sportwagens, in dem der Filipino saß und die Zeitung las, wirkte das Haus zwergenhaft klein. Aber sie wollte kein anderes haben, wie sie auch keine Bedienung, keinen Wagen, kein Telefon haben wollte – eine knochige, magere, leicht gebeugte Frau, die sogar Kalifornien und das sorglose Leben nicht dick gemacht hatten; sie saß auf einem von den Stühlen, die sie unbedingt die ganze Strecke von Nebraska her hatte mitbringen wollen. Zuerst hatte sie sich zufriedengegeben, daß die Möbel aus Nebraska im Abstellraum blieben, denn sie wurden nicht benötigt (als Ira mit Frau und Kindern aus dem Haus auszog und in ein neues einzog, hatten sie auch neue Möbel gekauft und seiner Mutter das vollständig möblierte Häuschen überlassen), doch eines Tages, er konnte sich nicht genau erinnern, wann, hatte er entdeckt, daß sie diesen einen Stuhl aus dem Abstellraum geholt hatte und ihn im Haus benutzte. Später, als ihm ihre eigenartige Unruhe aufgefallen war, hatte er ihr vorgeschlagen, er wolle sämtliche Möbel aus dem Haus räumen lassen und all ihre eigenen Möbel aus dem Abstellraum holen, doch das lehnte sie ab, da sie es offenbar vorzog oder wünschte, daß die Nebraska-Möbel blieben, wo sie waren. Wie sie so dasaß, den gestrickten Schal um die Schultern, wirkte sie weniger so, wie wenn sie hier wohnte oder zu diesem Haus, diesem Zimmer gehörte, als vielmehr der Sohn, mit seinem Strand-Braun und seinen leicht angegrauten Schläfen eines Schauspielers und seiner hellen, teuren, farblich diskret abgestimmten Kleidung. Sie hatte sich in den vierunddreißig Jahren überhaupt kaum verändert; sie und auch der ältere Ira nicht, der, wie der Sohn ihn in Erinnerung hatte, als Toter genausowenig einer Veränderung unterworfen war wie zu seinen Lebzeiten. Wie sich der Nebraska-Vorposten mit seinen Höhlensiedlungen zu einem Dorf und dann zu einem Städtchen entwickelte, so hatte einzig seines Vaters Nimbus zugenommen, hatte sich entsprechend den Ausmaßen eines Riesen entwickelt, der sich in einer unwiederbringlichen, doch nicht lange zurückliegenden Zeit mit seinen bloßen Händen in einen titanischen Kampf mit der erbarmungslosen Erde eingelassen und durchgehalten und in gewissem Sinne gesiegt hatte – auch das, gleich dem Städtchen, ein Schatten, der in keinem Verhältnis zu der hageren, knorrigen Gestalt des Mannes selbst stand. Und ebenso die Frau, wie der Sohn sie aus der damaligen Zeit in Erinnerung hatte. Zwei Menschen, die, genau wie er, die Luft einsogen und zu essen und zu trinken verlangten und die ihn in die Welt gesetzt hatten und doch Fremdlinge waren, wie einer andern Rasse angehörend, die Seite an Seite in einer unabänderlichen Einsamkeit standen, als ob sie sich von einem andern Planeten hierherverirrt hätten, nicht als Gatte und Gattin, sondern als Blutsbruder und -schwester, sogar Zwillingspaar, des gleichen Ringens, denn dank ihrer Seelenstärke und ihres Willens und ihrer Kraft, durchzuhalten, hatten sie einen seltsamen Frieden gewonnen.

»Erzähl mir noch mal, was es ist!« bat sie. »Ich will versuchen, es zu verstehen!«

»Also war's Kazimura, der dir die verdammte Zeitung gezeigt hat«, sagte er. Daraufhin gab sie keine Antwort; sie sah ihn nicht an.

»Du hast mir erzählt, daß sie schon vorher beim Film war, zwei Jahre lang. Und das war der Grund, weshalb sie ihren Namen ändern mußte, weshalb alle ihren Namen ändern müssen.«

»Ja. Man nennt's Statistenrollen. Ungefähr zwei Jahre lang. Weiß der Himmel, warum.«

»Und dann hast du mir erzählt, daß es ... daß all das nötig war, damit sie zum Film käme ...«

Er setzte zum Sprechen an, riß sich dann aber zurück aus

einer raschen Ungeduld, einer Ungeduld vielleicht aus Kummer oder Verzweiflung oder zumindest aus Zorn, und zwang seine Stimme, seinen Tonfall zur Ruhe: »Ich habe gesagt, daß es einer der möglichen Gründe sei. Ich weiß nur, daß der Mann etwas mit dem Film zu tun hat und die Rollen verteilt. Und daß die Polizei ihn und Samantha und das andere Mädchen in einer Wohnung mit festverschlossenen Türen ertappte, und daß Samantha und die andere Frau nackt waren. Es heißt, er wäre auch nackt gewesen, aber er sagt, nein. Er hat beim Verhör ausgesagt, man hätte ihn hineingelegt und ihm eine Falle gestellt; die andern hätten versucht, ihn zu erpressen, damit er ihnen Rollen in einem Film gibt; daß sie ihn verleitet hätten, dort hinzugehen, und mit der Polizei verabredet hätten, sie sollten genau dann eindringen, wenn sie ihre Kleider ausgezogen hätten; und daß die eine vom Fenster aus ein Zeichen gegeben hätte. Vielleicht war es so. Oder vielleicht haben sie sich auch bloß amüsiert und wurden ahnungslos dabei erwischt.«

Sein unbewegliches, starres Gesicht zerriß, wurde von einem schwachen, bitteren Lächeln wie in ununterdrückbarem und abgestumpftem Leid verzerrt, aber vielleicht auch nur vom Lächeln, nur vom Zorn. Seine Mutter sah ihn noch immer nicht an.

»Aber du hast mir erzählt, daß sie schon beim Film war. Daß sie deshalb ihren Namen hatte ändern müssen ...«

»Ich hab gesagt, für die Statistenrollen«, entgegnete er. Trotz seiner zuckenden und mißhandelten Nerven mußte er sich wieder zurückreißen aus dem wilden Zorn seiner Ungeduld. »Kannst du nicht verstehen, daß man nicht einfach zum Film kommt, indem man seinen Namen ändert? und daß man auch nicht dabeibleibt, bloß weil man eine Frau ist? daß sie mit jedem Zug scharenweise hierherkommen: Mädchen, die jünger und hübscher als Samantha sind und einfach zu allem bereit, um zum Film zu kommen (wie sie offenbar auch), die aber mehr wissen oder bereit sind, noch mehr

Dinge zu lernen, als sogar sie sich ausgedacht zu haben scheint? Aber wir wollen nicht darüber sprechen. Sie hat sich selbst ihr Bett gemacht: ich kann nichts weiter tun, als ihr heraushelfen, kann ihr nicht die Leintücher waschen. Das kann niemand. Jetzt muß ich jedenfalls gehen; hab mich schon verspätet.« Er stand auf, sah auf sie nieder. »Man sagte mir, du hättest mich heute morgen angerufen. Stimmt das?«

»Nein«, erwiderte sie. Jetzt sah sie zu ihm auf; jetzt begannen ihre knorrigen Hände leise aneinander zu zupfen. »Du hast mir einmal ein Dienstmädchen angeboten.«

»Ja. Vor fünfzehn Jahren. Da hatte ich gedacht, du müßtest jemand haben. Hast du dir's jetzt anders überlegt? Möchtest du, daß ich ...«

Jetzt sah sie ihn nicht mehr an, obwohl ihre Hände noch ruhelos waren. »Es war vor fünfzehn Jahren. Es hätte im Jahr mindestens fünfhundert Dollar gekostet. Das wären ...«

Er lachte auf, kurz und schroff. »Ich möchte mal ein Dienstmädchen in Los Angeles sehen, das man für fünfhundert Dollar im Jahr bekommen könnte. Aber was ...« Er hörte auf zu lachen, sah auf sie nieder.

»Das wären mindestens fünftausend Dollar«, sagte sie.

Er sah auf sie nieder. Nach einer Weile sagte er: »Möchtest du Geld von mir?« Sie antwortete nicht und rührte sich nicht; ihre Hände zupften langsam und still eine an der andern. »Aha«, sagte er, »du willst weglaufen, du willst auf und davon gehn! Ich auch!« rief er, und diesmal konnte er sich nicht zurückreißen. »Ich auch! Aber du hast mich nicht ausgesucht, als du ein Kind wolltest, und ich hab mir meine beiden nicht ausgesucht. Doch ich muß sie hinnehmen, und du mußt uns alle hinnehmen. Da gibt's keinen Ausweg!« Er fing sich jetzt wieder, keuchte, richtete seinen Willen darauf, ruhig zu bleiben, wie wenn er morgens aufstehen wollte, obwohl seine Stimme noch schroff war: »Wohin würdest du gehen? Wo könntest du dich davor verstecken?«

»Heim«, sagte sie.

»Heim?« wiederholte er; mit einer Art Betroffenheit wiederholte er: »Heim?«, ehe er begriff. »Dort willst du wieder hin? Zu den Wintern und dem Schnee und alledem? Du würdest ja nicht mal das erste Weihnachten erleben, weißt du das?« Sie rührte sich nicht und sah nicht zu ihm auf. »Unsinn!« sagte er. »Das geht auch vorüber. Nach einem Monat sind zwei andre da, und kein Mensch außer uns erinnert sich noch dran. Und du brauchst kein Geld. Seit Jahren bittest du mich um Geld, aber du brauchst es nicht. Ich habe mir mal selber so viel Sorgen wegen Geld gemacht, daß ich mir geschworen habe, es wäre das mindeste, was ich für dich tun könnte, wenn ich alles so für dich anordne, daß du das Zeugs nicht mal zu sehen brauchst. Ich muß gehen; hab heute was vor im Büro. Bis auf morgen dann!«

Es war schon ein Uhr. »Zum Gericht!« sagte er zu dem Filipino und lehnte sich im Wagen an. »Mein Gott, ich brauch 'n Drink!« Er fuhr mit geschlossenen Augen, wegen der Sonne; der Sekretär war schon aufs Trittbrett gesprungen, ehe er merkte, daß sie vor dem Gericht hielten. Der Sekretär, auch ohne Hut, trug eine Jacke aus echtem Tweed; sein Rollkragen-Sweater war tief schwarz, und auch sein Haar war schwarz und lag glatt und glänzend um den Schädel; er hielt Ira die Probeseite einer Zeitung hin, die so gesetzt war, daß ein Zwischenraum für das Bild unter der Überschrift blieb: *April Lalears Vater.* Unter dem Zwischenraum stand der Text: *Ira Ewing, Präsident der Ewing Immobilien-Gesellschaft, Wilshire Boulevard, Beverley Hills.*

»Mehr als dreißig Prozent konnten Sie nicht bekommen?« fragte Ira. Der Sekretär war jung; er starrte Ira einen Augenblick in unbestimmter, ungeduldiger Empörung an.

»Herrje, dreißig Prozent sind nicht zu verachten! Sie drukken tausend Extranummern und benutzen unsre Adressenliste! Sie werden die ganze Küste entlang verteilt, im Norden und im Süden und östlich bis nach Reno. Was wollen

Sie denn noch? Wir können nicht verlangen, daß sie unter Ihr Bild setzen: ›Siehe Seite vierzehn, halbseitige Anzeige!‹, was?« Ira saß wieder mit geschlossenen Augen da und wartete, daß es in seinem Kopf aufhören sollte.

»All right«, sagte er. »Sind sie jetzt soweit?«

»Alles ist bereit. Sie müssen reingehn. Sie haben drauf bestanden, es drin zu machen, damit jeder, der es sieht, gleich weiß, es ist im Gericht.«

»All right«, sagte Ira. Er stieg aus; mit halb geschlossenen Augen, den Sekretär dicht an seinem Ellbogen, stieg er die Treppe hinauf und betrat das Gerichtsgebäude. Der Reporter und der Fotograf warteten, doch er sah sie noch nicht; er wurde sich nur bewußt, in einer gaffenden Menge eingeschlossen zu sein, die, wie er wußte, größtenteils aus Frauen bestand, und hörte den Sekretär und einen Polizisten, die im Korridor vor der Tür zum Gerichtssaal Platz schafften.

»'s ist O. K.«, sagte der Sekretär. Ira blieb stehen; das Dunkel war seinen Augen angenehmer, obwohl er sie noch nicht öffnete; er stand da und hörte, wie der Sekretär und der Polizist die Frauen, die Gesichter zurückdrängten; jemand nahm ihn beim Arm und drehte ihn um; er stand gehorsam still; das Magnesium blitzte und blendete und traf wie mit Schlägen auf seine schmerzenden Augäpfel; er hatte eine Vorstellung wie von fahlen Gesichtern zu beiden Seiten einer engen Gasse aus Menschen, die den Hals verrenkten, um ihn anzustarren; mit fest zusammengekniffenen Augen drehte er sich um, tapste blindlings, bis der beauftragte Reporter ihn anredete:

»Nur noch eine Minute, Chef! Wir wollen lieber noch eine machen, bloß für den Fall, daß ...« Diesmal waren seine Augen fest geschlossen; das Magnesium blitzte, flutete über sie hinweg; in dem dünnen, ätzenden Geruch drehte er sich um und ging, den Sekretär dicht an seinem Ellbogen, blindlings zurück und in die Sonne hinaus und zu seinem Wagen. Diesmal gab er kein Ziel an, sagte nur: »Was zu trinken!«

Er fuhr wieder mit geschlossenen Augen, während der Wagen den City-Verkehr hinter sich ließ und dann ruhig und kraftvoll und schnell unter ihm hinwegglitt; so fuhr er lange Zeit, ehe er spürte, daß der Wagen in die von Palmen besäumte Zufahrt einbog und die Fahrt verlangsamte. Er kam zum Stehen; der Portier öffnete ihm die Wagentür und begrüßte ihn mit seinem Namen. Auch der Liftjunge nannte ihn bei seinem Namen und hielt ohne Anweisung im richtigen Stockwerk; er ging den Korridor entlang und klopfte an eine Tür und suchte fummelnd den Schlüssel, als die Tür aufging und eine Frau im Badeanzug unter einem losen Bade-Cape – eine Frau mit ebenfalls gefärbten Haaren und mit braunen Augen – ihm die Tür aufriß, um ihn eintreten zu lassen, und sie dann hinter ihm zuschwenkte und ihn mit dem raschen, hellen, leichten, heiteren Lächeln ansah, das nur eine Frau gegen die Vierzig einem Mann schenken kann, mit dem sie nicht verheiratet ist und vor dem sie während einer langen Zeit angenehmer und völliger Vertrautheit keine körperlichen und wenig sonstige Geheimnisse gehabt hat. Sie war jedoch verheiratet und geschieden; sie hatte ein Kind, eine Tochter von vierzehn Jahren, die er jetzt in ein Internat gehen ließ. Er blickte sie an und blinzelte, während sie die Tür schloß.

»Du hast wohl die Zeitungen gesehen«, sagte er. Sie küßte ihn, nicht ungestüm, ohne Leidenschaft, wie in einer Fortsetzung der Gebärde, mit der sie die Tür schloß, und wie mit einem warmen Einhüllen; plötzlich rief er: »Ich kann's nicht verstehen! Nach all den Vorteilen, die ... nach allem, was ich mich für sie zu tun bemüht habe ...«

»Laß!« sagte sie. »Laß es jetzt! Zieh die Badehose an! Ich habe einen Drink für dich bereit, wenn du dich umgezogen hast! Möchtest du ein Lunch, wenn ich's heraufschicken lasse?«

»Nein, ich mag kein Lunch! Nach allem, was ich mich für sie zu tun bemüht habe ...«

»Laß jetzt! Zieh dir die Badehose an, unterdessen mixe ich dir einen Drink! Am Strand wird's herrlich sein!« Im Schlafzimmer lagen seine Badehose und der Bademantel schon auf dem Bett bereit. Er zog sich um, hängte seinen Anzug in den Schrank, in dem ihre Kleider hingen und wo noch ein andrer seiner Anzüge hing und Sachen zum Ausgehen am Abend. Als er ins Wohnzimmer zurückkehrte, hatte sie ihm den Drink zurechtgemacht; sie hielt ein Zündholz an seine Zigarette und sah ihm zu, wie er sich setzte und das Glas nahm, sah ihm auch weiterhin zu mit ihrem heiteren, unpersönlichen Lächeln. Jetzt sah er ihr zu, wie sie aus dem Umhang schlüpfte und, um ein Silberflakon zu füllen, vor dem Flaschenschrank niederkniete – im Badeanzug der gegenwärtigen Mode, wie ihn zehntausend weibliche Kleiderpuppen aus Wachs in jenem Sommer in zehntausend Schaufenstern trugen und wie ihn hunderttausend junge Mädchen auf jedem Strand Kaliforniens trugen; er sah sie an, wie sie dort kniete, Rücken, Gesäß und Schenkel gut proportioniert, auch straff genug (im Grunde sogar so straff, daß sie vor lauter unablässiger und vielleicht gar unerbittlicher Pflege fast ein wenig zum Muskulösen hinneigten), doch immerhin die einer Vierzigjährigen. ›Aber ich will kein junges Mädchen‹, dachte er. ›Wollte Gott, daß alle jungen Mädchen, alles junge Weiberfleisch von der Erdoberfläche getilgt und in die Luft gesprengt würde.‹ Er trank sein Glas aus, noch ehe sie das Flakon gefüllt hatte.

»Ich möchte noch einen«, sagte er.

»All right«, sagte sie. »Sowie wir am Strand sind!«

»Nein. Jetzt!«

»Laß uns doch erst an den Strand gehen! Es ist beinah drei Uhr. Wäre das nicht besser?«

»Das sagst du ja bloß, weil du mir nicht sagen willst, ich könnte keinen Drink bekommen!«

»Natürlich nicht«, sagte sie, ließ das Flakon in die Tasche des Umhangs gleiten und sah ihn wieder mit dem gleichen warmen, leichten, undurchdringlichen Lächeln an. »Ich möchte nur so gern baden, ehe das Wasser zu kalt wird!« Sie gingen zum Wagen hinunter; der Filipino wußte auch hierin Bescheid: er hielt ihr die Wagentür auf, so daß sie unters Steuer schlüpfen konnte, und stieg dann selbst hinten ein. Der Wagen setzte sich in Bewegung; sie fuhr gut. »Willst du dich nicht anlehnen und die Augen schließen«, sagte sie zu Ira, »und dich ausruhen, bis wir am Strand sind? Dann können wir ins Wasser gehen und unsern Drink nehmen.«

»Ich will mich nicht ausruhen«, sagte er. »Es fehlt mir nichts.« Doch er schloß die Augen wieder, und wieder lief der Wagen kraftvoll und gleichmäßig und schnell unter ihm hinweg und absolvierte seine Nachmittagstour über die unglaublichen Entfernungen, aus denen sich die Stadt zusammensetzt; hätte er aufgeblickt, dann hätte er von Zeit zu Zeit die Stadt gesehen, wie sie im leuchtenden, weichen, verschwommenen, dunstigen Sonnenschein ungleichmäßig über den dürren Boden verstreut lag, vielen, vielen bunten Papierfetzchen gleich, die wahllos hierhin und dorthin geweht wurden, so daß sie den merkwürdigen Eindruck erweckte, nicht verwurzelt zu sein: Stadt mit Häusern, strahlend schön und heiter, ohne Keller oder Fundament, leicht verhaftet mit ein paar Zoll leicht durchdringlicher Erde, leichter noch als Staub und ihrerseits leicht auf dem tiefen und uralten Lavagrund liegend, Häuser, die ein tüchtiger, starker Regen auf immer aus Blickfeld und Erinnerung des Menschen hinwegschwemmen könnte, wie ein Feuerwehrschlauch einen Rinnstein entlangspült – diese Stadt mit ihrem fast nicht abzuschätzenden Reichtum, deren sonderbar angemessenes Los es ist, auf ein paar Tümpeln[11] einer Substanz errichtet worden zu sein, deren Wert nach Billionen berechnet wird und die im gleichen Bruchteil einer Sekunde völlig vernichtet werden kann, wie in dem Moment zwischen dem Anzünden eines Streichholzes und dem Moment, wenn der Fahrlässige vielleicht aufspringt und es ausstampft.

»Du hast heute deine Mutter gesehen«, sagte sie. »Hat sie . . .«

»Ja.« Er öffnete die Augen nicht. »Der verdammte Japs gab sie ihr. Sie hat mich wieder um Geld gebeten. Ich habe herausbekommen, wofür sie's haben will. Sie will weglaufen, nach Nebraska zurück. Ich hab's ihr gesagt, hab's ihr klargemacht. Wenn sie dorthin zurückkehrte, würde sie Weihnachten nicht mehr erleben. Der erste Wintermonat würde sie umbringen. Vielleicht wäre nicht mal der Winter dafür nötig.«

Sie fuhr noch, behielt noch immer die Straße im Auge, doch irgendwie hatte sie es fertiggebracht, völlig unbeweglich zu werden. »Das war es also«, sagte sie.

Er öffnete die Augen nicht. »Was war was?«

»Das war der Grund, weshalb sie dich all die Jahre gedrängt hat, ihr Geld zu geben. Ja, sogar nachdem du dich weigertest, bat sie dich doch dann und wann immer wieder.«

»Was war . . .« Er öffnete die Augen, sah ihr Profil; plötzlich richtete er sich auf. »Du glaubst, sie hätte schon die ganze Zeit dorthin zurückkehren wollen? Wenn sie mich all die Jahre um Geld gebeten hat, war's immer das, was sie damit gewollt hat?«

Sie blickte ihn flüchtig an, und dann wieder auf die Straße. »Was sonst kann es sein? Wofür sonst könnte sie Geld brauchen?«

»Dorthin zurück?« fragte er. »In solchen Winter, in so eine Stadt, zu so einem Leben, und wo sie wissen muß, daß der erste Winter sie umbringen . . . Man könnte beinah denken, daß sie gern sterben will, nicht wahr?«

»Still!« antwortete sie rasch. »Scht! Sag das nicht! Das darf man von niemanden sagen!« Sie konnten das Meer schon riechen; jetzt bogen sie ab und hinunter, ihm entgegen; der helle, salzige Wind überfiel sie, dazu, in langen Zwischenräumen, das Dröhnen der Brecher; jetzt konnten sie es sehen – das dunkle Blau des Wassers, das sahnig in den gebleichten

Bogen der Bucht überging, die mit Badenden besprenkelt war. »Wir wollen nicht durch den Klub gehen«, schlug sie vor. »Ich parke hier, und dann können wir gleich ins Wasser gehen.« Sie ließen den Filipino im Wagen und gingen zum Strand hinunter. Er war schon überfüllt und bunt und heiter vor Leben. Sie wählte eine freie Stelle und breitete ihren Umhang aus.

»Jetzt den Drink!« sagte er.

»Lieber erst ins Wasser!« bat sie. Er sah sie an. Dann ließ er langsam den Bademantel niedergleiten; sie nahm ihn und breitete ihn neben dem ihren aus; er blickte auf sie nieder.

»Was gilt denn hier? Wirst du stets gescheiter sein als ich, oder werd ich dir jedesmal wieder glauben?«

Sie sah ihn an, strahlend, warm, zärtlich und unergründlich. »Vielleicht beides. Vielleicht keins von beidem. Geh nur ins Wasser; ich habe das Flakon und eine Zigarette für dich bereit, wenn du herauskommst.« Als er naß und keuchend vom Wasser zurückkam, mit einem Herzen, das ein wenig zu hart und zu schnell schlug, hatte sie das Badetuch bereit, und sie zündete die Zigarette an und öffnete das Flakon, während er sich auf den ausgebreiteten Bademänteln ausstreckte. Sie legte sich auch, auf einen Ellbogen gestützt, sah lächelnd auf ihn herunter und drückte mit dem Handtuch das Wasser aus seinem Haar, während er noch keuchte und wartete, daß sein Herz sich beruhigen und langsamer schlagen sollte. Zwischen ihnen und dem Wasser, und so weit den Strand entlang, wie sie nur sehen konnte, schlenderten ständig die Badenden – junge Leute, junge Männer in Badehosen und junge Mädchen in nicht viel mehr, mit gebräunten und unbefangenen Körpern. Wie er so dalag, schienen sie für ihn am Rande der Welt dahinzuschreiten, wie wenn allein sie und ihresgleichen sie bewohnten, und wie wenn er mit seinen achtundvierzig Jahren der vergessene letzte Überlebende einer andern Rasse und Art wäre und sie ihrerseits die Vorläufer einer neuen, bisher noch nicht auf der

Erde gesehenen Rasse: Männer und Frauen ohne Alter, schön wie Götter und Göttinnen, und mit dem Verstand von Kindern. Er wandte sich rasch um und blickte auf die Frau an seiner Seite: auf das ruhige Gesicht, die weisen, lächelnden Augen, die großporige Haut und die Schläfen, die verräterischen Haarwurzeln, die aus der Farbe herausgewachsen waren, die Beine mit dem feinen und blauen und vielfältigen Geäder unter der Haut. »Du siehst besser aus als sie alle!« rief er. »Für mich siehst du besser aus als sie alle!«

III

Der japanische Gärtner stand da, den Hut auf dem Kopf, und klopfte an die Scheibe, winkte und schnitt Grimassen, bis die alte Mrs. Ewing zu ihm hinausging. Er hatte die Nachmittagszeitung mit der schwarzen Schlagzeile: *Die Lalear erregt im Gerichtssaal eine Szene.* »Sie nehmen!« sagte der Japaner. »Sie lesen! Ich Wasser holen.« Aber sie lehnte es ab; sie stand einfach im sanften, friedlichen Sonnenschein, umgeben von dem tausendfältigen und beinahe ungestümen Blühen der Blumen, und blickte ruhig auf die Schlagzeile, ohne die Zeitung auch nur anzurühren, und das war alles.

»Ich glaube, ich sehe mir die Zeitung heute nicht an«, sagte sie. »Aber besten Dank!« Sie kehrte ins Wohnzimmer zurück. Mit Ausnahme des Stuhls war es genauso, wie es gewesen war, als sie es zum erstenmal sah, als ihr Sohn sie hierhergebracht und ihr erklärt hatte, daß es jetzt ihr Heim sei und daß ihre Schwiegertochter und ihre Enkel jetzt ihre Familie wären. Es hatte sich nur sehr wenig verändert, und das, was sich verändert hatte, war die Sache, von der ihr Sohn nichts wußte, und auch die hatte sich seit so langer Zeit nicht mehr verändert, daß sie sich jetzt nicht einmal mehr erinnern konnte, wann sie das letzte Geldstück zu ihrem Schatz hinzugefügt hatte. Er war in einer Porzellanvase auf dem Kamin. Sie wußte bis auf den Penny genau, was darin war; trotzdem nahm sie sie herunter und setzte sich auf den Stuhl, den sie die ganze Strecke von Nebraska her mitgebracht hatte, und leerte die Geldstücke und den abgegriffenen Fahrplan in ihren Schoß. Der Fahrplan war auf der Seite aufgeschlagen, auf der sie ihn an jenem Tag vor fünfzehn Jahren geöffnet hatte, als sie zum Fahrkartenschalter in der Stadt gegangen war, obwohl das jetzt so lange her war, daß der Bleistiftkreis um den nächsten Bahnhof nach Ewing in Nebraska ausgeblichen war. Doch sie brauchte auch das nicht; sie kannte die Entfernung bis auf die halbe Meile genau, ebenso wie sie den Fahrpreis bis auf den Penny kannte, und damals zu Beginn der zwanziger Jahre, als die Eisenbahngesellschaften sich Sorge machten und die Preise zu sinken begannen, verfolgte kein Makler die Aktien der Kornbörse und der öffentlichen Versorgungsbetriebe so gründlich wie sie die Anzeigen und Notierungen der Eisenbahn. Dann endlich stabilisierten sich die Fahrpreise, und die Fahrkarte zurück nach Ewing kostete dreizehn Dollar mehr, als sie hatte sparen können, und das zu einer Zeit, als die Quelle ihrer Einkünfte versiegt war. Die waren ihre Enkelkinder. Als sie an jenem Tag vor zwanzig Jahren ins Haus kam und zum erstenmal die zwei Babies betrachtete, empfand sie beides, Scheu und Eifer. Sie würde für den Rest ihres Lebens abhängig sein, aber sie würde auch etwas als Gegenleistung geben. Nicht etwa, daß sie versuchen wollte, noch einen Ira und noch eine Samantha aus ihnen zu machen: diesen Fehler hatte sie bei ihrem eigenen Sohn begangen und ihn damit aus dem Elternhaus getrieben. Sie war jetzt klüger; sie sah jetzt, daß es nicht eine Wiederholung der Mühsal war: sie würde einfach das nehmen, was in ihrem und ihres Mannes schwerem Leben von Wert gewesen war – das, was sie durch Mühsal und Ausharren an Ehre und Mut und Stolz erworben hatten –, und es den Kindern vermitteln, ohne daß sie im geringsten unter der Mühsal, den Beschwerden und der Verzweiflung leiden müßten. Sie hatte erwartet, daß es zwischen ihr und ihrer jungen Schwiegertochter Reibungen geben würde, doch sie hatte geglaubt, daß ihr Sohn, der ein reiner Ewing war, ihr Bundesgenosse sein würde; sie hatte sich sogar nach einem Jahr damit abgefunden, zu warten, da die Kinder noch Babies waren; sie war nicht besorgt, da sie ja auch Ewings waren: nachdem sie jenes forschende erste Mal Zug um Zug in die kleinen, kittweichen Gesichter geblickt hatte, sagte sie sich, es käme daher, weil sie noch Babies wären und deshalb niemandem ähnlich. Sie gab sich also damit zufrieden, auszuharren und abzuwarten; sie wußte nicht einmal, daß ihr Sohn plante auszuziehen, bis er ihr sagte, daß das andere Haus gekauft sei und das jetzige bis zu ihrem Tode ihr gehöre. Sie sah sie ausziehen; sie sagte nichts; damals sollte es noch nicht beginnen. Auch während der nächsten fünf Jahre begann es noch nicht, als sie mit ansah, wie ihr Sohn schneller und schneller und leichter und leichter Geld verdiente und mit anscheinend verachtenswerter und verachtungsvoller Mühelosigkeit das Vermögen ansammelte – nach dem ihr Mann mit kärglichen Beträgen gestrebt hatte, während er immer mit unbeirrbarer Unbestechlichkeit an Ehre und Würde und Stolz festhielt – und es auf die gleiche Art ausgab, es verschleuderte. Zu der Zeit hatte sie den Sohn aufgegeben, und schon längst hatte sie gemerkt, daß sie und ihre Schwiegertochter unwiderrufliche und unerbittliche moralische Feindinnen waren. Es war im fünften Jahr gewesen. Eines Tages sah sie im Hause ihres Sohnes, wie die beiden Kinder Geld aus der Handtasche ihrer Mutter nahmen, die auf dem Tisch lag. Die Mutter wußte nicht einmal, wieviel Geld sie in ihrer Handtasche hatte; als die Großmutter es ihr erzählte, wurde sie zornig und forderte die ältere Frau heraus, es zu beweisen. Die Großmutter beschuldigte die Kinder, die aber die ganze Sache mit völlig offenem Gesichtsausdruck abstritten. Das war der wirkliche Bruch zwischen ihr und der Familie ihres Sohnes; von da an sah sie die beiden Kinder nur, wenn der Sohn sie bei seinen täglichen, unumstößlichen Besuchen hin und wieder einmal mitbrachte. Sie hatte ein paar restliche Dollars, die sie aus Nebraska mitgebracht und fünf Jahre lang nicht angebrochen hatte, da sie hier kein Geld brauchte; eines Tages, als die Kinder da waren, ließ sie absichtlich ein Geldstück liegen, und als sie wieder nachschauen ging, war es ebenfalls verschwunden. Am nächsten Morgen versuchte sie, mit ihrem Sohn über die Kinder zu sprechen, und erinnerte sich an die Erfahrung mit der Schwiegertochter und packte die Sache indirekt an, indem sie allgemein über Geld sprach. »Ja«, sagte der Sohn, »ich verdiene Geld. Ich verdien's schnell, solange ich noch kann. Ich will eine Unmenge verdienen. Ich will meinen Kindern den Luxus und die Vorteile verschaffen, die mein Vater sich nicht im Traume für ein Kind vorstellen konnte.«

»Das ist es«, sagte sie. »Du verdienst dein Geld zu mühelos. Das ganze Land hier ist zu mühe-los für uns Ewings. Vielleicht ist es richtig für alle, die hier seit Generationen geboren wurden; darüber weiß ich nichts. Doch nicht für uns.«

»Aber die Kinder wurden ja hier geboren.«

»Nur ihre Generation. Die Generation vor ihnen wurde in einer mit Rasensoden gedeckten Höhle an der Nebraska-Weizengrenze geboren. Und die davor in einem Holzhaus in Missouri. Und die davor in einem Blockhaus in Kentucky, mit Indianern ringsum. Auf dieser Erde ist's für die Ewings niemals ohne Mühe zugegangen. Vielleicht hat der Herr das auch nie beabsichtigt.«

»Aber von jetzt an ist es so«, sagte er. Er sprach mit einer Art Triumph. »Für dich und mich auch. Doch vor allem für sie.«

Und das war alles. Als er gegangen war, saß sie ruhig auf dem einzigen Nebraska-Stuhl, den sie sich aus dem Abstellraum geholt hatte – der erste Stuhl, den der ältere

Ira für sie kaufte, nachdem er das Haus gebaut, und auf dem sie den jungen Ira in den Schlaf gewiegt hatte, ehe er laufen konnte, während der ältere Ira auf einem Stuhl saß, den er aus einem Mehlfaß gezimmert hatte, hart und ruhig und unbestechlich, seine wohlverdiente Feierabendruhe zwischen einem Tag und dem nächsten genießend –, und sagte sich gelassen, daß es damit aus wäre. Ihr nächster Schritt war merkwürdig zielsicher; es war etwas vom Opportunismus des echten Pioniers dabei, unverzüglich und kühl einen Vorteil aus allzu spartanischen Verhältnissen zu ziehen; es war, wie wenn sie zum erstenmal in ihrem Leben etwas, irgend etwas einsetzen konnte, das sie sich verdient hatte, indem sie ihre Jugend und ihre besten Jahre gegen Nebraskas Unendlichkeit eingetauscht hatte – und das nicht, um weiterzuleben, sondern um zu sterben. Offenbar sah sie darin weder einen Widerspruch noch eine Unehrlichkeit. Sie fing an, Bonbons und Kuchen aus den Lebensmitteln herzustellen, die ihr Sohn ihr auf Kredit zukommen ließ, und sie an die beiden Enkelkinder gegen Münzen zu verkaufen, die ihr Vater ihnen gab oder die sie vielleicht auch gelegentlich aus der Handtasche ihrer Mutter stahlen, und versteckte die Geldstücke in der Vase mit dem Fahrplan und beobachtete, wie der armselige Schatz wuchs. Doch nach ein paar Jahren waren die Kinder für Bonbons und Kuchen zu groß geworden, und dann hatte sie mit angesehen, wie die Fahrkartenpreise immer tiefer sanken und zum Stillstand kamen, als ihr noch dreizehn Dollar fehlten. Doch sie gab es nicht auf, selbst dann noch nicht. Ihr Sohn hatte versucht, ihr ein Dienstmädchen zu besorgen, vor Jahren schon, und sie hatte es abgelehnt; sie glaubte, wenn die Zeit und der rechte Augenblick da wären, würde er sich nicht weigern, ihr wenigstens dreizehn Dollar von dem Betrag zu geben, den sie ihm erspart hatte. Dann war es mißglückt. ›Vielleicht war es nicht die richtige Zeit‹, dachte sie. ›Vielleicht hab ich's zu rasch versucht. Ich bin überrumpelt worden‹, sagte sie sich und blickte auf den Haufen kleiner Münzen in ihrem Schoß. ›Oder vielleicht fühlte er sich überrumpelt und sagte deshalb nein. Vielleicht, wenn er Zeit gehabt hätte . . .‹ Sie stand auf; sie legte die Geldstücke in die Vase zurück, stellte sie wieder auf den Kaminsims und sah, während sie es tat, auf die Uhr. Es war erst vier, noch zwei Stunden, bis es Zeit war, das Abendbrot vorzubereiten. Als sie ans Fenster trat, stand die Sonne hoch am Himmel; sie konnte sehen, wie das Wasser des Rasensprengers im Sonnenschein blitzte und glitzerte. Die Sonne stand noch hoch, es war noch Nachmittag; die Berge zeichneten sich friedlich und eintönig gegen den Himmel ab; die Stadt und das Land lagen weit hingebreitet und vielgestaltig unter dem Himmel – das Land und die Erde, die jedes Jahr neue Glaubenslehren und Patentrezepte und Heilverfahren ausheckte, doch keine Krankheit, um sie auch nur Lügen zu strafen – goldene Tage, nie verunstaltet durch Regen oder Unwetter, unveränderliche eintönige schöne Tage ohne Ende und ohne Zahl aus der heiteren Vergangenheit und ohne Ende hinüber in die heitere Zukunft.

›Hier werde ich bleiben und ewig leben‹, dachte sie bei sich.

Es war eine Königin

I

Elnora, die von ihrer Hütte heraufgekommen war, betrat den Hinterhof. In der schräg einfallenden Nachmittagssonne stand das riesige, viereckige Haus mit den Nebengebäuden verschlafen und friedlich da, wie es beinah hundert Jahre lang dagestanden hatte, seit John Sartoris aus Carolina gekommen war und es gebaut hatte. Und er war darin gestorben, und sein Sohn Bayard war darin gestorben, und Bayards Sohn John und Johns Sohn Bayard waren der Reihe nach von diesem Haus aus begraben worden, obwohl der letzte Bayard nicht dort gestorben war.

Die Stille war daher jetzt eine Stille von Frauensleuten. Als Elnora quer über den Hinterhof zur Küchentür ging, erinnerte sie sich daran, wie vor zehn Jahren um diese Stunde der alte Bayard, der ihr Halbbruder war (obwohl es möglich, wenn auch nicht wahrscheinlich war, daß keiner von beiden das wußte, Bayards Vater mit inbegriffen), auf der Hofveranda herumstampfte und zu den Ställen hinüberschrie und von den Negern seine Sattelstute verlangte. Doch jetzt war er tot, und sein Enkel Bayard war auch tot, mit sechsundzwanzig gestorben, und die Neger waren nicht mehr da: Simon, der Mann von Elnoras Mutter, lag auch auf dem Friedhof, und Caspey, Elnoras Mann, saß wegen Diebstahls im Gefängnis, und Joby, ihr Sohn, war nach Memphis gegangen, um dort in der Beale Street mit feinen Kleidern zu paradieren. Im Haus waren also nur noch die Schwester des ersten John Sartoris, Virginia, die neunzig Jahre alt war und ihr Leben in einem Rollstuhl am Fenster über dem Blumengarten zubrachte, und Narcissa, die Witwe des jungen Bayard, und ihr Sohn. Virginia Du Pre war im Jahre

'69 von Mississippi hergekommen, die letzte der Carolina-Familie, und hatte nichts als die Kleider mitgebracht, die sie auf dem Leibe trug, und einen Korb, der ein paar Scheiben farbigen Glases aus einem Carolina-Fenster und ein paar Ableger von Blumen und zwei Flaschen Portwein enthielt. Sie hatte mit angesehen, wie ihr Bruder starb, und dann ihr Neffe, und dann ihr Großneffe, und dann ihre beiden Urgroßneffen, und jetzt lebte sie in dem männerlosen Haus mit der Frau ihres Urgroßneffen und dessen Sohn Benbow, den sie hartnäckig Johnny nannte – nach seinem Onkel, der in Frankreich gefallen war. Und an Negern waren da: Elnora, die kochte, und ihr Sohn Isom, der sich um den Garten kümmerte, und ihre Tochter Saddie, die neben Virginia Du Pres Bett auf einem Feldbett schlief und für sie sorgte, als wäre sie ein Säugling.

Aber das war ganz in Ordnung. ›Ich kann mich um sie kümmern‹, dachte Elnora, als sie quer über den Hof ging. »Ich brauch keine Hilfe nicht!« sagte sie laut, zu niemandem – eine große, kaffeebraune Frau mit einem kleinen, schmalen, vornehmen Gesicht. »Weil's Sartoris-Arbeit ist! Der Cunnel[12] hat's gewußt, als er gestorben ist und mir gesagt hat, ich soll mich um sie kümmern. Hat's *mir* gesagt! Keiner Fremden nich von der Stadt!« Sie dachte an das, was sie veranlaßt hatte, eine Stunde früher als nötig zum Haus hinaufzugehen. Sie hatte nämlich, als sie in ihrer Hütte beschäftigt war, gesehen, wie Narcissa, die Frau vom jungen Bayard, und der zehnjährige Junge mitten am Nachmittag das Weideland hinuntergegangen waren. Sie hatte sich in ihre Tür gestellt und sie beobachtet – den Jungen und die große junge Frau im weißen Kleid, die in der Nachmittagshitze übers Weideland zum Creek hinuntergegangen waren. Sie hatte sich nicht gefragt, wohin sie wohl gingen, oder warum, wie es sich eine weiße Frau gefragt haben würde. Aber sie war eine halbe Schwarze, und so beobachtete sie die weiße Frau nur mit jenem Ausdruck ruhiger und ernster

Verachtung, mit der sie die Befehle der Gattin des Hausherrn sogar noch zu dessen Lebzeiten erwogen oder angehört hatte. Ebenso wie sie sich's vor zwei Tagen angehört hatte, als Narcissa ihr mitteilte, daß sie für ein oder zwei Tage nach Memphis führe und daß Elnora sich allein um die alte Tante würde kümmern müssen. ›Als hätt ich's nich immer getan‹, dachte Elnora. ›Hast wenig genug getan, seit du hier rausgekommen bist! Wir haben dich nie nich nötig gehabt! Bild dir das bloß nich ein!‹ Doch sagen tat sie es nicht. Sie dachte es nur und half Narcissa, die Reise vorzubereiten, und sah ohne weitere Bemerkungen dem davonrollenden Wagen nach, der zum Städtchen und zum Bahnhof fuhr. ›Und du brauchst auch nie nich wiederkommen‹, dachte sie und beobachtete, wie der Wagen ihren Blikken entschwand. Doch heute vormittag war Narcissa zurückgekehrt, ohne Miene zu machen, die unerwartete Fahrt oder die rasche Rückkehr zu erklären, und am frühen Nachmittag hatte Elnora von der Tür ihrer Hütte aus beobachtet, wie die Frau und der Junge im heißen Junisonnenschein quer übers Weideland gingen.

»Well, 's ist ihre Sache, wo sie hinfährt«, sagte Elnora laut und ging die Treppe zur Küche hinauf. »Wie's auch ihre Sache ist, warum sie nach Memphis gefahren ist und Miss Jenny vorne in ihrem Stuhl hat sitzen lassen, und kein andrer nich da, der sich um sie kümmert, als bloß Niggers«, fuhr sie fort – immer noch laut, mit grübelnder Inkonsequenz. »'s wundert mich gar nich, daß sie weggefahren ist! 's wundert mich bloß, daß sie wiedergekommen ist! Nein. Nich mal das. Die geht hier nich wieder weg, wo sie jetzt mal hier drin ist!«

Dann sagte sie ruhig und laut, ohne Haß und ohne Erregung: »Gesindel! Stadt-Gesindel!«

Sie trat in die Küche. Ihre Tochter Saddie saß am Tisch, aß aus einer Schüssel kalten Rübensalat und betrachtete eine an den Ecken abgegriffene, schmutzige Modezeitung. »Was machst du denn hier hinten?« fragte sie. »Warum bist'n nich vorn, wo du Miss Jenny hören kannst, wenn sie dich ruft?«

»Miss Jenny braucht nix«, erwiderte Saddie. »Sie sitzt am Fenster.«

»Wo 's Miss Narcissa hingegangen?«

»Weiß ich nich«, antwortete Saddie. »Sie 's mit Bory irgendwohin gegangen. Ist noch nich wieder da.«

Elnora murrte. Ihre Schuhe waren nicht zugeschnürt, und jetzt trat sie mit je einem Schritt aus ihnen heraus, verließ die Küche und ging durch den stillen, hohen Flur, der mit Düften vom Garten und mit den einschläfernden, tausendfältigen Geräuschen des Juninachmittags angefüllt war, zur offenstehenden Tür der Bibliothek. Am Fenster (die untere Scheibe mit ihrer schmalen Bordüre aus buntem Carolina-Glas, die im Winter ihren Kopf und Oberkörper wie ein aufgehängtes Bild umrahmte, war jetzt in die Höhe gestoßen) saß eine alte Frau im Rollstuhl. Sie saß kerzengerade da; eine schlanke Frau in guter Haltung, mit einer feinen Nase und Haaren, so weiß wie eine getünchte Wand. Um ihre Schultern lag ein Schal aus weißer Wolle, der auf dem schwarzen Kleid nicht weißer als ihr Haar wirkte. Sie sah aus dem Fenster; im Profil war ihr Gesicht mit den hohen Backenknochen unbeweglich. Als Elnora eintrat, wandte sie den Kopf um und sah die Negerin mit ungeduldig fragenden Blicken an.

»Sie sind nicht durch die Hoftür zurückgekommen, nicht wahr?« sagte sie.

»Nome[13]«, erwiderte Elnora. Sie näherte sich dem Rollstuhl.

Die alte Frau blickte wieder aus dem Fenster. »Ich muß schon sagen, daß ich das überhaupt nicht verstehe. Miss Narcissa treibt sich plötzlich gehörig herum! Verschwindet ganz plötzlich ...«

Elnora trat neben ihren Stuhl. »Richtig munter«, sagte sie

mit ihrer kalten, ruhigen Stimme, »für so ’ne faule Frau wie die!«

»Verschwindet ganz plötzlich ...«, begann die alte Frau und brach ab. »Hör du mal auf, so von ihr zu sprechen!«

»Hab bloß die reine Wahrheit gesagt«, entgegnete Elnora.

»Dann behalt sie für dich! Sie ist Bayards Frau. Also jetzt eine Sartoris.«

»’ne Sartoris wird die nie nich!« erwiderte Elnora.

Die andere sah aus dem Fenster. »Kommt ganz plötzlich vor zwei Tagen auf die Idee und fährt nach Memphis und bleibt zwei Nächte dort, wo sie sich doch nie eine einzige Nacht von dem Jungen getrennt hat, seit er auf die Welt kam. Hat ihn zwei ganze Nächte allein gelassen, muß man bedenken, ohne irgendeinen Grund anzugeben, und kommt dann wieder nach Hause und geht mitten am Tag mit ihm in den Wald! Nicht etwa, daß er sie vermißt hat! Glaubst du, daß er sie auch nur eine Sekunde vermißt hat, während sie weg war?« fragte sie.

»Nome«, antwortete Elnora. »’n Sartoris-Mann hat noch niemals niemand nich vermißt!«

»Natürlich nicht!« Die alte Frau sah aus dem Fenster. Elnora stand ein wenig hinter dem Stuhl. »Sind sie noch weit übers Weideland gegangen?«

»Ich weiß nich. Hab sie aus den Augen verloren, und sie gingen immer weiter. Zum Creek runter.«

»Zum Creek runter? Wozu denn das, um alles in der Welt?«

Elnora antwortete nicht. Sie stand ein wenig hinter dem Stuhl, gerade und starr wie ein Indianer. Der Nachmittag neigte sich seinem Ende zu. Die Sonnenstrahlen fielen jetzt waagerecht über den Garten unterhalb des Fensters, und bald begann der Jasmin im Garten unten nach Abend zu duften und flutete in trägen, fast spürbaren Wellen schwer und süß, allzu süß ins Zimmer. Die beiden Frauen am Fenster rührten sich nicht; die eine im Rollstuhl beugte sich ein wenig vor, die Negerin stand hinter dem Stuhl, auch, ohne sich zu rühren, und so gerade wie eine Karyatide.

Das Licht im Garten begann sich kupfern zu färben, als die Frau und der Junge den Garten betraten und sich dem Haus näherten. Die alte Frau beugte sich plötzlich vor. Elnora schien es, als wäre die alte Frau im Rollstuhl ihrem hilflosen Körper wie ein Vogel entflohen und hätte den Garten durchquert, dem Kind entgegen; als Elnora ein wenig weiter nach vorne trat, konnte sie auf dem Gesicht der andern einen zärtlichen, ungeduldigen und selbstvergessenen Ausdruck sehen. Die beiden hatten den Garten durchquert und waren fast beim Haus, als die alte Frau plötzlich heftig zurückfuhr: »Oh, sie sind naß!« rief sie. »Sieh doch ihre Kleider an! Sie waren mit ihren Kleidern im Creek!«

»Ich sollte wohl lieber gehn und mit'm Abendbrot anfangen«, sagte Elnora.

II

In der Küche bereitete Elnora den Salat und die Tomaten vor und schnitt das Brot in Scheiben (nicht ehrliches Maisbrot, nicht mal Biskuit), das zu backen ihr die Frau beigebracht hatte, die Frau, deren Namen sie nicht in den Mund nahm, falls es nicht unbedingt nötig war. Isom und Saddie saßen auf zwei Stühlen an der Wand. »Ich hab nichts nich gegen sie«, sagte Elnora. »Ich bin 'n Nigger, und sie ist 'ne Weiße. Aber meine schwarzen Kinder ha'm beßres Blut als sie. Beßre Manieren!«

»Du und Miss Jenny, ihr glaubt beide, seit Miss Jennys Geburt wär kein Mensch mehr auf die Welt gekommen«, sagte Isom.

»Und wer denn wohl?« entgegnete Elnora.

»Miss Jenny kann's ganz gut mit Miss Narcissa«, erwiderte Isom. »Mir scheint, bloß sie darf da was drüber sagen. Hab nie nich gehört, daß sie was dadrüber gesagt hat.«

»Weil Miss Jenny zu den Vornehmen gehört«, sagte Elnora. »Drum! Und das ist was, wo du gar nix von verstehst, weil du zu spät auf die Welt gekommen bist und nichts davon gesehn hast, außer ihr.«

»Mir scheint, Miss Narcissa ist ebenso vornehm wie jeder andre«, sagte Isom. »Ich kann da keinen Unterschied nich sehn!«

Elnora verließ plötzlich den Tisch. Genauso plötzlich sprang Isom auf und rückte seinen Stuhl aus der Reichweite seiner Mutter. Aber sie trat nur an den Schrank und holte eine Schüssel heraus und kehrte an den Tisch zurück, zu den Tomaten.

»Bei 'ner gebornen Sartoris oder irgend 'ner andern Vornehmen kommt's nich drauf an, was sie *ist*, sondern was sie *tut*!« Sie sprach mit einer gleichmäßigen, tonlosen Stimme, während sich weiter unten die gewandten, flinken braunen Hände rührten. Wenn sie von den beiden Frauen sprach, benutzte sie das ›sie‹ unterschiedslos, betonte jedoch kaum merklich das ›sie‹, das sich auf Miss Jenny bezog. »Den ganzen weiten Weg ist Sie alleine hergekommen, und im Land hat's noch gewimmelt von Yankees. Den weiten Weg von Car'lina, und Ihre Leute alle gemordet und tot, bis auf'n alten Marse John[14], und der war zweihundert Meilen weit weg in Missippi ...«

»'s ist mehr als zweihundert Meilen von hier nach Car'lina«, erwiderte Isom. »'s haben wir in der Schule gelernt. 's sind beinah zweitausend Meilen!«

Elnoras Hände hielten nicht inne. Sie schien ihn nicht gehört zu haben. »Und wo die Yankees Ihren Pa und Ihren Mann gemordet haben und Ihr das Car'lina-Haus überm Kopf angezündet haben, Ihr und Ihrer Mammy, und da kommt Sie den weiten Weg bis Missippi ganz alleine her, zu den einzigsten Verwandten, die Sie noch hatte. Kommt her, mitten im Winter, und nix in Gottes weiter Welt als 'n Korb mit Blumensamen und zwei Flaschen Wein und die bunten Fensterscheiben, die der alte Marse John ins Bibliotheksfenster gesetzt hat, damit Sie da durchschau'n konnte, als wär's Car'lina. In der dunkeln Dämmerstunde am Heiligen Abend ist Sie angekommen, und der alte Marse John und die Kinder und meine Mammy haben auf der Veranda gewartet, und Sie saß mit Ihrem stolzen Kopf im Wagen, damit der alte Marse John Sie runterheben sollte. Sie haben sich da nich mal 'n Kuß gegeben, da draußen, wo die Leute sie sehen konnten. Der alte Marse John hat bloß gesagt: ›Well, Jenny‹, und Sie hat bloß gesagt: ›Well, Johnny‹, und sie sind ins Haus gegangen, er hat Sie an der Hand geführt, bis sie im Haus drin waren, wo die gewöhnlichen Leute sie nicht beobachten konnten. Und da fing Sie an zu weinen, und der alte Marse John hat Sie in seinen Armen gehalten, nach all den viertausend Meilen ...«

»'s sind keine viertausend Meilen von hier bis Car'lina«, warf Isom ein. »'s sind bloß zweitausend. So steht's in unserm Schulbuch!«

Elnora beachtete ihn überhaupt nicht; ihre Hände hielten nicht inne. »'s fiel Ihr schwer, das Weinen. ›'s kommt daher, weil ich nicht mehr ans Weinen gewöhnt bin‹, hat Sie gesagt. ›Ich hab's ganz verlernt. Hatte nie Zeit dafür. Die verdammten Yankees!‹ hat Sie gesagt. ›Die verdammten Yankees!‹« Elnora bewegte sich wieder, ging zum Schrank. Es schien, als wäre sie auf ihren leisen, nackten Sohlen aus der Reichweite ihrer Stimme geglitten, die Laute hinter sich lassend, wo sie die stille Küche noch anfüllten, obwohl die Stimme selbst schon verstummt war. Sie holte noch eine Schüssel herunter und kehrte an den Tisch zurück, und ihre Hände arbeiteten wieder emsig zwischen Tomaten und Salat, mit Gerichten, die sie selbst nicht essen konnte. »Und da kommt sie« (sie sprach jetzt von Narcissa; die beiden Neger wußten es), »kommt und glaubt, sie könnte einfach so nach Memphis und sich's lustig machen und Sie zwei Tage lang hier allein im Haus lassen, und niemand nich da, der sich um Sie kümmert, als bloß Niggers. Zieht hier raus, unter'n Sartoris-Dach, und ißt zehn Jahre lang Sartoris-Essen, und dann kommt sie und fährt nach Memphis, genau wie'n Nigger, der frei hat, und sagt nich mal, warum daß sie hinfährt.«

»Aber du hast doch gesagt, Miss Jenny braucht nie keinen andern nich als dich, der sich um sie kümmert«, warf Isom ein. »Gestern hast du noch gesagt, 's wär dir egal, ob sie wiederkommt oder nich!«

Elnora stieß einen Laut aus – schroff, verächtlich, kaum hörbar. »Die und nich wiederkommen? Wo sie sich doch fünf Jahre lang angestrengt hat, daß Bayard sie heiraten soll! Wo sie doch die ganze Zeit, wo Bayard im Krieg war, Miss Jenny bearbeitet hat! Ich hab sie beobachtet! Ist zwei-, dreimal die Woche hergekommen, und Miss Jenny hat geglaubt, sie wär bloß rausgekommen, um bei ihr Visite zu machen, wie vornehme Leute! Aber ich hab's gewußt! Hab die ganze Zeit gewußt, was die im Sinn hatte! Denn ich kenn das weiße Gesindel! Ich kenn die Art, wie's das Gesindel fertigbringt, sich bei vornehmen Leuten anzuschmusen. Vornehme Leute können das nich sehn, weil sie vornehm sind. Aber ich kann's!«

»Dann müßte ja Bory auch zum Gesindel gehören«, sagte Isom.

Jetzt drehte Elnora sich um. Aber Isom war schon von seinem Stuhl aufgesprungen, bevor sie sprach. »Halt du deinen Mund und mach dich zurecht, damit du's Essen auftragen kannst!« Sie beobachtete ihn, wie er an den Spülstein ging und Anstalten machte, sich die Hände zu waschen. Dann drehte sie sich wieder zum Tisch um, und ihre langen braunen Hände arbeiteten flink zwischen den roten Tomaten und dem blassen Absinthgrün des Salats. »'s ist die Not«, sagte sie. »Nich Borys Not und nich Ihre Not. 's ist die Not von den verstorbenen Leuten: vom alten Marse John und vom Cunnel, und von Mister John und Bayard, von allen, die tot sind und nichts dran ändern können. Das ist die Not! Und davon hab ich gesprochen. Und kein Mensch nich da, der's sieht, bloß Sie da vorn in dem Stuhl, und ich, 'n Niggerweib, hier hinten in der Küche. Hab gar nix gegen sie. Ich sag bloß, soll'n sich die Vornehmen mit den Vornehmen zusammentun, und die gewöhnlichen Leute soll'n bleiben, wo sie sind. Zieh dir jetzt die Jacke an! Das hier ist fertig!«

III

Es war der kleine Junge, der es ihr erzählte. Sie beugte sich im Rollstuhl vor und beobachtete vom Fenster aus, wie die Frau und das Kind durch den Garten gingen und hinter der Hausecke verschwanden. Sie saß noch immer vornübergebeugt und blickte in den Garten hinunter, als sie hörte, wie sie ins Haus traten und an der Tür zur Bibliothek vorbeigingen und die Treppe hinaufstiegen. Sie bewegte sich nicht und blickte auch nicht auf die Tür. Sie fuhr fort, in den Garten hinunterzublicken, auf die jetzt dichten Sträucher, die sie als Ableger aus Carolina mitgebracht hatte – und damals waren sie nicht viel größer als Streichhölzer gewesen. Hier im Garten hatten sie und die junge Frau, die später ihren Neffen heiraten und ihm einen Sohn schenken sollte, sich näher kennengelernt. Es war im Jahre 1918 gewesen, und der junge Bayard und sein Bruder waren in Frankreich, und John war noch nicht gefallen. Zwei- oder dreimal wöchentlich kam Narcissa aus dem Städtchen hier heraus, um sie zu besuchen, während sie mit ihren Blumen beschäftigt war. ›Und die ganze Zeit war sie mit Bayard verlobt und hat es mir nicht erzählt‹, dachte die alte Frau. ›Aber sie hat mir ja nie viel über irgend etwas erzählt‹, dachte sie und blickte in den Garten hinunter, der sich mit dämmerigem Licht zu füllen begann und den sie seit jetzt fünf Jahren nicht mehr betreten hatte. ›Wenig genug über alles. Manchmal frage ich mich, wie sie's jemals geschafft hat, sich mit Bayard zu verloben, wo sie doch immer so wenig sprach. Vielleicht hat es einfach genügt, daß sie da war, durch ihre bloße Anwesenheit wirkte, wie bei dem Brief, den sie bekam.‹ Das war an einem Tag kurz vor Bayards Heimkehr gewesen. Narcissa kam heraus und blieb zwei Stunden, und dann, bevor sie ging, zeigte sie den Brief. Es war ein widerlicher anonymer Brief gewesen; er schien von einem Verrückten zu stammen, und damals hatte sie versucht, Narcissas Einwilligung zu erlangen, daß sie Bayards Großvater den Brief zeigte, der etwas hätte unternehmen können, um den Mann ausfindig zu machen und zu bestrafen, aber Narcissa hatte es abgelehnt. »Ich will ihn einfach verbrennen und nicht mehr daran denken«, sagte Narcissa. »Well, es ist deine Angelegenheit«, sagte die ältere Frau. »Aber so etwas sollte nicht erlaubt sein! Eine Dame sollte nicht in der Gewalt eines solchen Mannes sein, und wenn's auch nur durch einen Brief ist. Jeder Gentleman wird dieser Ansicht sein und Schritte unternehmen. Außerdem wird er dir, wenn du gar nichts dagegen tust, noch mehr Briefe schreiben.« »Die zeige ich dann dem Colonel Sartoris«, sagte Narcissa. Sie war eine Waise; ihr Bruder stand auch in Frankreich. »Aber siehst du es denn nicht ein, daß ich es einfach nicht ertragen kann, wenn andre Männer erfahren, daß jemand so über mich denkt?« – »Well, mir wäre es lieber, wenn es die ganze Welt nur dieses eine Mal erführe, daß jemand so über mich denkt und dafür mit der Reitpeitsche geschlagen wird, anstatt ihn immer weiter ungestraft so über mich denken zu lassen. Aber es ist deine Angelegenheit.« – »Ich werde ihn einfach verbrennen und nicht mehr daran denken«, sagte Narcissa. Dann kehrte Bayard zurück, und bald danach wurden er und Narcissa getraut, und Narcissa zog in das Haus und lebte dort. Dann kam sie in andere Umstände, und noch ehe das Kind geboren wurde, verunglückte Bayard mit einem Flugzeug, und sein Großvater, der alte Bayard, starb auch, und das Kind wurde geboren, und es dauerte zwei Jahre, ehe sie wieder daran dachte, ihre Nichte zu fragen, ob sie noch mehr Briefe erhalten hätte; Narcissa verneinte es.

Von da an hatten sie also ihr ruhiges Frauendasein in dem großen, männerlosen Haus gelebt. Dann und wann hatte sie Narcissa zugeredet, sich wieder zu verheiraten. Doch die andre hatte es gelassen von sich gewiesen, und so hatten sie seit Jahren weitergelebt, sie beide und das Kind, das sie hartnäckig beim Namen seines toten Onkels rief. Eines Abends dann, vor einer Woche, hatte Narcissa einen Gast zum Essen eingeladen; als sie erfuhr, daß der Gast ein Mann war, saß sie lange Zeit ganz still in ihrem Stuhl. ›Ach‹, dachte sie ruhig, ›nun ist es soweit! Well. Aber mal mußte es ja dahin kommen; sie ist jung. Und lebt hier draußen so ganz allein mit einer invaliden alten Frau! Well. Aber ich hätte gar nicht gewollt, daß sie tut, was ich tat. Würde es nicht von ihr erwarten. Schließlich ist sie keine Sartoris. Sie ist nicht ihres Blutes, ist nicht verwandt mit einer Schar törichter und hochmütiger Schatten.‹ Der Gast kam. Sie sah ihn erst, als sie in ihrem Stuhl an den Eßtisch gerollt wurde. Dann sah sie einen kahlköpfigen jüngeren Mann mit einem gescheiten Gesicht und einem Phi-Beta-Kappa-Schlüssel[15] an der Uhrkette. Das Abzeichen kannte sie nicht, aber sie wußte sofort, daß er ein Jude war, und als er das Wort an sie richtete, verwandelte sich ihre Empörung in Wut, und sie zuckte wie eine angreifende Schlange in ihrem Stuhl zurück – mit einer Bewegung, die so heftig war, daß der Stuhl vom Tisch wegrollte. »Narcissa«, fragte sie, »was will der Yankee hier?«

Da saßen die drei um den Tisch mit den brennenden Kerzen: starr und stumm. Dann sprach der Mann. »Madam«, sagte er, »wenn Frauen Ihresgleichen gegen uns in die Schlacht gezogen wären, dann gäbe es keine Yankees mehr.«

»Das brauchen Sie mir nicht zu erzählen, junger Mann«, erwiderte sie. »Sie können Ihrem guten Stern danken, daß es nur Männer waren, gegen die Ihr Großvater kämpfte!« Dann hatte sie Isom gerufen und ließ sich vom Tisch wegrollen, ohne das Abendbrot anzurühren. Und sogar in ihrem Schlafzimmer duldete sie es nicht, daß das elektrische Licht angeschaltet wurde, und auch das Tablett mit Essen wies sie zurück, das Narcissa nach oben schickte. Sie blieb an ihrem dunklen Fenster sitzen, bis der Fremde weg war.

Drei Tage später unternahm Narcissa dann plötzlich ihre geheimnisvolle Fahrt nach Memphis und blieb zwei Nächte dort, sie, die sich nie die Nacht über von ihrem Sohn getrennt hatte, seit er auf die Welt kam. Sie war ohne Erklärung abgereist und ohne Erklärung zurückgekehrt, und soeben hatte die alte Frau Narcissa und den Jungen beobachtet, wie sie durch den Garten kamen, mit feuchten Kleidern, als wären sie im Creek gewesen.

Der Junge war's, der es ihr erzählte. Er hatte sich trockne Sachen angezogen, und sein Haar war noch feucht, wenn auch sauber gekämmt. Sie sagte kein Wort, als er ins Zimmer kam und an ihren Stuhl trat. »Wir waren im Creek«, sagte er. »Wir schwammen aber nicht. Haben bloß im Wasser gesessen, ohne uns die Sachen auszuziehen. Den ganzen Nachmittag. Sie wollte es so.«

»Aha«, sagte die alte Frau. »So, so. Das muß aber lustig gewesen sein. Kommt sie bald herunter?«

»Yessum[16]. Wenn sie sich fertig angekleidet hat.«

»Ach so. Dann hast du vor dem Essen noch ein Weilchen Zeit, nach draußen zu gehen, falls du möchtest.«

»Ich würde gern hier bei dir bleiben, wenn du willst.«

»Nein. Geh du nur nach draußen! Ich brauche nichts, bis Saddie mich holt.«

»Gut.« Er verließ das Zimmer.

Mit dem Verlöschen des Sonnenuntergangs verblaßte das Fenster allmählich. Auch der Kopf der alten Frau verblaßte – wie etwas, das unbeweglich auf einer Anrichte stand. Die paar bunten Scheiben, die das Fenster an wenigen Stellen einrahmten, träumten in satten und gedämpften Farbtönen. Sie saß da, und bald darauf hörte sie, wie die Frau ihres Neffen die Treppe herunterkam. Sie saß ruhig da, den Blick auf die Tür geheftet, bis die junge Frau eintrat.

Sie war in Weiß: eine stattliche Frau in den Dreißigern, die im Zwielicht etwas von der majestätischen Art einer Statue an sich hatte. »Soll ich Licht machen?« fragte sie.

»Nein«, sagte die alte Frau. »Nein. Noch nicht.« Sie saß aufrecht und unbeweglich in ihrem Rollstuhl und sah zu, wie die junge Frau das Zimmer durchquerte, wobei ihr weißes Kleid sie langsam und majestätisch umflutete, wie bei einer Karyatide, die von einer Tempelfront ins Leben niedergestiegen war. Sie setzte sich.

»Es war wegen der Br . . .«, sagte sie.

»Warte!« bat die alte Frau. »Ehe du anfängst: riechst du ihn? Den Jasmin?«

»Ja. Es war wegen der Br . . .«

»Warte! Um diese Stunde fängt es immer an. Seit siebenundfünfzig Jahren hat es jeden Abend im Juni um diese Stunde angefangen. Ich habe ihn von Carolina in einem Korb mitgebracht. Ich erinnere mich, wie ich in jenem ersten März eine ganze Nacht lang aufgesessen habe und Zeitungspapier über seinen Wurzeln verbrannte. Riechst du ihn?«

»Ja.«

»Falls es sich um eine Heirat handelt, so hatte ich dir das ja gesagt. Ich hatte es dir schon vor fünf Jahren gesagt, daß ich dir keine Vorwürfe machen würde. Eine junge Frau – verwitwet. Auch wenn du ein Kind hast, sagte ich dir, daß ein Kind nicht genüge. Ich sagte dir, daß ich dir keine Vorwürfe machen würde, wenn du nicht tun würdest, was ich getan habe. Nicht wahr?«

»Ja. Aber so schlimm ist es nicht.«

»Nicht wie schlimm?« Die alte Frau saß aufrecht da, den Kopf ein wenig in den Nacken gelegt, und das schmale Gesicht, das mit dem Zwielicht verschmolz, unergründlich. »Ich mache dir keine Vorwürfe. Ich sagte es dir schon. Du mußt keine Rücksicht auf mich nehmen. Mein Leben ist vorbei; ich brauche wenig – nichts, was die Neger nicht für mich tun könnten. Denke nicht an mich, verstehst du?« Die andre sagte nichts, war auch unbeweglich und gelassen; im Dämmerdunkel zwischen ihnen schienen ihre Stimmen Gestalt angenommen zu haben, weder von dem einen noch von dem andern Mund und weder von dem einen noch von dem andern stillen und verblassenden Gesicht herrührend. »Dann mußt du es mir erzählen«, sagte die alte Frau.

»Es ist wegen der Briefe. Vor dreizehn Jahren. Erinnerst du dich nicht? Ehe Bayard aus Frankreich zurückkehrte, ehe du auch nur wußtest, daß wir verlobt waren. Ich hatte dir den einen gezeigt, und du wolltest ihn Colonel Sartoris geben, damit er herausfände, wer ihn geschrieben hat, und ich wollte es nicht, und du sagtest, daß keine Dame es zulassen würde, anonyme Liebesbriefe zu erhalten, einerlei, wie sehr sie es ersehnt hätte.«

»Ja. Ich sagte, es wäre besser, wenn die Welt erführe, daß eine Dame einen solchen Brief erhalten hätte, als daß ein Mann insgeheim und ungestraft solche Dinge von ihr denken darf. Du hattest mir gesagt, du hättest ihn verbrannt.«

»Ich habe gelogen. Ich behielt ihn. Und ich habe noch zehn bekommen. Ich habe es dir nicht erzählt, weil du das wegen der Damen sagtest.«

»Oh«, sagte die alte Frau.

»Ja. Ich habe sie alle behalten. Ich glaubte, ich hätte sie versteckt, wo kein Mensch sie finden könnte.«

»Und du hast sie wiederholt gelesen. Du hast sie hin und wieder hervorgenommen und sie gelesen.«

»Ich glaubte, ich hätte sie gut versteckt. Erinnerst du dich noch an die Nacht, nachdem Bayard und ich geheiratet hatten, als jemand in unser Stadthaus einbrach? Und wie in der gleichen Nacht der Buchhalter von Colonel Sartoris' Bank das Geld stahl und damit durchbrannte? Am nächsten

Morgen waren die Briefe verschwunden, und da wußte ich, wer sie geschrieben hatte.«

»Ja«, sagte die alte Frau. Sie hatte sich nicht bewegt; der verblassende Kopf war wie etwas Lebloses aus Silber.

»Sie waren also in der Öffentlichkeit. Sie waren irgendwo. Eine Weile war ich wie verrückt. Ich dachte an die Leute, die Männer, die sie lasen, die nicht nur meinen Namen darauf sahen, sondern die Spur meiner Blicke an den Stellen, wo ich sie wieder und immer wieder gelesen hatte. Ich war von Sinnen. Als Bayard und ich unsre Flitterwochen verlebten, war ich von Sinnen. Es war mir unmöglich, an ihn allein zu denken. Es war, als müßte ich gleichzeitig mit allen Männern der ganzen Welt schlafen. Dann, vor beinah zwölf Jahren, bekam ich Bory, und ich glaubte, ich hätte es überwunden. Hätte mich an den Gedanken gewöhnt, daß sie in der Öffentlichkeit waren. Vielleicht hatte ich zu glauben begonnen, daß sie verschwunden waren, oder vernichtet, und daß ich gerettet sei. Hin und wieder fielen sie mir noch ein, aber es war, als ob Bory mich irgendwie beschützte, und als könnten sie nicht an ihm vorbei, um zu mir vorzudringen. Als ob, wenn ich einfach hier draußen bliebe und gut zu Bory und dir wäre ... Und dann kam eines Nachmittags nach zwölf Jahren der Mann hier heraus, der Jude. Der an jenem Abend zum Essen blieb.«

»Oh«, sagte die alte Frau. »Ja.«

»Er war von der Bundespolizei. Sie bemühten sich immer noch, den Mann zu verhaften, der die Bank beraubt hatte, und dem Polizeibeamten waren meine Briefe in die Hände gefallen. Er hat sie dort gefunden, wo der Buchhalter sie an jenem Abend, als er durchbrannte, verloren oder weggeworfen hatte, und der Polizeibeamte, der den Fall bearbeitete, hatte sie zwölf Jahre lang gehabt. Schließlich kam er zu mir und wollte herausbekommen, wohin der Mann gegangen wäre, weil er glaubte, ich müsse es wissen, da der Mann mir derartige Briefe geschrieben hatte. Du erinnerst dich wohl an ihn: wie du ihn angesehen und gesagt hast: ›Narcissa, wer ist dieser Yankee?‹«

»Ja, ich erinnere mich.«

»Der Mann hatte meine Briefe. Er hatte sie zwölf Jahre lang gehabt. Er hatte ...«

»Er hatte sie?« fragte die alte Frau. »Er hatte sie?«

»Ja. Jetzt habe ich sie. Er hatte sie noch nicht nach Washington geschickt, daher hatte niemand außer ihm sie gelesen. Und jetzt wird niemand sie je wieder lesen.« Sie hielt inne; sie atmete ruhig, gelassen. »Du verstehst es noch nicht, nicht wahr? Er hatte alle Information, die ihm die Briefe geben konnten, aber er hätte sie trotzdem ans Ministerium schicken müssen, und ich bat ihn um die Briefe, aber er sagte, er würde sie doch wohl abliefern müssen, und ich fragte ihn, ob er seine endgültige Entscheidung in Memphis treffen könne, und er fragte, weshalb in Memphis, und ich erklärte ihm, weshalb. Ich wußte nämlich, daß ich sie mit Geld nicht von ihm hätte kaufen können. Deshalb mußte ich nach Memphis fahren. Aus Rücksicht auf Bory und dich mußte ich anderswohin fahren. Und das ist alles. Die Männer sind überall ungefähr gleich, mit ihren Ideen von Gut und Böse. Dummköpfe!« Sie atmete ruhig. Dann gähnte sie tief und ganz entspannt. Dann hörte sie auf zu gähnen. Sie sah wieder auf den starren, verblassenden Silberkopf ihr gegenüber. »Verstehst du es noch nicht?« fragte sie. »Ich mußte es tun. Sie gehörten mir; ich mußte sie wiederhaben. Es war die einzige Möglichkeit, wie ich sie mir verschaffen konnte. Ich hätte sogar noch mehr getan. Ich bekam sie also. Und jetzt sind sie verbrannt. Niemand wird sie je wieder sehen. Und er kann nämlich nichts weitererzählen. Wenn er jemals weitererzählte, daß sie existiert haben, wäre er erledigt. Er käme sogar dafür ins Gefängnis. Und jetzt sind sie verbrannt.«

»Ja«, sagte die alte Frau. »Und dann bist du wieder nach Hause gekommen und mit Johnny spazierengegangen, damit ihr zusammen im Creek sitzen konntet, im fließenden Wasser. Im Jordan. Ja, der Jordan auf einem Weideland hinten in Mississippi.«

»Ich mußte sie wiederhaben, verstehst du das nicht?«

»Ja«, sagte die alte Frau. »Ja.« Sie saß kerzengerade in ihrem Rollstuhl. »Ach, lieber Gott! Wir armen, dummen Frauen! Johnny!« Ihre Stimme klang scharf, gebieterisch.

»Was ist?« fragte die junge Frau. »Möchtest du etwas?«

»Nein«, antwortete die andere. »Rufe Johnny! Ich will meinen Hut haben!«

Die junge Frau stand auf. »Ich hole ihn dir.«

»Nein. Ich möchte, daß Johnny es tut!«

Die junge Frau stand da und blickte auf die andere, die alte Frau, die mit der verblassenden Silberkrone ihres Haars so aufrecht in ihrem Rollstuhl saß. Dann verließ sie das Zimmer. Die alte Frau rührte sich nicht. Sie saß dort im Dunkeln, bis der Junge erschien und eine kleine Haube von altmodischer Form anbrachte. Dann und wann, wenn die alte Frau sich aufregte, mußten sie ihr den Hut holen, und sie setzte ihn sich genau auf den Scheitel und blieb dann dort am Fenster sitzen. Er brachte ihr die Haube. Seine Mutter war bei ihm. Es war jetzt völlig dunkel; bis auf ihr Haar war die alte Frau unsichtbar. »Möchtest du, daß ich jetzt Licht mache?« fragte die junge Frau.

»Nein«, sagte die alte Frau. Sie setzte sich die Haube auf den Scheitel. »Geht ihr nur zum Abendessen und laßt mich hier ein Weilchen ausruhen! Geht nur, alle beide!« Sie gehorchten und ließen sie da sitzen: eine schlanke, aufrechte Gestalt, die einzig durch das Glimmen ihres Haars angedeutet wurde: im Rollstuhl am Fenster, das von den paar vereinzelten und düsteren Carolina-Scheiben eingerahmt wurde.

IV

Seit seinem achten Geburtstag hatte der Junge den Platz seines toten Großvaters am Kopfende des Tisches inne. Jedoch heute abend änderte seine Mutter die Plätze. »Weil nur wir beide da sind«, sagte sie, »kommst du hierher und sitzt neben mir.«

Der Junge zauderte. »Bitte! Willst du nicht? Letzte Nacht habe ich mich so nach dir gesehnt! Hast du dich nicht nach mir gesehnt?«

»Ich habe bei Tante Jenny geschlafen«, antwortete der Junge. »Wir hatten's lustig zusammen.«

»Bitte!«

»Also gut!« Er setzte sich auf den Stuhl neben dem ihren.

»Näher heran«, sagte sie. Sie zog den Stuhl näher heran. »Aber das wollen wir nicht wieder, nie! Nicht wahr?« Sie beugte sich zu ihm hinüber, nahm seine Hand.

»Was? Im Creek sitzen?«

»Nie wieder einer den andern verlassen!«

»Mir war nicht bange. Wir hatten's lustig!«

»Versprich's mir, Bory! Versprich's!« Sein Name war Benbow, ihr Familienname.

»All right.«

Isom – in seiner weißen Drelljacke – bediente sie und kehrte wieder in die Küche zurück.

»Kommt Sie nich zum Essen?« fragte Elnora.

»Nome«, sagte Isom. »Sitzt vorne am Fenster, im Dunkeln. Sie sagt, sie will kein Essen.«

Elnora blickte Saddie an. »Was haben sie gemacht, als du's letztemal in der Bibliothek warst?«

»Sie hat mit Miss Narcissa gesprochen.«

»Sie haben immer noch gesprochen, als ich rein bin und gesagt hab, daß angerichtet ist«, warf Isom ein. »Hab's dir doch schon mal gesagt!«

»Ich weiß«, sagte Elnora. Ihre Stimme klang nicht schroff.

Sie war auch nicht sanft. Sie war nur bestimmt und ruhig und kalt. »Wo ha'm sie drüber gesprochen?«

»Weiß ich doch nich«, erwiderte Isom. »Hast mir ja selber beigebracht, ich soll den Weißen nich zuhören!«

»Wo ha'm sie drüber gesprochen, Isom?« wiederholte Elnora. Sie sah ihn an, ernst und gespannt und herrisch.

»Irgendwas wegen Heiraten. Miss Jenny hat gesagt: ›Ich hab's dir schon vor langer Zeit gesagt, daß ich dir keine Vorwürfe mache. Eine junge Frau wie du. Ich möchte, daß du heiratest. Daß du's nicht so machst wie ich‹ – das hat sie gesagt.«

»Sicher hat sie's im Sinn, sich zu verheiraten«, sagte Saddie.

»Wer soll heiraten?« rief Elnora. »Die und heiraten? Warum? Alles aufgeben, was sie hier hat? Das ist es nich gewesen. Ich wünschte, ich wüßte, was hier letzte Woche passiert ist ...« Ihre Stimme brach ab; sie wandte den Kopf zur Tür, als lauschte sie auf etwas. Vom Eßzimmer drang die Stimme der jungen Frau her. Aber Elnora schien auf ein anderes, entfernteres Geräusch zu hören. Dann verließ sie die Küche. Sie ging nicht hastig, doch mit ihren langen, ruhigen Schritten verschwand sie so unvermittelt wie eine leblose Puppe, die auf Rädern von der Bühne gezogen wird.

Sie ging rasch den dunklen Flur entlang und an der Eßzimmertür vorbei. Sie saßen nah beisammen. Die Frau sprach und beugte sich zum Jungen hinüber. Elnora ging lautlos weiter: ein Zusammenspiel von Schatten, über denen ihr helleres Gesicht wie ohne Körper zu schweben schien, die Augäpfel nur ein mattes Weiß. Dann blieb sie plötzlich stehen. Sie hatte die Tür zur Bibliothek noch nicht erreicht, blieb aber trotzdem stehen, unsichtbar, lautlos; ihre Augen waren plötzlich ganz hell in dem fast erloschenen Gesicht, und sie begann einen leisen Singsang anzustimmen: »O Herr, o Herr!« Nicht laut. Dann ging sie weiter, schritt rasch auf die Tür zu und blickte in die Bibliothek, wo neben dem toten Fenster unbeweglich die alte Frau saß, einzig durch das schwache Glimmen ihrer weißen Haare angedeutet, wie wenn in den neunzig Jahren das Leben langsam in ihrem mageren, aufrechten Körper erstorben wäre und noch einen zwielichtigen Augenblick auf ihrem Kopf gezögert hätte, ehe es erlosch, obwohl das Leben selbst aufgehört hatte. Elnora warf nur einen flüchtigen Blick ins Zimmer. Dann drehte sie sich um und ging mit ihren flinken und leisen Schritten bis zur Eßzimmertür zurück. Die junge Frau hatte sich immer noch zum Jungen hinübergebeugt und plauderte. Sie bemerkten Elnora nicht sofort. Elnora stand auf der Schwelle, groß, und ohne die Türpfosten zu berühren. Ihr Gesicht war ausdruckslos; es schien, als blicke sie niemanden an, spräche zu niemanden.

»Kommen Sie lieber rasch her«, sagte sie.

Sieg im Gebirge

I

Durch das Fenster der Hütte beobachteten die fünf Menschen, wie sich der Reitertrupp auf dem schlammigen Pfad bergauf mühte und am Gatter haltmachte. Als erster kam ein Mann zu Fuß, der ein Pferd führte. Sein breitkrempiger Hut hing ihm tief ins Gesicht, und sein Körper steckte formlos in einem verschossenen grauen Cape, aus dem die Linke hervorsah, die den Zügel hielt. Der Zügel war mit Silber beschlagen, und das Pferd war ein Vollblut, ein magerer, schlammverkrusteter Brauner, der an Stelle eines Sattels eine dunkelblaue Armeewolldecke trug, die mit einem Strick festgebunden war. Das zweite Pferd war ein plumper, dickköpfiger, struppiger Fuchs, auch er schlammverkrustet. Er hatte einen aus Schnur und Draht gebastelten Zügel und einen Armeesattel, auf dem hoch über den baumelnden Steigbügeln ein formloses Etwas kauerte, das größer als ein Kind war und auf diese Entfernung kein Kleidungsstück oder keine bei Menschen üblichen Kleider zu tragen schien.

Einer von den drei Männern am Fenster trat rasch weg. Die andern hörten, ohne daß sie sich umdrehten, wie er schnell das Zimmer durchquerte und dann zurückkam, ein langes Gewehr in der Hand.

»Nein, das darfst du nicht!« sagte der ältere Mann.

»Siehst du denn nicht das Cape?« fragte der jüngere. »Das Cape, das die Rebellen hatten?«

»Ich verbiete es«, sagte der andere. »Sie haben sich ergeben. Sie haben erklärt, daß sie besiegt sind.«

Durchs Fenster beobachteten sie, wie die Pferde am Gatter haltmachten. Es war ein durchsackendes Hickory-Gatter in einer Feldsteinmauer, die einen öden Hang hinunterkroch und sich scharf gegen das Tal und noch eine andere Bergkette abzeichnete, welche in der Ferne in den niedrigen, zerfetzten Himmel überging.

Sie beobachteten, wie das Geschöpf auf dem zweiten Pferd abstieg und auch seinen Zügel in die linke Hand des Mannes in Grau drückte, der die Zügel des Vollblutpferdes hielt. Sie beobachteten, wie das Geschöpf durch das Gatter trat und den Fußweg heraufkam und aus dem Gesichtsfeld des Fensters verschwand. Dann hörten sie, wie es über die Holzveranda ging und an die Tür klopfte. Sie standen still und hörten, wie es nochmals klopfte.

Nach einem Weilchen sagte der ältere Mann, ohne den Kopf umzudrehen: »Geh nachsehn!«

Eine von den beiden Frauen, die ältere, kehrte sich vom Fenster ab; ihre Füße machten kein Geräusch auf dem Fußboden, denn sie war barfuß. Sie ging an die Vordertür und öffnete sie. Das frostige, feuchte Licht des verblassenden Aprilnachmittags fiel auf sie: auf eine kleine Frau mit einem verrunzelten, ausdruckslosen Gesicht und in einem grauen, formlosen Gewand. Jenseits der Schwelle stand ihr gegenüber ein Geschöpf, nur wenig größer als ein großer Affe, gekleidet in den viel zu weiten blauen Mantel eines Gemeinen des Unionistenheers und, zeltartig um den Kopf gebunden und auf die Schultern niederfallend, in ein Stück Öltuch, das viereckig aus dem Verdeck eines Marketenderwagens herausgeschnitten sein mochte; ein Schlitz war da, in dem die Frau nichts außer dem Weiß der zwei Augäpfel sehen konnte, und auch das nur flüchtig und spukhaft, als der Neger mit einem einzigen Blick die barfuß in ihrem ausgeblichenen Kattunkleid vor ihm stehende Frau musterte und gleichzeitig das Innere des schäbigen und armseligen Flurs der Hütte überblickte.

»Marster Major Soshay Weddel schickt Kompliment und läßt sagen, er möcht Schlafplatz für ihn selber und Boy und zwei Pferden«, richtete er mit einer großspurigen, papageienhaften Stimme aus. Die Frau blickte ihn an. Ihr Gesicht glich einer abgenutzten Maske. »Wir ha'm 'n Stück weiter oben gegen die Yankees gekämpft«, erklärte der Neger. »Sind jetzt fertig. Gehn wieder nach Hause.«

Die Frau schien von irgendwoher zu sprechen, irgendwo hinter ihrem Gesicht, wie hinter einem Bildnis oder einem bemalten Wandschirm.

»Wir woll'n was zahlen!« sagte der Neger.

»Zahlen?« Sie stockte und schien sich über ihn zu wundern. »'s gleicht doch nicht 'nem Berghotel!«

Der Neger machte eine großzügige Handbewegung. »'s ist egal. Wir ha'm schon in Hütten übernachtet, wo's schlimmer war! Sagen Sie ihm bloß, 's wär für Marse[17] Soshay Weddel.« Dann merkte er, daß die Frau an ihm vorbeisah. Er drehte sich um und sah, daß der Mann in dem abgetragenen grauen Cape den Fußweg vom Gatter her schon halbwegs heraufgekommen war. Er ging weiter und stieg auf die Veranda, wobei er mit seiner linken Hand den breitrandigen Schlapphut abnahm, der als Abzeichen den nachgedunkelten Kranz eines höheren Konföderierten-Offiziers trug. Er hatte ein dunkles Gesicht mit dunklen Augen und schwarzem Haar; sein Gesicht war gleichzeitig breit und doch hager, und es war hochmütig. Er war nicht groß, doch den Neger überragte er um fünf oder sechs Zoll. Das Cape war vom Wetter mitgenommen und an den Schultern, wohin das Licht am stärksten fiel, verschossen. Am Saum unten war es durchnäßt, ausgefranst und voller Schlammspritzer: ein Kleidungsstück, das immer wieder ausgebessert und immer wieder gebürstet worden war, bis vom Flor nichts mehr übrigblieb.

»Guten Tag, Madam«, sagte er. »Haben Sie in Ihrem Stall Platz für zwei Pferde und eine Unterkunft für die Nacht für mich und meinen Boy?«

Die Frau sah ihn eigenartig still und grübelnd an, als hätte sie, ohne zu erschrecken, ein Gespenst gesehen.

»Ich will sehn«, sagte sie.

»Ich bezahle es«, sagte der Mann. »Ich weiß, wie die Zeiten sind.«

»Ich muß ihn fragen«, erwiderte die Frau. Sie drehte sich um, blieb aber dann stehen. Der ältere Mann war hinter ihr auf den Flur gekommen. Er war groß, im Overall, mit einem Schopf eisengrauer Haare und blassen Augen.

»Ich bin Saucier Weddel«, sagte der Mann in Grau. »Ich bin auf dem Heimweg von Virginia nach Mississippi. Bin ich jetzt in Tennessee?«

»Sie sind in Tennessee«, sagte der andre. »Kommen Sie rein!«

Weddel wandte sich an den Neger. »Bring die Pferde in den Stall!« sagte er.

Der Neger, formlos in seiner Öltuch-Kapuze und dem viel zu weiten Mantel, kehrte mit der großspurig anmaßenden Miene ans Gatter zurück, die er aufgesetzt hatte, sowie er die nackten Füße der Frau und das dürftige, armselige Innere der Hütte sah. Er nahm die beiden Zügel und begann, die Pferde mit unnötigem und geschäftigem Übereifer anzuschreien, was aber die beiden Pferde nicht beachteten, als wären sie längst an ihn gewöhnt. Es war, als nähme auch er selber die Rufe nicht wichtig, als wäre sein Geschrei nur ein Begleitumstand seiner Aufgabe, die Pferde außer Sicht von der Tür zu führen, nur eine Begleiterscheinung, die sowohl von den Pferden wie vom Neger im gleichen Augenblick hingenommen und abgetan wurde.

II

Durch die Küchenwand konnte das Mädchen die Stimmen der Männer im Zimmer hören, aus dem ihr Vater sie verscheucht hatte, sobald der Fremde sich dem Haus näherte. Sie war ungefähr zwanzig: ein großes Mädchen mit glattem, schlichtem Haar und großen, geschmeidigen Händen, das jetzt barfuß in seinem einzigen, aus Mehlsäcken genähten Gewand dastand. Sie stand dicht an der Wand, ohne sich zu rühren, den Kopf ein wenig auf die Seite gelegt, die Augen weit aufgerissen und still und leer wie die Augen einer Schlafwandlerin, und hörte, wie ihr Vater und der Gast das Zimmer dahinter betraten.

Die Küche war ein Bretteranbau, der sich an die Wand der eigentlichen Hütte aus unbehauenen Stämmen lehnte. Die Lehmfüllung zwischen den Stämmen vor ihr war, von der Hitze des Herdes wie zu Kalk gebrannt, stellenweise aus den Ritzen herausgefallen. Sie duckte sich mit einer Bewegung, die ebenso langsam und geschmeidig und unhörbar wie das Wispern ihrer bloßen Füße auf dem Boden war, und hielt ihre Augen an eine der Ritzen. Sie konnte einen primitiven Tisch sehen, auf dem ein irdener Krug und eine Schachtel Gewehrpatronen standen, mit *U.S.Army* schabloniert. Am Tisch saßen ihre beiden Brüder auf Flechtstühlen, doch nur der jüngere blickte zur Tür, obwohl sie wußte, es jetzt hören konnte, daß der Fremde im Zimmer war. Der ältere Bruder nahm die Patronen eine nach der andern aus der Schachtel, drückte den Rand der Patronenhülsen ein und stellte sie aufrecht neben seine Hand, wie die Karikatur einer Truppenparade, hatte aber den Rücken zur Tür gekehrt, wo, wie sie wußte, jetzt der Fremde stand. Sie atmete ruhig. »Vatch hätte ihn erschossen«, sagte sie, hauchte sie vor sich hin – immer noch geduckt. »Ich glaub, er tut's doch!«

Dann hörte sie wieder Schritte, und ihre Mutter ging zu der Tür, die zur Küche führte, an ihrem Guckloch vorbei, ihr für einen Augenblick die Sicht nehmend. Doch sie rührte sich nicht, auch nicht, als ihre Mutter in die Küche trat. Sie bückte sich wieder zu der Spalte nieder; ihr Atem ging regelmäßig und gelassen; hinter sich hörte sie ihre Mutter mit den Herdringen klappern. Dann sah sie zum erstenmal den Fremden, und dann hielt sie leise den Atem an, merkte nicht einmal, daß ihr der Atem stockte. Sie sah ihn in seinem schäbigen Cape neben dem Tisch stehen, in der linken Hand seinen Hut. Vatch sah nicht auf.

»Ich bin Saucier Weddel«, sagte der Fremde.

»Soshay Weddel«, hauchte das Mädchen in die ausgetrocknete Ritze hinein, gegen die zerbröckelnde, verstaubte Wand. Sie konnte ihn in voller Länge sehen, in seinem schmutzigen und geflickten Cape, den Kopf ein wenig erhoben und das Gesicht erschöpft, beinahe abgezehrt, wie von einer unbezähmbaren Müdigkeit geprägt, und doch auch hochmütig, wie ein Wesen aus einer andern Welt, andre Luft atmend, und die Adern von einer andern Art Blut erwärmt. »Soshay Weddel«, flüsterte sie.

»Nehmen Sie'n Schluck Whisky«, sagte Vatch, ohne sich zu rühren.

Dann plötzlich, genau wie es vorher beim Stocken ihres Atems gewesen war, hörte sie überhaupt nicht mehr auf die Worte – als wäre es nicht länger notwendig, daß sie zuhörte, als wäre auch für die Neugier kein Raum in der Atmosphäre, die den Fremden umfing und die auch sie im Augenblick umfing, als sie den Fremden beobachtete, wie er neben dem Tisch stand und Vatch ansah und Vatch sich jetzt auf seinem Stuhl umdrehte, eine Patrone in der Hand, und zu dem Fremden aufsah. Sie atmete ruhig gegen den Spalt, durch welchen die Stimmen jetzt ohne Erregung oder Nachdruck aus jener dunklen und schwelenden und gewalttätigen und kindischen Eitelkeit der Männer zu ihr drangen:

»Die werden Sie wohl kennen, wenn Sie sie sehen, was?«

»Warum auch nicht? Wir haben sie ebenfalls benutzt. Wir hatten nie genug Zeit oder Pulver, um unsre eigenen zu machen. Deshalb mußten wir hin und wieder die Ihrigen benutzen. Besonders jetzt gegen Ende.«

»Vielleicht würden Sie sie noch besser kennen, wenn Ihnen eine ins Gesicht spritzte.«

»Vatch!« Sie blickte jetzt auf ihren Vater, denn er war's,

der gesprochen hatte. Ihr jüngerer Bruder hatte sich ein wenig im Stuhl aufgerichtet, hatte sich ein wenig vornübergebeugt, und sein Mund stand ein wenig offen. Er war siebzehn. Doch der Fremde stand noch immer da und blickte ruhig auf Vatch nieder, den Hut gegen das Cape gedrückt und im Gesicht den hochmütigen und müden und ein wenig spöttischen Ausdruck.

»Sie können auch Ihre andre Hand zeigen!« sagte Vatch. »Haben Sie nur keine Angst, Ihre Pistole loszulassen!«

»Nein«, erwiderte der Fremde. »Ich habe keine Angst, sie zu zeigen.«

»Nehmen Sie doch einen Schluck Whisky«, sagte Vatch wieder und schob den Krug mit einer geringschätzigen und verächtlichen Bewegung näher.

»Ich bin Ihnen unendlich dankbar«, antwortete der Fremde, »aber es ist mein Magen. Während der drei Kriegsjahre mußte ich mich bei meinem Magen entschuldigen; jetzt, im Frieden, muß ich mich seinetwegen entschuldigen. Aber wenn ich für meinen Boy ein Glas haben dürfte? Selbst nach den vier Jahren kann er Kälte noch nicht ertragen.«

»Soshay Weddel«, flüsterte das Mädchen in den zerbröckelnden Staub, hinter dem die Stimmen erklangen – noch nicht erregt, jedoch auf ewig unversöhnt und schon vorherbestimmt, der eine zum blinden Opfer, der andre zum blinden Henker.

»Oder vielleicht würden Sie sie im Rücken besser erkennen?«

»Schluß, Vatch!«

»Halt, sir! Wenn er auch nur ein Jahr in der Armee war, hat er auch einmal ausreißen müssen. Vielleicht sogar öfter, falls er der Nordvirginischen Armee gegenüberstand.«

»Soshay Weddel«, flüsterte das Mädchen und duckte sich. Jetzt konnte sie Weddel sehen, der anscheinend geradewegs auf sie zukam, in seiner linken Hand einen dicken Becher, und den Hut unter den gleichen Arm gequetscht.

»Nicht dort entlang!« rief Vatch. Der Fremde blieb stehen und drehte sich zu Vatch um. »Wohin wollen Sie?«

»Meinem Boy das hier bringen! Zum Stall. Ich dachte, daß diese Tür vielleicht ...« Sein Gesicht war jetzt im Profil zu sehen, erschöpft, hochmütig, abgezehrt, und die Augenbrauen spöttisch und hochmütig fragend in die Höhe gezogen. Ohne aufzustehen, machte Vatch eine scharfe Bewegung mit dem Kopf nach rückwärts und zur Seite. »Gehen Sie da von der Tür weg!« Aber der Fremde rührte sich nicht. Einzig sein Kopf bewegte sich ein wenig, wie um die Richtung seines Blicks zu wechseln.

»Er sieht Paw an«, flüsterte das Mädchen. »Er wartet ab, was Paw ihm sagen wird. Er hat keine Angst vor Vatch. Ich hab's ja gewußt!«

»Gehn Sie da von der Tür weg!« sagte Vatch. »Sie verdammter Nigger!«

»Ach so – es ist wegen meines Gesichts – und nicht wegen meiner Uniform!« sagte der Fremde. »Und Sie haben vier Jahre gekämpft, um uns zu befreien, wenn ich recht verstanden habe.«

Dann hörte sie ihren Vater wieder sprechen. »Gehn Sie zur Vordertür hinaus, Fremder, und ums Haus herum«, sagte er.

»Soshay Weddel«, sagte das Mädchen. Hinter ihr klapperte ihre Mutter am Herd herum. »Soshay Weddel«, sagte sie. Sie sagte es nicht laut. Dann atmete sie wieder, tief und ruhig und ohne Eile. »Es tönt wie Musik. Es ist wie ein Singen.«

III

Der Neger kauerte im Gang des Stalles, dessen durchgebogene und eingeschlagene Boxen bis auf die zwei Pferde leer waren. Neben ihm stand ein offener, abgenutzter Rucksack. Er war damit beschäftigt, das Paar dünner Tanzschuhe mit einem Lappen und etwas Schuhwichse aus einer Dose zu putzen, die bis auf einen schmalen Rest Wichse am Rande der Dose leer war. Neben ihm auf einem Brettchen stand ein bereits geputzter Schuh. Das Oberleder war eingerissen; eine derbe Sohle war vor kurzem von einer ungeschickten Hand ziemlich primitiv draufgenagelt worden.

»Gottseidank können die Leute nich die Unterseite von Ihren Schuhen sehn«, sagte der Neger. »Gottseidank ist's bloß das Bergler-Gesindel hier! Aber selbst wenn bloß Yankees Ihre Füße in solchen Dingern sehn, wär mir das schon schrecklich!« Er polierte den Schuh, schielte ihn an, hauchte drüber hin, und polierte ihn wieder auf seinem Oberschenkel.

»Hier!« sagte Weddel und reichte ihm das Glas. Es enthielt eine Flüssigkeit, die so farblos wie Wasser war.

Der Neger unterbrach sich und hielt Schuh und Tuch ganz still. »Was?« sagte er. Er sah das Glas an. »Was'n das?«

»Trink's!« sagte Weddel.

»Das's Wasser. Warum bringen Sie mir denn Wasser?«

»Nimm's!« sagte Weddel. »Es ist kein Wasser.«

Der Neger nahm das Glas zimperlich in die Hand. Er hielt es, wie wenn es Nitroglyzerin wäre. Er sah es an, blinzelte und hob es langsam bis an seine Nase. Er blinzelte. »Wo ha'm Sie'n das her?« Weddel antwortete nicht. Er hatte den fertiggeputzten Schuh aufgehoben und sah ihn an. Der Neger hielt sich das Glas unter die Nase. »Es riecht beinah so, wie's riechen soll«, sagte er. »Aber der Teufel hol mich, wenn's wie irgendwas aussieht! Die Leute woll'n Sie bloß vergiften.« Er kippte das Glas gegen seine Lippen und nippte zimperlich daran, ließ es sinken und blinzelte.

»Ich hab keinen Tropfen davon getrunken«, sagte Weddel. Er stellte den Schuh wieder hin.

»Das ha'm Sie recht gemacht«, sagte der Neger. »Wo ich hier schon jahrelang versucht hab, mich um Sie zu kümmern und Sie wieder nach Haus zu bringen, wie mir's Missie gesagt hat, da schlafen Sie nu über Nacht wie'n Landstreicher, wie'n Patter-roller-Nigger[18] ...« Er setzte das Glas an die Lippen, kippte es hoch und gleichzeitig auch mit einem einzigen Ruck seinen Kopf. Als er das Glas sinken ließ, war es leer; seine Augen waren geschlossen; er sagte: »Ufffff!« und schüttelte den Kopf heftig und schauderte. »Es riecht richtig, und es wirkt richtig, aber der Teufel soll mich holen, wenn's richtig aussieht! Ich glaube, Sie sollten's lieber nich anrühr'n, ha'm's ja auch noch nich getan. Wenn die's Ihnen aufschwatzen woll'n, dann schicken Sie's zu mir. Ich hab für Missie schon so viel ausgehalten, daß ich, scheint's, auch noch 'n bißchen mehr aushalten kann.«

Er nahm den Schuh und den Lappen in die Hand. Weddel beugte sich über den Rucksack. »Ich möchte meine Pistole haben«, sagte er.

Wieder hörte der Neger auf zu arbeiten und hielt Schuh und Lappen still. »Wofür denn?« Er beugte sich vor und sah den lehmigen Hang vor der Hütte hinauf. »Sind die Leute Yankees?« flüsterte er.

»Nein«, antwortete Weddel und wühlte mit der linken Hand im Rucksack. Der Neger schien ihn nicht zu hören.

»In Tennessee? Sie ha'm mir erzählt, wir wär'n in Tennessee, wo Memphis ist, aber Sie ha'm mir nie erzählt, daß all das Auf-und-Ab-Land hier im Memphis-Land liegt. Ich weiß genau, daß ich so was nie nich gesehn hab, als ich damals mit Ihrem Paw nach Memphis bin. Aber Sie sagen's doch. Und jetzt erzählen Sie mir, daß die Memphis-Leute Yankees sind!«

»Wo ist die Pistole?« fragte Weddel.

»Hab's Ihnen ja gleich gesagt: einer, der so tut wie Sie! Sie lassen die Leute hier sehn, daß Sie zu Fuß die Straße raufgehn und Caesar am Zügel führen, weil Sie glauben, daß er müde ist. Und mich lassen Sie reiten, und Sie selber gehen, und dabei kann ich jeden Tag von Ihrem Leben besser laufen als Sie, auch wenn ich vierzig bin und Sie bloß achtundzwanzig. Aber ich sag's Ihrer Maw! Ich sag's ihr bestimmt.«

Weddel erhob sich, in der Hand einen schweren Revolver mit Perkussionsschloß. Er wog ihn in seiner einen Hand, zog den Stecher zurück und ließ ihn wieder herunter. Der Neger beobachtete ihn: er kauerte in dem blauen Militärmantel der Unionisten wie ein Affe da. »Legen Sie das Dings weg!« sagte er. »Der Krieg ist jetzt fertig. Da hinten in Virginia ha'm sie uns gesagt, daß er fertig ist. Sie brauchen jetzt keine Pistole nich! Legen Sie sie weg! Hör'n Sie?«

»Ich möchte jetzt baden«, sagte Weddel. »Ist mein Hemd . . .«

»Wo denn baden? Wodrin denn baden? Die Leute hier ha'm noch nie nich 'ne Badewanne gesehn.«

»Ich bade am Brunnen. Ist mein Hemd fertig?«

»Was da noch von übrig ist . . . Legen Sie die Pistole weg, Marse Soshay! Ich verrat's Ihrer Maw! Ich verrat's ihr! Ich wünschte bloß, Marster wär hier!«

»Geh in die Küche!« befahl Weddel. »Sag ihnen, ich möchte im Brunnenhaus baden! Bitte sie, den Vorhang an dem Fenster dort zuzuziehen!« Die Pistole war unter dem grauen Cape verschwunden. Er ging zur Box, wo das Vollblutpferd stand. Das Tier stupste ihn mit der Nase, und seine Augen rollten ängstlich und scheu. Es wieherte, aber nicht laut, und sein Atem war rein und warm.

IV

Der Neger trat durch die Hoftür in die Küche. Er hatte die Öltuch-Kapuze abgelegt und trug jetzt ein blaues Käppi, das ihm, genau wie der Mantel, viel zu groß war und so auf seinem Kopf saß, daß der überragende Rand leise wippte, wenn er sich bewegte – als hätte es ein verborgenes Leben. Man sah nichts weiter von ihm zwischen Käppi und

Kragen als sein Gesicht, das einer eingetrockneten Dajak-Trophäe glich und fast ebenso klein war; die Kälte hatte es wie mit einer dünnen Schicht bleicher Holzasche überpudert. Die ältere Frau stand am Herd, auf dem jetzt das, was sie briet, zischte und spritzte; sie sah nicht auf, als der Neger eintrat. Das Mädchen stand mitten im Raum und tat einfach gar nichts. Sie sah den Neger an, beobachtete ihn mit ihrem trägen, ernsten, verstohlenen und unverwandten Blick, während er in seiner großspurigen Selbstsicherheit wie eine Karikatur durch die Küche stolzierte, einen Holzkloben neben dem Herd hochkant stellte und sich draufsetzte.

»Wenn das hier das Wetter ist, das ihr hier immer habt, dann macht's mir gar nix, daß die Yankees das Land hier behalten.« Er öffnete den Mantel, und seine Beine kamen zum Vorschein: unförmig und dick waren sie in schlammverschmutztes und undefinierbares Zeug eingewickelt, das wie Pelz aussah, so daß sie zwei schlammverschmutzten Tieren glichen, die wie mittelgroße Hunde auf dem Fußboden lagen. Das Mädchen, das ein klein wenig näher trat, dachte ruhig: *Es ist Pelz. Er hat sich 'n Pelzmantel genommen und zerschnitten, um seine Füße reinzuwickeln.* »Ja, ja«, sagte der Neger, »laßt mich bloß wieder nach Haus, dann können die Yankees alles andre haben!«

»Wo sind Sie denn zu Hause?« fragte das Mädchen.

Der Neger sah sie an. »In Miss'ippi. Auf der Domäne. Habt ihr nie von Countymaison gehört?«

»Countymaison?«

»Stimmt. Sein Großpappy hat's Countymaison genannt, weil's zum Querdrüberreiten größer als 'n County ist! Sogar auf'm Maultier kann man zwischen Sonnenaufgang und Sonnenuntergang nich quer durchreiten. Deshalb!« Er rieb sich langsam die Hände an den Oberschenkeln. Das Gesicht hatte er jetzt zum Herd gewandt; er schniefte laut durch die Nase. Der aschgraue Hauch auf seiner Haut war schon verschwunden, und sein Gesicht zeigte jetzt ein mattes Schwarz, voller Runzeln und mit einem etwas schlaffen Mund, als wären die Muskeln infolge des Gebrauchs wie Gummibänder ausgeleiert – nicht die Kaumuskeln, sondern die Sprechmuskeln. »Ich glaube doch, daß wir nich mehr weit bis nach Hause ha'm. Das Schweinefleisch da riecht wenigstens genauso wie bei unsern Leuten.«

»Countymaison«, sagte das Mädchen mit verzücktem, träumerischem Ton und sah den Neger mit ihrem ernsten, unverwandten Blick an. Dann wandte sie den Kopf ab und blickte auf die Wand, und nun war ihr Gesicht völlig gelassen, völlig undurchdringlich, ohne Hast, war nichts als tiefes und selbstvergessenes Sinnen.

»Stimmt«, sagte der Neger. »Sogar die Yankees ha'm von Weddels Countymaison und von Marster Francis Weddel gehört. Vielleicht habt ihr'n hier im Wagen vorbeifahr'n sehn, damals, als er nach Washington ist, um euerm Präsidenten zu sagen, daß es ihm nicht paßt, wie euer Präsident die Leute behandelt. Er ist die ganze Strecke bis nach Washington im Wagen gefahren, mit zwei Niggers, die kutschieren und die Ziegelsteine heiß machen mußten, um seine Füße warmzuhalten, und vorneweg der Mann mit dem Planwagen und mit frischen Pferden. Er hat euerm Präsidenten zwei ausgestopfte Bären mitgebracht und acht Seiten geräuchertes Damwild. Er muß direkt hier vor eurer Haustür vorbeigekommen sein. Euer Pappi oder vielleicht dem sein Pappi hat ihn sicher vorbeifahren sehn!« Er redete weiter, geschwätzig, in einschläferndem Singsang; in der starken Herdwärme begann sein Gesicht zu glänzen und ein wenig zu schimmern, während die Mutter sich über den Herd beugte und das Mädchen unbeweglich und still dastand – die Wölbung ihrer bloßen Füße fest gegen die rohen Dielen gepreßt und die Rundungen ihres jungen, großen Körpers weich und üppig säugetierhaft in das grobe Gewand geschmiegt – und den Neger mit ihrem unbeschreiblichen und unverwandten Blick betrachtete und den Mund ein wenig geöffnet hatte.

Der Neger redete weiter, mit geschlossenen Augen, seine Stimme endlos, prahlerisch, seine Miene gelangweilt und unduldsam, als wäre er noch zu Hause und als hätte es keinen Krieg gegeben und keine schlimmen Gerüchte von Befreiung und Umsturz, und als verbrächte er (ein Stallbursche, in der häuslichen Hierarchie ein Pferdekenner) seinen Abend in den Negerhütten bei den Feldarbeitern, bis die ältere Frau das Essen auffüllte und die Küche verließ, die Tür hinter sich schließend. Bei diesem Geräusch schlug er die Augen auf und sah auf die Tür und dann auf das Mädchen. Sie blickte wieder auf die Wand, auf die jetzt geschlossene Tür, durch die ihre Mutter verschwunden war. »Dürfen Sie nich mit ihnen am Tisch essen?« fragte er.

Das Mädchen sah den Neger an – unverwandt. »Countymaison«, sagte sie. »Vatch sagt, er's auch 'n Nigger.«

»Wer? Er? 'n Nigger? Marse Soshay Weddel? Welcher is'n der Vatch?« Das Mädchen sah ihn an. »'s kommt bloß daher, weil ihr nie nich wo gewesen seid. Nie nich irgendwas gesehn habt. Wohnt hier auf'm nackten Berg, wo ihr nich mal Rauch sehn könnt! Der 'n Nigger? Ich wünschte, seine Mammy hätt das gehört!« Er sah sich in der Küche um, eingeschrumpft, und rollte unaufhörlich seine Augäpfel hierhin und dorthin, so daß sie aufblitzten.

»Tragen die Mädchen da unten die ganze Zeit Schuhe?« fragte sie.

Der Neger sah sich in der Küche um. »Wo hebt ihr'n hier euer Tennessee-Quellwasser auf? Irgendwo hier hinten?«

»Quellwasser?«

Der Neger zwinkerte ihr zu. »Das Pitterolljum, das sich so schnell wegtrinkt!«

»Pitterolljum?«

»Das helle Lampenöl, das ihr immer trinkt! Habt ihr davon nich noch 'n bißchen irgendwo versteckt?«

»Oh«, sagte das Mädchen. »Sie meinen den Maisbranntwein!« Sie ging in eine Ecke, hob eine lose Diele im Fußboden auf, während der Neger ihr zusah, und holte einen zweiten irdenen Krug hervor. Sie füllte einen derben Becher damit und gab ihn dem Neger und beobachtete ihn, wie er ihn sich mit geschlossenen Augen in die Kehle schüttete. Wieder sagte er: »Uffff!« und fuhr sich mit dem Handrücken über den Mund.

»Was haben Sie mich vorhin gefragt?« sagte er.

»Ob die Mädchen da unten in Countymaison Schuhe tragen?«

»Die Damen schon. Wenn sie keine hätten, brauchte Marse Soshay bloß 'n Stücker hundert Niggers verkaufen und den Damen welche kaufen ... Wer hat das gesagt, daß Marse Soshay 'n Nigger wär?«

Das Mädchen sah ihn scharf an. »Ist er verheiratet?«

»Wer? Marse Soshay?« Das Mädchen sah ihn scharf an. »Wie hätt er wohl Zeit gehabt, sich zu verheiraten, wo wir doch seit vier Jahren gegen die Yankees kämpfen? Wir sind jetzt vier Jahre lang weg von zu Haus, wo's keine Damen zu heiraten gibt.« Er sah das Mädchen an, das Weiß seiner Augäpfel war ein wenig blutunterlaufen, auf der Haut schimmerten ein paar schwache und abgezirkelte Glanzlichter. Beim Auftauen schien er auch ein wenig größer geworden zu sein. »Was interessiert Sie das schon, ob er verheiratet ist oder nicht?«

Sie sahen einander an. Der Neger konnte ihren Atem hören. Dann sah sie ihn überhaupt nicht mehr an, obwohl sie noch nicht einmal geblinzelt oder den Kopf abgewandt hatte. »Ich nehme an, er hat gar keine Zeit für 'n Mädchen, das keine Schuhe hat«, sagte sie. Sie trat an die Wand und bückte sich wieder zur Ritze herunter. Der Neger beobachtete sie. Die ältere Frau trat ein, nahm noch eine Schüssel vom Herd und ging wieder weg, ohne einen von beiden angesehen zu haben.

V

Die vier Männer – drei Männer und ein Bursche – saßen um den Abendbrottisch. Die Essensreste lagen auf dicken Tellern. Die Messer und Gabeln waren aus Eisen. Auf dem Tisch stand noch immer der Krug. Weddel war jetzt ohne sein Cape. Er war rasiert; sein noch feuchtes Haar war hintenüber gekämmt. Das Jabot auf seiner Brust war im Lampenlicht wie Spitzenschaum; der rechte Ärmel war leer und mit einer feinen goldenen Nadel auf seiner Brust befestigt. Unter dem Tisch ruhten die zierlichen und geflickten Tanzschuhe neben den Stallstiefeln der beiden Männer und den breiten, nackten Füßen des Burschen.

»Vatch sagt, Sie wären ein Neger«, sagte der Vater.

Weddel hatte sich ein wenig zurückgelehnt. »Jetzt verstehe ich«, sagte er. »Ich hatte angenommen, daß er einfach von Natur an schlechter Laune leide. Und außerdem ein Sieger sein muß.«

»Sind Sie ein Neger?« fragte der Vater.

»Nein«, antwortete Weddel. Er blickte den Burschen an, und sein verwittertes und erschöpftes Gesicht war ein wenig spöttisch. Im Nacken war sein langes Haar ungleichmäßig abgeschnitten worden, wie mit einem Messer oder vielleicht mit einem Bajonett. Der Bursche beobachtete ihn völlig hingerissen und unbeweglich. *Als wäre ich eine Geistererscheinung* dachte er. *Ein Phantom. Vielleicht bin ich eins.* »Nein«, sagte er. »Ich bin kein Neger.«

»Wer sind Sie?« fragte der Vater.

Weddel saß ein wenig seitlich auf seinem Stuhl, und die Hand lag auf dem Tisch. »Fragt man in Tennessee seine Gäste, wer sie sind?« sagte er. Vatch war gerade dabei, aus dem Krug einen Becher voll einzuschenken. Er hatte den Kopf gesenkt, seine Hände waren groß und hart. Sein Gesicht war hart. Weddel sah ihn an. »Ich glaube zu wissen, wie es Ihnen zumute ist«, sagte er. »Mir war auch einmal so zumute, glaube ich. Aber es ist nicht richtig, die gleichen Gefühle vier Jahre lang zu bewahren. Überhaupt jedes Gefühl.«

Vatch sagte etwas; er sprach jähzornig und schroff. Den Becher setzte er so derb auf den Tisch, daß etwas von dem Getränk herausspritzte. Es sah wie Wasser aus, hatte aber einen starken, berauschenden Geruch. Es schien ein ihm eigentümliches Leben zu besitzen, dank dem ein Spritzer über den Tisch und weiter auf den Spitzenschaum des ausgefransten, aber makellos sauberen Leinenjabots auf Weddels Brust flog und sofort eisig durch den Stoff auf seine Haut prallte.

»Vatch!« rief der Vater.

Weddel rührte sich nicht; sein Ausdruck – hochmütig, spöttisch und müde – veränderte sich nicht. »Das hat er nicht tun wollen«, sagte er.

»Wenn ich's tun will, sieht's nicht mehr wie ein Zufall aus«, erwiderte Vatch.

Weddel blickte Vatch an. »Ich glaube, ich erzählte es Ihnen schon«, sagte er. »Ich heiße Saucier Weddel. Ich stamme aus Mississippi. Ich wohne in einem Haus namens Contalmaison. Mein Vater hat es gebaut und so benannt. Er war ein Choctaw-Häuptling namens Francis Weddel, von dem Sie wahrscheinlich nicht gehört haben. Er war der Sohn einer Choctaw-Indianerin und eines französischen Emigranten aus New Orleans, der ein General Napoleons und Ritter der Ehrenlegion war. Er hieß François Vidal. Mein Vater fuhr einmal in seinem Kutschwagen nach Washington, um beim Präsidenten Jackson Einspruch gegen die Behandlung seiner Leute durch die Regierung zu erheben, und sandte einen Planwagen voller Vorräte und Geschenke und auch frische Pferde für den Kutschwagen voraus, unter der Oberaufsicht des Mannes, des eingeborenen Aufsehers, der ein reinblütiger Choctaw und meines Vaters Vetter war. In den alten Zeiten war ›Der Mann‹ der erbliche Titel unseres Stammesoberhaupts; doch nachdem wir wie die Weißen europäisiert wurden, mußten wir, wenn wir auch die Sklaven und das Land behielten, den Titel an jenen Zweig abtreten, der sich weigerte, sich besudeln zu lassen. ›Der Mann‹ lebt jetzt in einem Haus, das ein wenig größer als die Negerhütten ist: ein Diener von höherem Rang. In Washington hatte mein Vater meine Mutter kennengelernt und geheiratet. Er fiel im Krieg gegen Mexiko. Meine Mutter starb vor zwei Jahren, 1863, an einer Lungenentzündung mit Komplikationen, die sie sich zugezogen hatte, als sie in einer feuchten Nacht das Vergraben von Silber beaufsichtigte, weil unionistische Truppen in unser County eindrangen, und auch an ungeeigneter Nahrung. Mein Boy weigert sich allerdings zu glauben, daß sie tot ist. Er weigert sich zu glauben, unser Land hätte es geduldet, daß der Norden ihr den importierten Martinique-Kaffee und das Blätterteiggebäck vorenthielt, das sie jeden Sonntagmittag und jeden Mittwochabend aß. Er glaubt, eher hätte unser Land zu den Waffen gegriffen! Aber schließlich ist er nur ein Neger, der Angehörige einer unterdrückten Rasse, der man die Freiheit aufgebürdet hat. Er führt täglich Buch über meine Missetaten, von denen er ihr erzählen will, wenn wir nach Hause kommen. Ich bin in Frankreich in die Schule gegangen, habe aber nicht viel gearbeitet. Bis vor zwei Wochen war ich Major der Mississippi-Infanteristen in der Truppe eines Mannes namens Longstreet[19], von dem Sie vielleicht gehört haben.«

»Sie waren also Major«, sagte Vatch.

»Das scheint mein Vergehen zu sein; ja.«

»Ich habe schon mal einen Rebellen-Major gesehn«, sagte Vatch. »Soll ich Ihnen erzählen, wo ich ihn gesehen habe?«

»Ja, erzählen Sie!« sagte Weddel.

»Er lag an einem Baum. Wir mußten dort haltmachen und uns hinwerfen, und er lag da am Baum und bat um Wasser. ›Hast du Wasser, Freund?‹ fragte er. ›Ja, ich habe

Wasser‹, sagte ich. ›Ich habe viel Wasser.‹ Ich mußte kriechen; ich durfte nicht aufstehn. Ich kroch also zu ihm und richtete ihn auf, so daß sein Kopf gegen den Baum lehnte. Ich hab sein Gesicht nach vorn gedreht.«

»Hatten Sie kein Bajonett?« fragte Weddel. »Ach, ich vergaß: Sie durften ja nicht aufstehen.«

»Dann bin ich zurückgekrochen. Ich mußte hundert Meter zurückkriechen, von wo ...«

»Zurück?«

»Ich war zu nah dran. Wer kann aus solcher Nähe anständig schießen? Ich mußte zurückkriechen, und dann wollte die verdammte Muskete ...«

»Die verdammte Muskete?« Weddel saß ein wenig seitlich auf seinem Stuhl, hatte die Hand auf dem Tisch, und sein Gesicht war spöttisch und höhnisch, aber beherrscht.

»Beim ersten Schuß hab ich ihn nicht getroffen. Hatte ihn aufgerichtet und mir zugekehrt, und seine offenen Augen haben mich beobachtet, und dann hab ich verpatzt. Hab ihn in die Kehle getroffen, und dann mußt ich noch mal schießen, wegen der verdammten Muskete.«

»Vatch!« sagte der Vater.

Vatchs Hände lagen auf dem Tisch. Sein Kopf und sein Gesicht waren wie die seines Vaters, jedoch ohne seines Vaters rücksichtsvolle Überlegung. Vatchs Gesicht war voll stiller, unberechenbarer Wut. »Es lag an der verdammten Muskete. Ich mußte dreimal schießen. Dann hatte er drei Augen in einer Reihe, quer über sein Gesicht, das gegen den Baum lehnte, alle drei offen, als beobachtete er mich aus drei Augen. Ich hab ihm noch ein Auge geschenkt, damit er besser sehen kann. Aber dafür mußt ich zweimal schießen, wegen der verdammten Muskete!«

»Schluß, Vatch!« sagte der Vater. Er stand jetzt und stemmte die Hände auf den Tisch, seinen hageren Körper stützend. »Kümmern Sie sich nicht um Vatch, Fremder! Der Krieg ist jetzt vorbei.«

»Ich kümmere mich nicht um ihn«, sagte Weddel. Seine Hand hob sich bis auf die Höhe seiner Brust und verschwand hinter dem Schaum seines Leinenjabots, während er Vatch ständig mit aufmerksamer, spöttischer, höhnischer Miene im Auge behielt. »Ich habe schon zu lange zu viele von seiner Art gesehen und kümmere mich nicht mehr um einen von seinesgleichen.«

»Nehmen Sie noch etwas Whisky!« sagte Vatch.

»Wollten Sie nur Ihren Standpunkt klarmachen?«

»Lassen Sie die verdammte Pistole!« sagte Vatch. »Nehmen Sie noch etwas Whisky?«

Weddel legte seine Hand wieder auf den Tisch. Doch anstatt einzugießen, hielt Vatch den Krug über dem Becher in der Schwebe. Er blickte an Weddels Schulter vorbei. Weddel drehte sich um. Das Mädchen war im Zimmer, stand in der Tür, ihre Mutter dicht hinter ihr. Die Mutter sagte, als spräche sie zum Boden unter ihren Füßen: »Ich wollt sie zurückhalten, wie du's mir gesagt hast. Hab's versucht. Aber sie ist so stark wie ein Mann, so dickköpfig wie ein Mann.«

»Geh raus!« sagte der Vater.

»Ich soll raus?« sagte die Mutter zum Fußboden.

Der Vater nannte einen Namen; Weddel hörte ihn nicht; er wußte nicht einmal, daß er ihm entgangen war. »Geh raus!«

Das Mädchen rührte sich. Sie sah niemanden an. Sie ging zu dem Stuhl, auf dem Weddels abgetragenes und geflicktes Cape lag, faltete es auseinander und deutete auf die vier zackigen Schnittstellen, wo das Zobelfutter wie mit einem Messer herausgeschnitten worden war. Sie sah das Cape an, als Vatch sie plötzlich bei den Schultern packte, doch nun richtete sie den Blick auf Weddel. »Sie haben's rausgeschnitten«, sagte sie, »und haben's dem Nigger gegeben, damit er sich's um die Füße wickeln kann!« Der Vater seinerseits packte nun Vatch bei der Schulter. Weddel hatte sich nicht gerührt; sein Gesicht war noch halb über die Schulter gewandt; der junge Bursche neben ihm war aufgestanden; sein junges, staunendes Gesicht beugte sich ins Lampenlicht vor. Doch abgesehen vom keuchenden Atem Vatchs und seines Vaters war sonst kein Laut im Zimmer zu hören.

»Ich bin doch stärker als du«, sagte der Vater. »Noch kann ich's besser, oder ebensogut.«

»Aber nicht ewig«, erwiderte Vatch.

Der Vater blickte über seine Schulter auf das Mädchen. »Geh raus!« sagte er. Sie drehte sich um und wandte sich dem Flur zu; ihre Füße schritten so lautlos wie auf Gummisohlen. Wieder rief der Vater den Namen, den Weddel überhört hatte; wieder hörte er ihn nicht, und wieder merkte er nicht, daß er ihn nicht gehört hatte. Sie ging zur Tür hinaus. Der Vater sah Weddel an. Weddels Haltung war unverändert, abgesehen davon, daß seine Hand wieder unter seinem Jabot steckte. Sie sahen einander an – das kalte, nordische Gesicht und das andere, halb gallischen, halb mongolischen Ursprungs, das schmal und abgezehrt wie ein Bronzeguß war, mit Augen wie bei einem Toten, Augen, in denen nur das Sehvermögen geendet hat, aber nicht der Blick. »Nehmt eure Pferde und geht!« sagte der Vater.

VI

Es war dunkel im Flur und kalt, denn die düstere Kälte eines Aprilabends in den Bergen drang durch den Fußboden an ihre nackten Beine und den Körper in dem einzigen, groben Kleidungsstück. »Er hat das Futter aus seinem Cape rausgeschnitten, damit sich der Nigger die Füße drin einwickeln kann«, sagte sie. »Er hat's für den Nigger getan!« Hinter ihr öffnete sich die Tür. Gegen das Lampenlicht zeichneten sich die Umrisse eines Mannes ab, dann schloß sich die Tür hinter ihm. »Ist es Vatch oder Paw?« fragte sie. Dann klatschte etwas über ihren Rücken, ein Lederriemen.

»Ich hatte schon Angst, es wäre Vatch«, sagte sie. Wieder fiel ein Hieb.

»Geh zu Bett!« sagte der Vater.

»Du kannst mich schlagen, aber ihn kannst du nicht schlagen«, sagte sie.

Wieder fiel ein Hieb: ein dumpfer, undeutlicher, gedämpfter Laut auf dem nackten Fleisch unter dem groben Sackleinen.

VII

Der Neger saß noch ein wenig länger in der leeren Küche auf dem hochkant gestellten Holzklotz neben dem Herd und blickte auf die Tür. Dann erhob er sich vorsichtig, die eine Hand gegen die Wand gestemmt.

»Uffff!« sagte er. »Ich wünschte, wir hätten auf der Domäne 'ne Quelle, wo so was rausfließt! Da würde ja die ganze Herde totgetrampelt werden, klar!« Er blinzelte zur Tür hin, lauschte und setzte sich dann in Bewegung, glitt vorsichtig an der Wand entlang, blieb hin und wieder stehen, um zu lauschen, mit listiger Miene, schwankend und auf der Hut. Er kam bis in die Ecke und hob die lose Diele hoch, bückte sich vorsichtig und stemmte sich von der Wand ab. Er hob den Krug heraus, wobei er das Gleichgewicht verlor und längelang vornüber fiel; sein Gesicht war so ernsthaft verwundert, daß es lächerlich aussah. Er rappelte sich hoch und setzte sich platt auf den Boden, vorsichtig, den Krug zwischen den Knien, und hob den Krug und trank. Er trank sehr lange.

»Uffff!« sagte er. »Auf der Domäne würden wir solch Zeugs den Schweinen verfüttern! Aber das dumme Berggesindel hier ...« Er trank wieder; dann, noch während er den Krug hielt, stahl sich ein unruhiger und schließlich bestürzter Zug in sein Gesicht. Er stellte den Krug hin und versuchte aufzustehen, zappelte sich auf allen vieren über dem Krug ab, kam endlich auf die Füße, bückte sich schwankend und sabbernd, immer mit dem Ausdruck gekränkter, wütender Bestürzung im Gesicht. Dann schlug er mit dem Kopf voran auf den Fußboden und riß den Krug um.

VIII

Sie beugten sich über den Neger und sprachen ruhig miteinander – Weddel in seinem spitzenbesetzten Hemd und der Vater und der junge Bursche.

»Wir müssen ihn tragen«, sagte der Vater.

Sie hoben den Neger auf. Mit seiner einen Hand stieß Weddel den Kopf des Negers hoch und schüttelte ihn. »Jubal«, sagte er.

Der Neger schlug um sich, tolpatschig, nur mit einem Arm. »Laß-mich-in-Ruhe!« brummelte er. »Laß-mich-in-Ruhe!«

»Jubal!« rief Weddel.

Der Neger hieb plötzlich wild drauflos. »Lassen Sie mich ja in Ruhe!« sagte er. »Ich erzähl's dem Mann! Ich erzähl's ihm.« Er verstummte. »Ackerknechte! Ackerniggers!«

»Wir müssen ihn tragen«, sagte der Vater.

»Ja«, erwiderte Weddel. »Ich bedauere es sehr. Ich hätte Sie warnen sollen. Aber ich dachte nicht, daß noch ein zweiter Krug vorhanden war, an den er herankonnte.« Er bückte sich, schob seine eine Hand unter die Schultern des Niggers.

»Lassen Sie's sein!« sagte der Vater. »Ich und Hule können's allein.« Er und der Bursche hoben den Neger auf. Weddel öffnete die Tür. Sie traten in tiefschwarze Nacht und Kälte hinaus. Unter ihnen zeichnete sich der Stall ab. Sie trugen den Neger den Abhang hinunter. »Hol die Pferde raus, Hule!« sagte der Vater.

»Die Pferde?« rief Weddel. »Jetzt kann er nicht reiten! Er kann sich nicht oben halten auf einem Pferd.«

Sie blickten einander an, jeder dorthin, woher des andern Stimme kam, in der kalten, in der eisigen Stille.

»Sie wollen jetzt nicht wegreiten?« fragte der Vater.

»Es tut mir leid! Sie sehen, daß ich jetzt nicht aufbrechen kann. Ich muß bis Tagesanbruch warten. Bis er nüchtern ist. Dann gehen wir.«

»Lassen Sie ihn hier! Lassen Sie ihm ein Pferd hier, und reiten Sie voraus! Er ist bloß ein Nigger.«

»Tut mir leid. Nicht nach den vier Jahren.« Seine Stimme klang spöttisch, fast humorvoll, doch immer von dieser unüberwindlichen Müdigkeit erfüllt. »Ich habe bis hierher meine Mühe mit ihm gehabt, jetzt werde ich ihn wohl auch noch bis nach Hause bringen.«

»Ich habe Sie gewarnt«, sagte der Vater.

»Ich danke Ihnen. Bei Tagesanbruch gehen wir. Wenn Hule so freundlich wäre, mir zu helfen, ihn auf den Heuboden zu schaffen?«

Der Vater trat zurück. »Leg den Nigger hin, Hule!« sagte er.

»Hier würde er erfrieren«, sagte Weddel. »Ich muß ihn auf den Heuboden schaffen.« Er richtete den Neger auf, lehnte ihn an die Wand und bückte sich, um sich den schlaffen Körper des Negers auf die Schulter zu hieven. Die Last wurde plötzlich leichter, obwohl er nicht verstand, warum, bis der Vater wieder rief:

»Hule! Komm da weg!«

»Ja, geh nur«, sagte Weddel ruhig. »Ich kann ihn schon die Leiter raufschaffen.« Er konnte den Atem des Burschen hören, der rasch ging, jung, flink vor Erregung vielleicht. Weddel hielt nicht inne, um zu überlegen, auch nicht beim leicht hysterischen Ton in der Stimme des Burschen.

»Ich helfe Ihnen!«

Weddel widersetzte sich nicht mehr. Mit einem Klaps bekam er den Neger munter, und sie stellten seine Füße auf die Leitersprossen und schoben ihn hoch. Auf halbem Wege wollte er nicht weiter; wieder haute er nach ihnen aus. »Ich sag's ihm. Ich sag's dem Mann. Ich sag's der Missis. Ackerknechte! Ackerniggers!«

IX

Sie lagen Seite an Seite auf dem Heuboden unter dem Cape und den zwei Satteldecken. Heu war keins da. Der Neger schnarchte, sein Atem roch stark und schlecht und unrein. Unter ihnen in seiner Box stampfte hin und wieder das Vollblutpferd. Weddel lag auf dem Rücken, den Arm quer auf der Brust, die Hand um den Stummel des andern Arms geklammert. Zu Häupten, durch die Ritzen im Dach, war der Himmel zu sehen, die starke Kälte, der schwarze Himmel, aus dem es morgen wieder regnen würde und an jedem folgenden Tag, bis sie die Berge verließen. »Falls ich die Berge verlasse«, sagte er ruhig, unbeweglich auf dem Rücken neben dem schnarchenden Neger emporblickend. »Ich war besorgt. Ich hatte geglaubt, daß es zu Ende wäre, daß ich das Vorrecht verloren hätte, mich zu fürchten. Aber das habe ich nicht. Und daher bin ich glücklich. Sehr glücklich.« In der kalten Dunkelheit lag er starr auf dem Rücken, dachte an zu Hause. ›Contalmaison. Unser Leben ist eine Häufung von Klängen und erhält durch sie Bedeutung. Sieg. Niederlage. Frieden. Zuhause. Deshalb müssen wir so viel tun, um einen Sinn für die Klänge zu erfinden, so verdammt viel tun. Besonders, wenn einer das Pech hat, Sieger zu sein: so verdammt viel. Es ist angenehm, besiegt zu sein, ausruhsam, besiegt zu sein. Besiegt zu sein und unter einem zerbrochenen Dach zu liegen und an zu Hause zu denken.‹

Der Neger schnarchte. »So verdammt viel«; er schien die Worte zu sehen, wie sie in der Dunkelheit leise über seinem Mund Gestalt annahmen. »Was würde geschehen, wenn zum Beispiel ein Mann im Vestibül des Gayoso in Memphis schallend lachen würde? Doch ich bin sehr glücklich ...« Dann hörte er das Geräusch. Er lag völlig still; seine Hand umklammerte den Griff seiner Pistole, die warm unter dem Stummel seines rechten Armes steckte, und hörte das leise, fast nicht wahrnehmbare Geräusch, das die Leiter heraufkam. Doch er bewegte sich nicht, bis er den Schatten in der matten Öffnung der Falltür sah. »Stehenbleiben!«

»Ich bin's«, sagte die Stimme, die Stimme des jungen Burschen, wieder mit dem gleichen flinken, atemlosen Ton; doch Weddel nahm sich weder die Zeit, ihn als Erregung zu erkennen, noch bemerkte er ihn überhaupt. Der Bursche kroch auf Händen und Knien über die trockene, zischelnde Spreu, die auf dem staubigen Boden lag. »Los, schießen Sie nur!« sagte er. Auf Händen und Knien ragte er mit seinem keuchenden Atem vor Weddel auf. »Ich wünschte, ich wäre tot! Ich wünsch mir's so sehr! Ich wünschte, wir wären beide tot! Ich könnt mir wünschen, was Vatch wünscht. Warum mußten Sie bloß bei uns absteigen?«

Weddel hatte sich nicht gerührt. »Warum wünscht Vatch, daß ich tot wäre?«

»Weil er euch immer noch schreien hört! Ich hab sonst bei ihm geschlafen, aber er wacht mitten in der Nacht auf, und mal mußte Paw ihn dran hindern, daß er mich abwürgt, eh er schwitzend wach wurde und euch immer noch schreien hörte. Ohne Waffen, bloß mit Gewehren ohne Patronen, kreischend, sagt Vatch, und wie Vogelscheuchen auf einem Maisfeld, aber rennend!« Er weinte jetzt, nicht laut. »Zum Teufel mit euch! Zum Teufel!«

»Ja«, sagte Weddel. »Ich habe sie auch gehört. Aber warum wünschst du, du wärst tot?«

»Weil sie versucht hat, herzukommen. Nur mußte sie dafür ...«

»Wer? Sie? Deine Schwester?«

»... dafür durchs Zimmer, wenn sie raus wollte. Und Paw war wach. Er hat gesagt: ›Wenn du aus der Tür rausgehst, komm mir ja niemals wieder!‹ Und sie hat gesagt: ›Will ich auch gar nicht!‹ Und Vatch war auch wach und hat gesagt: ›Er soll dich nur rasch heiraten, denn wenn's Tag wird, bist du 'ne Witwe!‹ Und sie kam wieder zu mir und hat's mir erzählt. Aber ich war auch wach. Sie hat mir gesagt, ich soll's Ihnen bestellen.«

»Mir was bestellen?« fragte Weddel. Der junge Bursche weinte still, wie in geduldiger, grenzenloser Verzweiflung.

»Ich hab ihr gesagt, wenn Sie 'n Nigger wären und wenn sie das tun würde – dann, hab ich ihr gesagt, würde ich ...«

»Was? Wenn sie was tun würde? Was will sie denn, was du mir bestellen sollst?«

»Von dem Fenster zur Mansarde, wo sie und ich schlafen. Da ist 'ne Leiter, die ich mir gemacht hab, wenn ich nachts vom Jagen zurückkomme, und da sollten Sie raufsteigen. Aber ich hab ihr gesagt, wenn Sie 'n Nigger wären, und wenn sie das tun würde, dann würde ich ...«

»Hör mal«, sagte Weddel scharf, »nimm dich jetzt zusammen! Erinnerst du dich nicht, daß ich sie bloß das eine Mal sah, als sie ins Zimmer kam und dein Vater sie wieder rausgeschickt hat?«

»Aber da haben Sie sie gesehen! Und sie hat Sie gesehn!«

»Nein!« sagte Weddel.

Der Bursche hörte auf zu weinen. Er verhielt sich ganz still, noch immer vor Weddel kauernd. »Was denn – nein?«

»Ich will es nicht! Deine Leiter raufklettern.«

Eine Weile schien der Bursche vor ihm nachzudenken, unbeweglich, jetzt langsam und ruhig atmend; er sprach jetzt mit nachdenklichem, fast träumerischem Ton. »Ich könnte Sie leicht umbringen; Sie haben bloß einen Arm, wenn Sie auch älter sind als ich ...« Plötzlich bewegte er sich mit fast unglaublicher Schnelligkeit; Weddel wurde sich dessen erst bewußt, als die harten, ungewöhnlich großen Hände des Burschen seine Kehle umspannten. Weddel rührte sich nicht.

»Ich könnte Sie leicht umbringen. Und keiner würde sich drum scheren.«

»Pssst!« sagte Weddel. »Nicht so laut!«

»Keiner würde sich drum scheren!« Er hielt Weddels Kehle in seinem harten, ungeschickten Griff. Weddel konnte spüren, wie der schüttelnde, würgende Zugriff bereits irgendwo in den Unterarmen des Jungen kraftlos wurde, ehe er bis zu den Händen gelangt war, wie wenn die Verbindung zwischen Gehirn und Händen lückenhaft wäre. »Keiner würde sich drum scheren. Bloß Vatch würde wütend werden!«

»Ich habe eine Pistole«, sagte Weddel.

»Dann erschießen Sie mich doch! Los!«

»Nein!«

»Was denn – nein?«

»Hab's dir schon gesagt.«

»Schwören Sie's mir, daß Sie's nicht tun wollen? Schwören Sie's?«

»Hör mal einen Moment her!« sagte Weddel. Er sprach jetzt mit einer Art besänftigender Geduld, wie wenn er in einsilbigen Worten zu einem Kind spräche: »Ich will bloß nach Hause. Das ist alles. Ich bin seit vier Jahren von zu Hause weg. Ich will weiter nichts als nach Hause gehn. Verstehst du's nicht? Möchte sehen, was mir dort noch geblieben ist – nach den vier Jahren.«

»Was machen Sie dort?« Die Hände des Jungen lagen lose und hart auf Weddels Kehle, seine Arme waren ruhig, waren starr. »Gehen Sie den ganzen Tag jagen, und auch die ganze Nacht, wenn Sie wollen, mit einem Pferd, auf dem Sie reiten können, und mit Negern, die Sie bedienen und Ihnen die Stiefel putzen und das Pferd satteln, und Sie sitzen auf der Veranda und essen, bis es Zeit ist, wieder jagen zu gehn?«

»Ich hoffe es. Ich bin seit vier Jahren nicht zu Hause gewesen, verstehst du? Deshalb weiß ich's nicht mehr.«

»Nehmen Sie mich mit!«

»Ich weiß nicht, was noch da ist, verstehst du? Vielleicht ist überhaupt nichts mehr da: keine Pferde zum Reiten und nichts zu jagen. Die Yankees waren dort, und meine Mutter ist gleich danach gestorben, und ich weiß nicht, was ich dort finden werde, bis ich hingehn und nachsehn kann.«

»Ich kann arbeiten. Wir können beide arbeiten. Sie können in Mayesfield heiraten. Das ist nicht weit.«

»Heiraten? Oh! Deine ... ach so. Woher willst du wissen, ob ich nicht schon verheiratet bin?« Jetzt schlossen sich die Hände des Burschen um seine Kehle und schüttelten ihn. »Laß das!« sagte er.

»Wenn Sie sagen, daß Sie eine Frau haben, bringe ich Sie um!« sagte der Junge.

»Nein, ich bin nicht verheiratet«, erwiderte Weddel.

»Und Sie wollen nicht die Leiter raufklettern?«

»Nein. Hab sie ja bloß einmal gesehen. Ich würde sie gar nicht wiedererkennen, wenn ich sie sähe.«

»Sie redet anders. Ich glaub Ihnen nicht. Sie lügen!«

»Nein«, sagte Weddel.

»Ist's deshalb, weil Sie sich fürchten?«

»Ja, das ist's!«

»Vor Vatch?«

»Nicht vor Vatch. Ich fürchte mich einfach. Ich denke, mit meinem Glück ist's vorbei. Ich weiß, daß es schon zu lange angehalten hat. Ich fürchte mich zu entdecken, daß ich vergessen habe, wie man sich fürchtet. Ich kann's also nicht riskieren. Ich kann's nicht riskieren zu entdecken, daß ich den Kontakt mit der Wahrheit verloren habe. Nicht wie Jubal hier. Er glaubt, daß ich ihm noch gehöre; er will nicht glauben, daß ich befreit worden bin. Er will nicht mal, daß ich's ihm sage. Er braucht sich eben keine Gedanken wegen der Wahrheit zu machen, verstehst du?«

»Wir würden arbeiten. Sie sieht vielleicht nicht wie die Missippi-Frauen aus, die dauernd Schuhe tragen. Aber wir würden lernen. Wir würden Ihnen keine Schande vor denen machen.«

»Nein«, sagte Weddel. »Ich kann nicht.«

»Dann gehn Sie weg! Jetzt!«

»Wie kann ich denn? Du siehst doch, daß er nicht reiten kann, sich nicht auf dem Pferd halten kann!« Der Junge antwortete nicht sofort; einen Augenblick später konnte Weddel sie fast spüren, die Spannung, die völlige Erstarrung, obwohl er selber keinen Laut gehört hatte; er wußte nur, daß der Bursche kauernd, den Atem anhaltend zur Luke blickte. »Wer ist es?« flüsterte Weddel.

»'s ist Paw.«

»Ich gehe hinunter. Bleib du hier! Du kannst mir meine Pistole aufbewahren.«

X

Die dunkle Luft war beklemmend und frostig und kalt. In der weiten, undurchdringlichen Dunkelheit lagen das Tal und die gegenüberliegende eisige und nicht sichtbare Bergkette schwarz vor dem schwarzen Himmel. Er umklammerte den Stummel seines fehlenden Armes über die Brust hinweg und zitterte langsam und gleichmäßig.

»Gehn Sie weg!« sagte der Vater.

»Der Krieg ist vorbei«, entgegnete Weddel. »Vatchs Sieg kümmert mich nicht.«

»Nehmen Sie Ihre Pferde und Ihren Neger und reiten Sie weg!«

»Falls Sie an Ihre Tochter denken – die habe ich nur einmal gesehen und hoffe sie nie wiederzusehen.«

»Reiten Sie weg!« sagte der Vater. »Nehmen Sie, was Ihnen gehört, und reiten Sie weg!«

»Ich kann nicht.« In der Dunkelheit standen sie einander gegenüber. »Nach den vier Jahren habe ich das Recht, nicht ausreißen zu müssen.«

»Sie haben Zeit bis Tagesanbruch!«

»In Virginia habe ich vier Jahre lang noch weniger als das gehabt. Und das hier ist bloß Tennessee.« Aber der andre hatte sich schon abgewandt; er verschmolz in die Schwärze des Abhangs hinein. Weddel betrat den Stall und erklomm die Leiter. Der Bursche kauerte unbeweglich vor dem schnarchenden Neger.

»Lassen Sie'n hier!« sagte der Bursche. »Er ist ja nichts weiter als 'n Neger! Lassen Sie'n hier, und reiten Sie weg!«

»Nein«, sagte Weddel.

Der Bursche kauerte vor dem schnarchenden Neger. Er sah Weddel nicht an, doch zwischen ihnen stand still und lautlos das Dickicht, der scharfe, trockne Knall, das jähe, wilde Poltern sich aufbäumender Pferde, der zerflatternde Rauch. »Ich kann Ihnen eine Abkürzung zum Tal hinunter zeigen. In zwei Stunden sind Sie aus den Bergen raus. Bei Tagesanbruch sind Sie schon zehn Meilen weit weg.«

»Ich kann nicht. Er will auch nach Hause. Ich muß ihn auch nach Hause bringen.« Er bückte sich; mit seiner einen Hand breitete er das Cape ungeschickt aus und deckte den Neger noch besser damit zu. Er hörte, wie sich der Bursche davonschlich, aber er sah nicht hin. Nach einem Weilchen schüttelte er den Neger. »Jubal!« sagte er. Der Neger ächzte; er wälzte sich herum und schlief weiter. Weddel kauerte vor ihm, genauso wie vorhin der Bursche. »Ich hatte schon geglaubt, ich hätte es endgültig verloren«, sagte er. »Den Frieden und die Stille; die Gabe, sich wieder fürchten zu können.«

XI

Die Hütte lag unheimlich und düster im schweren, frostigen Morgengrauen, als die beiden Pferde das schiefhängende Gatter hinter sich ließen und in die zerfurchte Landstraße einbogen, der Neger auf dem Vollblut und Weddel auf dem Fuchs. Der Neger zitterte vor Kälte. Er hockte bucklig oben, mit hochgezogenen Knien, und sein Gesicht verschwand fast in der Öltuch-Kapuze.

»Ich hab Ihnen gleich gesagt, die woll'n uns mit dem Zeugs vergiften«, sagte er. »Hab Sie gewarnt! Hillbilly-Farmer[20]! Und Sie sehn's nich bloß mit an, daß sie mich vergiften, Sie bringen mir das Gift auch noch eigenhändig! O Gott, o Gott! Ob wir je wieder nach Hause kommen?«

Weddel warf einen Blick auf die Hütte zurück, auf das verwitterte, öde Haus, aus dem kein Lebenszeichen drang, nicht einmal ein Rauchfaden. »Sie hat vielleicht einen jungen Mann, nehme ich an, einen Verehrer.« Er sprach laut, nachdenklich, spöttisch. »Und der Bursche. Hule. Er hat gesagt, wir kämen in Sicht von einem Lorbeerdickicht, wo die Straße verschwindet, und dort sollten wir linker Hand in einen Pfad einbiegen. Er hat gesagt, wir sollten nicht durch das Dickicht reiten.«

»Wer sagt was?« murrte der Neger. »Ich geh nirgends mehr hin. Ich geh wieder auf'n Heuboden und leg mich hin.«

»All right«, sagte Weddel, »dann steig ab!«

»Absteigen?«

»Ich brauch beide Pferde. Du kannst losmarschieren, wenn du ausgeschlafen hast.«

»Ich erzähl's Ihrer Maw!« sagte der Neger. »Ich erzähl's ihr! Erzähl ihr, daß Sie nach vier Jahren nich mehr Verstand ha'm und keinen Yankee nich erkennen, wenn Sie'n sehn! Über Nacht bei Yankees bleiben und einen von Missis Niggern vergiften lassen! Ich erzähl's ihr!«

»Ich dachte, du wolltest hierbleiben?« sagte Weddel. Auch er zitterte. »Und doch frier ich nicht«, sagte er. »Ich friere nicht.«

»Hierbleiben? Ich? Wie zum Teufel woll'n Sie ohne mich nach Hause kommen? Was soll ich Missis sagen, wenn ich ohne Sie zurückkomme und sie mich fragt, wo Sie sind?«

»Komm«, sagte Weddel. Er trieb den Fuchs an. Er blickte

ruhig auf die Hütte zurück, dann ritt er weiter. Hinter ihm, auf dem Vollblut, murrte und brummelte der Neger seinen kläglichen Singsang. Die Straße, der Abhang, den sie sich gestern abend hinaufgemüht hatten, sank jetzt ab. Sie war schlammig, mit Steinen durchsetzt, eine Schmarre über dem öden felsigen Land unter dem regnerischen Himmel, holperte bergab, bis dorthin, wo die Kiefern begannen. Nach einer Weile war die Hütte nicht mehr zu sehen.

»Ich reiße also aus«, sagte Weddel. »Falls ich nach Hause komme, kann ich nicht besonders stolz darauf sein. Doch, ich will's! Es bedeutet, daß ich noch lebendig bin. Noch lebendig bin, weil ich noch Furcht und Verlangen spüre. Weil das Leben eine Bejahung der Vergangenheit und ein Versprechen an die Zukunft ist. Ich bin also noch lebendig. Ah!« Es war das Lorbeerdickicht. Ungefähr dreihundert Meter vor ihnen schien es unbeweglich und geheimnisvoll aus der von Feuchtigkeit gesättigten Luft aufgetaucht zu sein. Er zog den Zügel scharf an, und der zusammengeduckte, ächzende Neger schoß unvermutet über ihn hinaus, bis das Vollblutpferd von selbst stehenblieb. »Aber ich sehe gar keinen Pfad ...«, sagte Weddel; dann tauchte eine Gestalt aus dem Dickicht auf und lief auf sie zu. Weddel stieß den Zügel unter seine Schenkel und zog die Hand aus dem Cape. Dann sah er, daß es der junge Bursche war. Rennend holte er sie ein. Sein Gesicht war bleich und verzerrt, die Augen sehr ernst.

»Er ist gleich da unten«, sagte er.

»Danke«, sagte Weddel. »Es war nett von dir, herzukommen und ihn uns zu zeigen, aber wir hätten ihn sicher auch gefunden!«

»Ja«, sagte der Bursche, als hätte er nichts gehört. Er hatte schon die Zügel des Fuchses gepackt. »Gleich nach dem Gestrüpp. Sie können ihn erst sehn, wenn Sie drin sind.«

»Wo drin?« fragte der Neger. »Ich erzähl's ihr! Nach vier Jahren ha'm Sie noch nich mehr Verstand ...«

»Schweig!« sagte Weddel. Zum Burschen sagte er: »Ich

bin dir dankbar. Damit mußt du dich anstelle von etwas Besserem begnügen. Und jetzt geh wieder nach Hause! Wir können den Pfad wohl finden. Wir werden's jetzt schaffen.«

»Die andern kennen den Pfad auch«, sagte der Junge. Er zog den Fuchs weiter voran. »Kommen Sie!«

»Halt!« sagte Weddel und zügelte den Fuchs. Der Bursche zerrte noch immer am Zügel und blickte weiter voraus auf das Dickicht. »Hier steht also eine Vermutung gegen die andre. Stimmt's?«

»Teufel noch mal, kommen Sie doch weiter!« sagte der Bursche wie in ohnmächtiger Wut. »Ich hab's satt! Satt bis oben hin.«

»Well«, sagte Weddel. Er blickte ringsherum, spöttisch, höhnisch, blickte herum mit seinem hageren, müden, abgezehrten Gesicht. »Aber ich muß weiter. Ich kann nicht hierbleiben, selbst dann nicht, wenn ich ein Haus hätte, ein Dach überm Kopf. Ich muß also zwischen drei Dingen wählen. Das ist's, was einen umwirft: noch eine Alternative obendrein. Gerade, nachdem man begriffen hat, daß Lebendigsein darin besteht, falsch zwischen zwei Alternativen zu wählen, soll man zwischen dreien wählen. Geh lieber nach Haus!«

Der Bursche drehte sich um und sah zu ihm auf. »Wir würden arbeiten! Wir könnten jetzt nach Hause zurück, weil Paw und Vatch ja ... Wir könnten den Berg runterreiten, zwei auf einem Pferd und zwei auf dem andern. Wir könnten wieder ins Tal runter und in Mayesfield heiraten. Wir würden Ihnen keine Schande machen.«

»Aber sie hat einen jungen Burschen, nicht wahr? Jemanden, der sonntags bei der Kirche auf sie wartet und sie nach Haus begleitet, das Sonntagsmahl mit euch ißt und sich ihretwegen vielleicht mit den andern jungen Burschen prügelt?«

»Sie wollen uns also nicht mitnehmen?«

»Nein. Geh du jetzt nach Hause!«

Eine Weile stand der Junge still, mit gesenktem Gesicht, und hielt den Zügel. Dann drehte er sich um; ruhig sagte er: »Kommen Sie dann mit! Wir müssen uns beeilen!«

»Wart!« sagte Weddel. »Was hast du im Sinn?«

»Ich geh ein Stückchen mit Ihnen. Kommen Sie!« Er zerrte den Fuchs vorwärts, zum Wegrand.

»Hör mal«, sagte Weddel, »geh du nach Hause! Der Krieg ist jetzt vorbei. Vatch weiß es.«

Der Junge gab keine Antwort. Er führte den Fuchs ins Unterholz. Das Vollblut zauderte. »Hüh, Caesar!« rief der Neger. »Warten Sie, Marse Soshay! Ich will nich runterreiten, wo's keinen ...«

Der Bursche blickte über die Schulter zurück, ohne stehenzubleiben. »Bleib du hinter uns!« sagte er. »Bleib, wo du bist!«

Der Pfad war wie ein schmaler Riß, der sich durchs niedrige Gestrüpp wand. »Ich seh ihn jetzt«, sagte Weddel. »Geh du nach Hause!«

»Ich will ein Stückchen mit Ihnen gehn«, erwiderte der Bursche kaum hörbar, und Weddel merkte, daß er vor lauter angespannter, nervöser Wachsamkeit den Atem angehalten hatte. Er atmete freier, während der Fuchs unter ihm steifbeinig bergabholperte. ›Unsinn‹, dachte er. ›Noch mal fünf Minuten, und er bringt mich dahin, daß ich mit ihm Indianer spiele. Ich hatte die Kraft wiederfinden wollen, mich zu fürchten, aber ich hab's anscheinend zu weit getrieben.‹ Der Pfad wurde breiter; das Vollblutpferd kam an seine Seite; der Bursche ging zwischen ihnen; wieder sah er den Neger an.

»Bleib du doch hinten, hörst du!«

»Weshalb?« fragte Weddel. Er blickte in das fahle, verzerrte Gesicht des Jungen; er dachte rasch: ›Ich frage mich, ob ich Indianer spiele oder nicht.‹ Laut sagte er: »Warum muß er hinten bleiben?«

Der Bursche sah zu Weddel auf; er blieb stehen, zügelte

den Fuchs. »Wir würden arbeiten«, sagte er. »Wir würden Ihnen keine Schande machen.«

Weddels Gesicht war jetzt so ernst wie das des Burschen. Sie sahen einander in die Augen. »Glaubst du, daß wir falsch getippt haben? Wir mußten raten! Wir mußten zwischen drei Möglichkeiten wählen.«

Wieder war es so, als hätte der Bursche ihn nicht gehört. »Sie werden doch nicht glauben, daß ich's war? Schwören Sie mir, daß Sie's nicht glauben werden!«

»Ja, ich schwöre es!« Er sprach ruhig, beobachtete den Burschen; sie sprachen jetzt wie zwei Männer untereinander – oder wie zwei Kinder. »Was sollen wir tun, meinst du?«

»Umkehren! Jetzt sind sie weg. Wir könnten ...« Er zog den Fuchs am Zügel zurück. Wieder kam das Vollblutpferd auf die gleiche Höhe mit ihnen und drängte an die Spitze.

»Du meinst, es könnte hierherum sein?« fragte Weddel. Plötzlich gab er dem Fuchs die Sporen und riß den sich anklammernden Burschen mit vorwärts. »Laß los!« rief er. Der Bursche ließ den Zügel nicht los und wurde mit vorwärtsgerissen, bis die beiden Pferde wieder auf der gleichen Höhe waren. Auf dem Vollblut hockte mit hochgezogenen Knien der Neger; sein Mund plapperte noch, von seinem Wortschwall verzerrt, formlos und abgenutzt vom Geschwätz wie ein alter Schuh vom Laufen.

»Ich hab's ihm gesagt und immer wieder gesagt«, plapperte der Neger.

»Laß los!« rief Weddel, gab dem Fuchs die Sporen und drängte dessen Flanke gegen den Burschen. »Laß los!«

»Sie wollen nicht umkehren?« fragte der Bursche. »Wirklich nicht?«

»Laß los!« rief Weddel. Unter dem Schnurrbart sahen seine Zähne ein wenig hervor; mit seinem Sporenstoß riß er den Fuchs buchstäblich in die Höhe. Der Bursche ließ den Zügel los und duckte sich unter den Hals des Vollblutpferdes; Weddel, der sich umwandte, während der Fuchs sich aufbäumte, sah, wie der Bursche hochsprang, hinauf auf den Rücken des Vollblutpferdes, über dessen Kruppe er den Neger nach hinten drängte, bis er herunterpurzelte.

»Die andern nehmen an, daß Sie auf dem guten Pferd sitzen«, sagte der Bursche mit erstickter, keuchender Stimme; »ich hab ihnen gesagt, daß Sie's reiten ... Bergab!« schrie er, während das Vollblutpferd an Weddel vorbeiflog; »das Pferd kann's schaffen! Vom Pfad runter! Vom Pfad ...« Weddel gab dem Fuchs die Sporen; fast Seite an Seite erreichten die beiden Pferde die Biegung, wo der Pfad sich umwandte und in einen von Lorbeer und Rhododendron überwucherten Hang eindrang. Der Bursche blickte über seine Schulter zurück. »Hinten bleiben!« rief er. »Vom Pfad runter!« Weddel trieb den Fuchs mit den Sporen an. Vor Gereiztheit und Ärger verzog sich sein Gesicht zu einer leichten Grimasse, fast wie ein Lächeln.

Es stand noch immer auf seinem leblosen Gesicht, als er auf die Erde aufschlug, den Fuß noch fest im Steigbügel. Der Fuchs sprang beim Knall auf die Seite und schleifte Weddel zum Wegrand und blieb dort, wirbelte herum, stieß ein einziges Gewieher aus und begann zu grasen. Das Vollblutpferd jedoch preschte weiter, durch die Biegung, wirbelte herum und preschte zurück; die Decke war unter seinen Bauch gerutscht, und seine Augen rollten wild, als es über den im Weg liegenden Körper des Burschen sprang, dessen Kopf, seitwärts verrenkt, vor einem Stein lag und dessen Arme mit offenen Handflächen zurückschlenkerten, wie bei einer Frau, die mit gerafften Röcken über eine Pfütze springt. Dann wirbelte es herum und stand wiehernd und den Kopf aufwerfend über Weddels Körper und beobachtete das Lorbeerdickicht und den zerflatternden Dunst schwarzen Pulverrauchs, der sich allmählich verzog.

Der Neger kauerte auf Händen und Knien, als die beiden Männer aus dem Dickicht auftauchten. Der eine von ihnen rannte. Der Neger beobachtete ihn, wie er vorwärtsstürzte und im gleichen Tonfall schrie: »Der verdammte Dummkopf! Der verdammte Dummkopf! Der verdammte Dummkopf!« und dann plötzlich stehenblieb und die Flinte hinwarf; kauernd sah der Neger, daß er plötzlich wie versteinert vor der hingeworfenen Flinte stehenblieb und mit einem aus Entsetzen und Bestürzung gemischten Ausdruck auf den Körper des Burschen niedersah, als erwache er aus einem Traum. Dann sah der Neger den andern Mann, der im Laufen stockte und gleichzeitig die Flinte hochschwenkte und sie wieder zu laden begann. Der Neger rührte sich nicht. Auf Händen und Knien kauernd, beobachtete er die beiden Weißen, und die Iris in seinen blutunterlaufenen Augen flog wild hin und her. Dann bewegte er sich, und, immer noch auf Händen und Knien, drehte er sich um und rutschte hastig dorthin, wo Weddel neben dem Fuchs lag, und blickte, über Weddel gekauert, wieder auf und sah den zweiten Mann, der die Flinte lud und dabei langsam bergauf zurücktrat. Er sah, wie der Mann stehenblieb; er schloß die Augen nicht und blickte auch nicht weg. Er sah, wie die Flinte länger wurde und dann anstieg und sich allmählich verkürzte und vor dem weißen Gesicht Vatchs zu einem runden Fleck wurde, wie ein Punkt auf einer Buchseite. Die Augen des kauernden Negers flogen ununterbrochen wild und blutunterlaufen hin und her, wie die eines in die Enge getriebenen Tieres.

Anmerkungen

1 Frosch-M.P.: französischer Militärpolizist (frogs = Frösche: verächtliche Bezeichnung für die Franzosen)

2 Patter-roller: Verstümmelung von 'patroller' (Patrouille): organisierte Weiße, die aufpaßten, daß die Negersklaven nachts nicht ohne Paß von einer Plantage zur andern zogen.

3 Dreckfresser: verächtlicher Ausdruck für die *arme* weiße Bevölkerung der Südstaaten

4 Lenox Avenue: führt durch das New Yorker Negerviertel

5 Ty Juana: Ort in Kalifornien an der mexikanischen Grenze

6 Sartoris-Gut: Sartoris ist der Familienname von Großmutter Millards Schwiegersohn John, in dessen Haus die Erzählung spielt.

7 Backhouse: 1. Eigenname, 2. Häuschen, Abtritt auf dem Hinterhof

8 Patter-rollers: siehe Anm. 2

9 Harrykin Creek: ursprünglich Hurricane Creek (Hurricane = Orkan). Harrykin ist eine Verkleinerungsform des Namens Harry.

10 Campbelliten-Blut: Campbelliten waren Mitglieder der Sekte ›Jünger Christi‹.

11 Tümpel einer Substanz: Los Angeles ist über Ölquellen errichtet. In den ›Collected Stories‹ wird nicht 'pools' (Tümpel) gebraucht, sondern 'spools' (Spulen), was aber von den Faulkner-Spezialisten für einen Druckfehler gehalten wird, da mit dem Verbrennen von ein paar Filmspulen nicht gleich der ganze Reichtum der Stadt vernichtet werden kann.

12 Cunnel: Verstümmelung von Colonel (Oberst), auch in der Erzählung ›Wash‹, wo es auch als ›Kernel‹ erscheint.

13 Nome: Verstümmelung von: No, Madam

14 Marse John: Verstümmelung von Master John

15 Phi-Beta-Kappa-Schlüssel: Abzeichen einer studentischen Vereinigung, der ältesten im Norden, gegründet 1776

16 Yessum: Verstümmelung von Yes, Madam

17 Marse Soshay: Verstümmelung von Master Saucier

18 Patter-roller-Nigger: ein Neger, der ein Patrouillen-Offizier für einen

Sklavenhalter wurde und nun in Scheunen übernachtet, weil er die Landstraßen patrouilliert und weil er von den andern Negern gemieden wird.

19 Longstreet: James Longstreet, Konföderierten-General, lebte von 1821 bis 1904

20 Hillbilly-Farmer: Hinterwäldler aus den südlichen USA, fast verächtlich gebraucht

Nachweis

Die Erzählungen von William Faulkner liegen in fünf Bänden bei Diogenes vor: *Brandstifter* (detebe 20040), *Eine Rose für Emily* (detebe 20041), *Rotes Laub* (detebe 20042), *Sieg im Gebirge* (detebe 20043) und *Schwarze Musik* (detebe 20044). Die amerikanische Ausgabe ›Collected Stories of William Faulkner‹ erschien im Jahre 1950 bei Random House in New York. Vorabdrucke erfolgten in verschiedenen amerikanischen Zeitschriften.

Wash (Wash): Harper's Magazine, Februar 1934. Danach im Sammelband ›Doctor Martino‹ (1934)

Honor (Ehre): American Mercury, Juli 1930. Danach im Sammelband ›Doctor Martino‹ (1934)

Dr. Martino (Doktor Martino): Harper's Magazine, November 1931. Danach im Sammelband ›Doctor Martino‹ (1934)

Fox Hunt (Fuchsjagd): Harper's Magazine, September 1931. Danach im Sammelband ›Doctor Martino‹ (1934)

Pennsylvania Station (Pennsylvania Station): American Mercury, Februar 1934

Artist at Home (Der Künstler daheim): zuerst in ›Collected Stories‹ (1950)

The Brooch (Die Brosche): Scribner's Magazine, Januar 1936. Fernsehfassung im Lux Video Theater, April 1952

My Grandmother Millard (Meine Großmutter Millard): Story, März-April 1943

Golden Land (Goldenes Land): American Mercury, Mai 1935

There Was a Queen (Es war eine Königin): Scribner's Magazine, Januar 1933. Danach im Sammelband ›Doctor Martino‹ (1934)

Mountain Victory (Sieg im Gebirge): The Saturday Evening Post, Dezember 1932. Danach im Sammelband ›Doctor Martino‹ (1934)

Die Angaben stimmen überein mit dem ›Handbook of Faulkner‹ von Dorothy Tuck, erschienen bei Chatto and Windus, London 1965.

Stephen B. Oates
William Faulkner
Sein Leben. Sein Werk
Aus dem Amerikanischen von
Matthias Müller. Leinen

Mit dieser ersten umfassenden Lebensbeschreibung William Faulkners, die für einen breiten Leserkreis geschrieben ist, hat der preisgekrönte Autor Stephen B. Oates ein biographisches Meisterwerk vorgelegt: ein sorgfältig recherchiertes, brillant geschriebenes Buch, auf dessen Seiten sich das außergewöhnliche und bewegte Leben dieses Riesen der amerikanischen Literatur entfaltet.
Oates' eindringliches Porträt fängt Faulkner mit all seiner Komplexität und Widersprüchlichkeit ein. *William Faulkner* ist eine mitreißend und virtuos erzählte Biographie. Wir erleben Faulkners Seelenqualen, seine Wut, seinen Kummer, seinen Humor, seine Einsamkeit und seine künstlerische Entwicklung vom jungen Dichter zum Träger des Nobelpreises und zu einem der größten amerikanischen Dichter.

»Sehr zufriedenstellend, sogar romantisch und sehr spannend.« *The New York Times*

»Mit beträchtlichem erzählerischem Können ortet Oates die finsteren turbulenten Strömungen in Faulkners Leben, und sein detailgetreuer Bericht dieses großen und tragischen Lebens läßt keinen Leser ungerührt.« *Chicago Tribune*

Joseph L. Fant & Robert Ashley

Faulkner in West Point

Die Entwicklung der amerikanischen Ideale
im Spiegel der amerikanischen Literatur
Aus dem Amerikanischen von
Elisabeth Schnack. Leinen

Am 19. und 20. April 1962 besuchte William Faulkner die amerikanische Militärakademie West Point – es war Faulkners letzter großer öffentlicher Auftritt vor seinem Tod.

Am ersten Tag las Faulkner aus seinem Roman *Die Spitzbuben* (detebe 20989), der erst Ende jenes Jahres erschien, und stellte sich nach der Lesung den Kadetten der Akademie zur Diskussion. Am nächsten Tag folgte eine Diskussion im Rahmen eines Seminars zum Thema *Die Entwicklung der amerikanischen Ideale im Spiegel der amerikanischen Literatur.* Ausführlich wie selten zuvor äußerte sich Faulkner zu seinem Selbstverständnis als Schriftsteller, zu Fragen der amerikanischen Literatur, zur Weltpolitik ebenso wie zu Fragen der amerikanischen Innenpolitik, etwa zur Frage der Gleichberechtigung der Rassen in den Südstaaten.

Die Diskussionsprotokolle werden ergänzt durch die Rede Faulkners zur Verleihung des Nobelpreises sowie durch zahlreiche Fotos.

»Faulkner ist eine der wenigen großen schöpferischen Begabungen des Westens.« *Albert Camus*